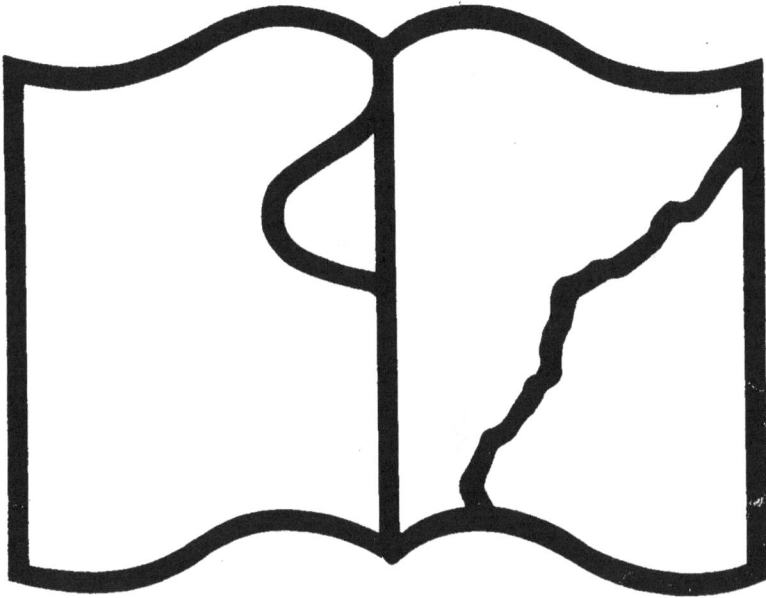

Texte détérioré — reliure défectueuse

NF Z 43-120-11

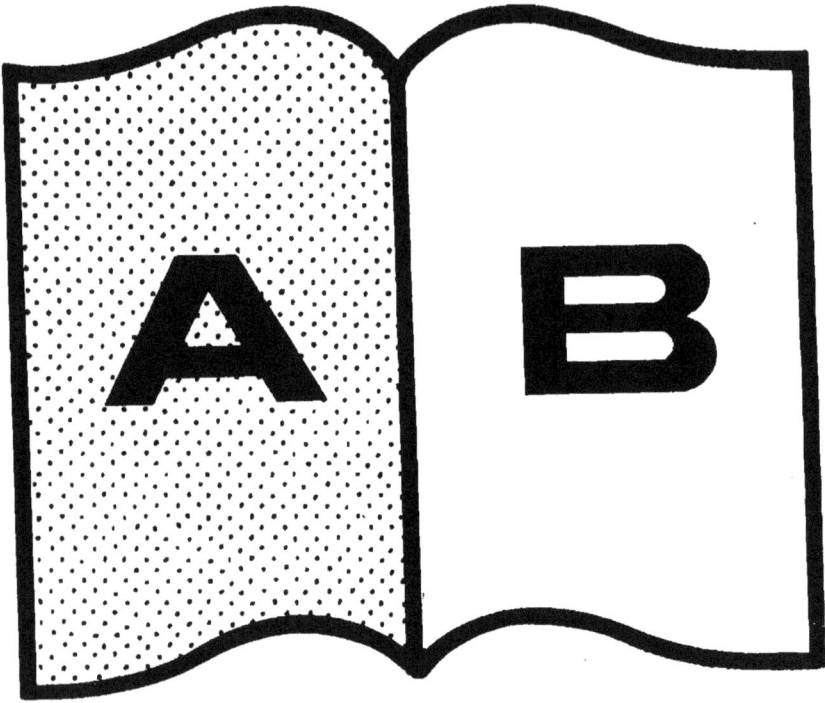

Contraste insuffisant

NF Z 43-120-14

Couturié & ...

LE MACHINISME

son RÔLE dans la

Vie Quotidienne

18659

12 Conférences par

MAX DE NANSOUTY

26 planches en hors-texte

PARIS

PIERRE ROGER & Cie, ÉDITEURS

77, Boulevard St...

1922

Le Machinisme

dans la

Vie quotidienne

DANS LA MÊME COLLECTION

PRÉCÉDEMMENT PARU :

La **CHIMIE** dans la Vie quotidienne, Par le Professeur Lassar Cohn, de l'Université de Königsberg. Un volume in-8 avec gravures dans le texte, broché. . . . . 4 fr.

EN PRÉPARATION :

Les **PLANTES** dans la Vie quotidienne, par D. Bois, Assistant au Muséum d'histoire naturelle, Professeur à l'École coloniale.

Le **DROIT** dans la Vie quotidienne, par A. Lot, Avocat à la Cour d'appel.

LE MACHINISME

dans la

Vie quotidienne

PAR

MAX DE NANSOUTY

---

28 PLANCHES EN HORS TEXTE

PARIS

PIERRE ROGER ET Cⁱᵉ, ÉDITEURS

54, RUE JACOB, 54
1909

PAPETERIES DE
GEORGES OLMER ET Cⁱᵉ
A SOREL-MOUSSEL.

Une des quatre machines à papier.

PREMIÈRE CONFÉRENCE

Considérations générales

Le « machinisme » : son rôle libérateur de l'effort physique et favorable à l'effort intellectuel. — L'accroissement de la fortune publique par l'industrie moderne. — Agriculture, industrie, et commerce : les créateurs de richesse et les intermédiaires. — L'essor des industries par le progrès de la machine : l'amélioration du sort de l'individu et de son hygiène grâce à la production en masse et à l'abaissement des prix de revient : quelques exemples industriels. — Comment il faut se servir de la machine moderne : l'amortissement du prix d'achat de la machine réduit à son minimum. — Le rôle de l'industriel et celui du commerçant dans la recherche de la meilleure machine. — Une « leçon de choses » de machinisme donnée par le livre; l'imprimerie et les machines à composer ; les presses typographiques rotatives, les procédés mécaniques d'illustration; la fabrication du papier; l'encre d'imprimerie. — Conclusion : chaque progrès de la machine est une petite étape parcourue vers le progrès universel.

Nous sommes à l'âge du « machinisme » ! entend-on répéter souvent à la ronde. L'ingénieur est partout avec ses machines à vapeur, à gaz, à pétrole, et électriques, avec leurs engrenages, leurs cylindres, leurs griffes qui entraînent, compriment, découpent tout ce que l'on offre à leur laborieuse activité. C'est la machine qui accomplit toutes les grosses besognes : elle est l'Hercule moderne sous toutes ses formes.

Bien plus, la machine se fait aussi moyenne ou petite pour répondre aux besoins humains les plus intimes. Si nous la trouvons à l'une des extrémités de son cycle actuel sous la forme de machine à vapeur de vingt mille chevaux de puissance, nous la trouvons à l'autre extrémité sous la forme de la machine-outil délicate qui taille par milliers les rouages des montres à bon marché.

Est-elle un mal ? Est-elle un bien ?

Faut-il honnir le machinisme ? Faut-il le louer et l'encourager ?

Nous nous rangerons sans hésitation à ce dernier avis, car la machine est par elle-même et sous toutes ses formes émancipatrice de l'être humain.

Lorsque l'homme est livré à ses propres forces, c'est une lutte pénible de tous les instants entre elles et les redoutables « forces de la nature ». Il doit peiner sans cesse, user son corps, pour triompher même dans une faible mesure.

Dispose-t-il des forces de la machine intelligemment combinée ? Sa puissance est décuplée, centuplée ; il rend coup pour coup aux résistances que la matière et les éléments lui opposent : il est celui qui commande aux éléments, celui dont la « volonté » suffit à remuer « la masse » : *mens agitat molem!* « Donnez-moi un levier suffisant, je soulèverai le Monde ! » disait le grand géomètre Archimède, ingénieur et mécanicien avant tout. En s'exprimant ainsi, il faisait l'éloge présent et futur de la machine; car, quelle que soit la machine, elle agit toujours sur un levier ou sur une réunion de leviers articulés qui la constituent.

On objecte volontiers au machinisme l'argument purement sentimental qui consiste à dire : « Le machinisme détruit l'égalité entre les travailleurs puisque les intelligents seuls sauront utiliser la machine. »

Nous répondrons que, tout au contraire, le machinisme rétablira cette égalité au point de vue de la dignité humaine en ne condamnant pas l'intelligence à être dominée par la redoutable et misérable supériorité musculaire de l'individu.

L'esprit faible, imperfectible, même dans le système physique égalitaire, ne trouve jamais à gagner sa vie que sur les conseils et sous la direction plus ou moins directe de l'esprit énergique et cultivé. A ce dernier appartiennent l'initiative et la prévoyance.

Or donc, lorsque la machine aura permis aux intelligents de rendre le travail plus fructueux, plus rémunérateur, moins fatigant, croit-on que les inintelligents n'en profiteront pas? Tout au contraire, arrachés eux-mêmes aux besognes humiliantes et vulgaires, soustraits à leurs dangers de toutes les minutes, ils pourront, eux aussi, s'élever plus haut en intelligence, donner à la réflexion un peu de ce temps que les rudes travaux du passé absorbaient entièrement, en brisant le corps sans que le cerveau pût intervenir. Quel est celui de nos travailleurs actuels qui voudrait déjà revenir à l'époque encore récente où l'on marchait pieds nus et où une paire de sabots constituait une sorte de bien-être?

Nul ne pourra contester, d'ailleurs, que les pays où l'homme est le moins malheureux, sans pour cela que ses ressources personnelles soient en jeu, ce sont les pays riches, ceux dans lesquels « la fortune publique » a atteint un niveau élevé. Là, le spectacle de la misère et de l'asservissement devient pénible, parce qu'il se trouve mis particulièrement en évidence.

Or, ces pays à fortune publique considérable et croissante, quels sont-ils?

Ce sont ceux qui possèdent une *industrie* moderne et munie des moyens industriels modernes, leur permettant non seulement de tirer un excellent et fructueux parti de leurs ressources, de leurs richesses naturelles, mais encore de transformer celles des voisins afin de les leur renvoyer élaborées en prélevant sur elles un bénéfice.

Ces pays industriels, quels sont-ils ? Ce sont ceux où le machinisme a développé les moyens de transport et centuplé les facilités du travail.

Voyons les statistiques qui se publient pour chaque pays sous le titre « Importations » et « Exportations ».

Voulons-nous savoir si tel ou tel pays est en voie de progrès et jouit d'une prospérité croissante ? Regardons le chiffre des « importations » de *matières nécessaires à l'industrie*. Le chiffre nous apparaît gros. Voilà qui est fâcheux, pensera le lecteur non prévenu : il a fallu payer à beaux deniers comptants ces matières qui ont franchi nos frontières.

Assurément, il a fallu ainsi les payer à l'entrée. Mais regardez-les donc sortir au chapitre *Exportation des objets fabriqués* de la même statistique, et voyez la différence. Cette différence en faveur de ce chapitre des exportations dans tout pays qui prospère et qui travaille représente le bénéfice que l'élaboration des matières a laissé dans les engrenages de nos machines. Perfectionnez la machine, vous l'augmenterez; laissez-vous dépasser dans le progrès par le machinisme spécial de tel ou tel pays voisin, tout aussitôt le chapitre de la statistique baissera comme baisserait un « enregistreur » sensible marquant l'état plus ou moins grand d'activité industrielle d'un pays.

Tout nous démontre, tout nous prouve, que l'accroissement prodigieux de la fortune publique des temps présents est le fruit direct du *machinisme*, créateur de *l'industrie* moderne. On tenterait en vain, d'ailleurs, d'en enrayer le progrès, car le retour en arrière est impossible. Ceux mêmes qui, apeurés par la rapide évolution de ce progrès, font profession de regretter le temps passé et ses usages avant l'intervention novatrice de la machine, seraient les premiers à la réclamer dès lors que, pour toutes sortes de leurs besoins, ils se verraient paralysés par d'infimes nécessités matérielles. Leur inexpérience peut s'expliquer, d'ailleurs, dans une certaine mesure si l'on considère combien les étapes de progrès de l'industrie moderne ont été inégales en durée.

Reportons, en effet, à l'origine, d'un rapide coup d'œil.

Nous ne trouvons, à proprement parler, que l'agriculture comme productrice de richesses; les efforts que l'on fait pour transformer ses produits sont lents, pénibles et sans rendement. Elle a elle-même un matériel cruellement pénible et peu efficace.

La machine n'intervient, à proprement parler, que lorsque l'on combine le *moulin à vent* pour moudre le blé, c'est-à-dire vers le XII⁰ siècle : il remplace la petite meule à main à laquelle avait succédé déjà la meule tournée à bras.

Faire fonctionner la meule constituait un travail dégradant : c'était un châtiment destiné à punir les forçats; on disait « condamné à la meule » *(damnatus ad molam)*, comme on a dit depuis « condamné aux galères ».

Voilà donc, tout d'abord, que, dans cette industrie primordiale de la mouture du blé, dans la préparation de l'aliment essentiel, nous voyons intervenir « le machinisme libérateur ».

Au moulin à vent succède, un peu plus tard, mais sans le faire disparaître, le *moulin à eau* avec ses roues hydrauliques. Le moulin à eau, c'est bien la *machine* avec ses transmissions et ses engrenages, c'est la *force motrice* qui ne cédera sa place qu'à la force motrice de la *machine à vapeur* vers la fin du XVIII⁰ siècle. Encore verrons-nous la force motrice hydraulique reparaître cent ans plus tard, vers la fin du XIX° siècle, grâce à la *turbine hydraulique*, récepteur hydraulique perfectionné qui sera le récepteur actif des chutes d'eau, l'organe puissant de l'industrie hydro-électrique. La machine à vapeur et la turbine hydraulique vivront d'ailleurs en bon accord comme ont vécu jadis le moulin à vent et le moulin à eau. Bien plus, la turbine hydraulique aura, en quelque sorte, une « action réflexe » sur le moteur à vapeur, et nous verrons les *turbines à vapeur*, moteurs rotatifs à très grande vitesse, prendre place à côté des *machines à vapeur à pistons* limitées dans leur action au point de vue de la vitesse par le mouvement alternatif du piston dans son cylindre.

Quoi qu'il en soit, avec la machine à vapeur, la *machine* était créée, le *machinisme* devenait là puissance future, le mode d'utilisation et de transmission de l'*énergie* seul apte, actuellement et pour l'avenir, à lutter contre les forces de la nature, à transformer les produits, à utiliser les matières.

C'est en vain que l'ignorance, l'erreur, les préjugés essayeront, depuis la première heure, d'entraver le développement du machinisme. On enfermera comme fou Salomon de Caus, le précurseur de la machine à vapeur, on brisera le bateau à vapeur du marquis de Jouffroy, on détruira le métier mécanique de Jacquart : la mécanique triomphe de tout, elle transforme successivement toutes les industries modernes. Partout où elle trouve le *mouvement alternatif*, le mouvement primitif du *bras humain*, elle le change au moyen de ses transmissions de mouvement et de ses engrenages en *mouvement circulaire continu*, elle *envoûte* l'effort pénible et lent, elle le simplifie, elle lui oppose le « contre-effort » décuplé.

Ainsi, l'industrie dans toutes ses parties devient mécanique. L'agriculture même devient mécanique par le labourage mécanique et électrique, par le traitement mécanique de la plupart de ses produits dès qu'ils sont sortis de la terre ou de l'arbre.

Comme conséquence, le commerce change aussi d'aspect et d'allures : ses opérations deviennent obligatoirement plus rapides, plus précises et portent sur des masses de produits et de denrées plus considérables. Son développement est connexe de celui du machinisme, bien que « la machine » ne joue pas dans le commerce un rôle apparent et effectif.

En effet, le commerce a existé de tout temps et *avant la machine;* il a existé dès que l'agriculture a recueilli ou produit une denrée quelconque; il a existé même depuis la *cueillette* primitive, c'est-à-dire dès lors que l'homme a recueilli les produits naturels du sol et en a mis une partie de côté, par prévoyance, afin de ne pas mourir de faim pendant la mauvaise saison.

Car cette mise en réserve des produits du sol a créé les *échanges* : une région produisait plus de telle ou telle denrée recherchée par une autre région. Il a fallu s'entendre pour en faire l'échange pacifique au lieu de se la dérober par la violence. Dès lors, le commerce était créé dans son principe et il allait se développer par une loi de progression naturelle que rendent plus ou moins effective la civilisation des divers peuples, leur désir de s'enrichir et leurs aptitudes naturelles.

Ainsi donc, les peuples civilisés, en thèse générale, sont devenus très commerçants : le commerce a été leur accumulateur de richesse et souvent il a été leur orgueil.

Sur ce dernier point, il y a un grand principe à bien établir : c'est que, si le commerce est, par la perfection de son organisation, un accumulateur de richesse, il s'enorgueillit à tort lorsque, prenant l'effet pour la cause, il a une fierté de « producteur ».

Le commerce n'est pas et ne peut pas être créateur de richesse : cette grande et belle tâche est réservée à l'agriculture qui produit et à l'industrie qui transforme. Le commerce est un *intermédiaire* nécessaire entre les individus, entre les groupements d'individus, entre les nations. Il demande beaucoup d'initiative, d'intelligence, et de sens du progrès ; il a ses grands hommes et ses victimes. Un pays très commerçant est un pays brillant et avec lequel les autres doivent compter ; mais cette splendeur peut toujours être éphémère si ce même pays n'est pas producteur : « Le colosse a toujours les pieds d'argile. » Car, si quelque attaque audacieuse vient paralyser le commerce, si des tentatives commerciales malheureuses s'accumulent en un temps trop court sur un même point, il n'aura point par lui-même et en lui-même les moyens de refaire ce qu'il a brusquement perdu ; il ne pourra pas supporter la pauvreté : cette vertu n'appartient qu'à l'épargne. Dès lors que le commerce n'évolue pas rapidement vers le développement et le succès, il est condamné à disparaître ; il lui manquera tout de suite ce qui est la nécessité de son fonctionnement : le *crédit*.

Enfin, on peut faire au commerce pris isolément un grave reproche : c'est de n'enrichir finalement que certains groupes d'individus lesquels prélèvent leurs gains sur autrui. Alors que l'agriculture et l'industrie procurent des moyens d'existence à des populations entières, à un personnel nombreux, le commerce peut procéder à des opérations énormes avec un personnel très réduit.

Il se méprend, d'ailleurs, sur lui-même en considérant que toute somme d'argent produit *intérêt ;* il lui semble que la pièce d'or même immobile au fond de ses tiroirs se multiplie et fructifie. Cela est vrai à la condition que cette pièce d'or, sous forme de valeur en papier ou de crédit, aille et revienne sans cesse de l'industrie « au tiroir » et du tiroir à l'industrie. Sans quoi,

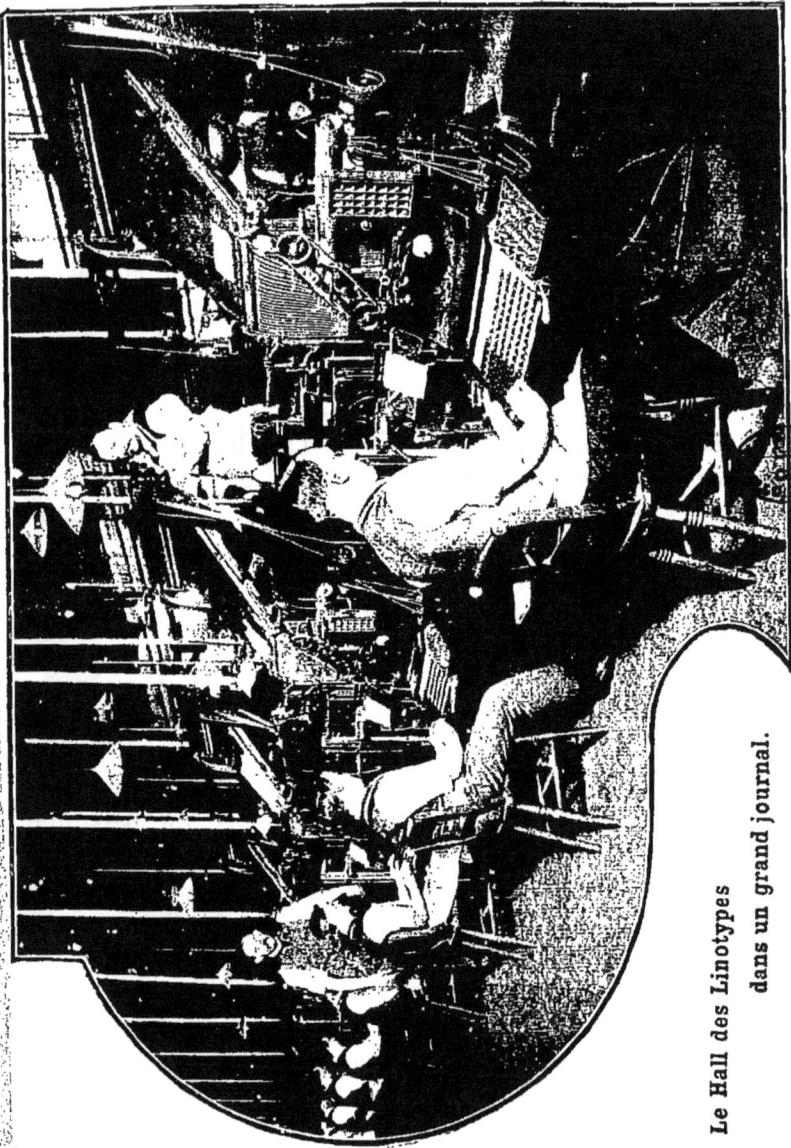

Le Hall des Linotypes
dans un grand journal.

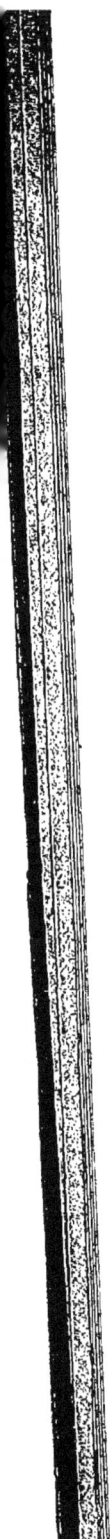

le taux de l'intérêt de cet argent aura des limites tout indiquées : ce sera *zéro* s'il s'immobilise ; ce sera ce que rapporte un champ cultivé, c'est-à-dire *un et demi pour cent* si l'argent ne sort qu'une fois du tiroir pour aller à la terre et pour en revenir. L'industrie lui fournira, par contre, d'innombrables occasions d'aller et de venir et de laisser, à chaque fois, un bénéfice entre les mains du commerçant.

Donc, nous pensons l'avoir démontré, un groupement civilisé a besoin tout à la fois d'avoir son agriculture, son industrie et son commerce. Nous croyons inutile d'ajouter qu'il doit avoir aussi les arts, qui sont comme la parure de tout le reste et qui en ont été les compagnons depuis le début.

L'ensemble qui en résulte est si complet que les générations successives s'aperçoivent à peine du progrès de l'une par rapport à l'autre. Pendant longtemps, les transitions furent lentes et douces : la civilisation n'affermissait ses conquêtes qu'avec une extrême prudence.

Le *machinisme* et la *machine* ont brusquement changé tout cela il y aura bientôt plus d'un siècle. L'industrie modifiée, créée sous des formes nouvelles, a renové la plupart des besoins humains et transformé les moyens de les satisfaire.

Reportons-nous, de temps à autre, aux conditions d'existence de nos ancêtres même encore proches de nous ; nous les trouverons toujours bien mal outillés, bien mal pourvus. Malgré la respectueuse poésie dont nous les entourons avec juste raison, il faut en convenir franchement : un « moderne » serait incapable de passer un mois seulement dans leur époque sans en revenir saturé d'un ennui profond. L'homme a goûté aux fruits, parfois verts ou piqués, de la science moderne : il ne peut plus se nourrir autrement. Pour toute difficulté qui se présente, pour toute besogne qui dépasse ses forces, il appelle à lui « la machine » toute-puissante : elle est à la fois son esclave et la dominatrice de son existence.

Pour avoir un exemple moins théorique que le précédent de l'influence du « machinisme », prenons, par exemple, une industrie de grande importance dans l'industrie générale du vêtement : celle du *tailleur*.

Tout d'abord, la *machine* lui aura fourni le *drap*.

Avant la machine même primitive, le drap, en quelque sorte, n'existait pas.

Les draps, qui sont, de tous les tissus, le plus communément employé dans la confection du costume masculin, lequel absorbe les trois quarts, peut-être la moitié au moins, de la production industrielle, ne sont vraiment utilisés que depuis soixante ans environ, grâce à l'intervention de la machine dans la fabrication drapière. Autrefois, elle ne produisait que des draps coûteux et soignés ; de nos jours, sans négliger « l'article de luxe », elle arrive à fabriquer des draps d'un bon marché inouï et cependant d'aspect agréable.

Elle a ainsi réalisé un progrès considérable, égalitaire dans le meilleur sens du terme. Les draps « de laine pure » restent bien « l'article de choix » ; mais les draps de laine et de coton, qui sont obtenus à bas prix grâce au perfectionnement de l'outillage et à l'accroissement de son rendement, prennent chaque jour sur le marché une place plus grande. Ils se substituent peu à peu aux toiles et aux cotonnades dont jadis les classes pauvres devaient se contenter pour se vêtir et qui créaient de mesquines jalousies entre la *blouse* et l'*habit*, ainsi que de ridicules et orgueilleux mépris de l'*habit* à la *blouse*.

Tel est le résultat du progrès dû au machinisme dans la production de la matière première.

Il n'est pas moins remarquable dans son utilisation, car la machine a permis la vulgarisation intensive du *vêtement confectionné*, industrie toute nouvelle aussi et caractéristique de l'évolution vers le bien-être.

Au commencement du dernier siècle, les classes aisées se faisaient habiller par les tailleurs. Chez les petits bourgeois et les artisans, c'était ordinairement la ménagère qui confectionnait les effets des membres de la famille. Les pauvres gens se fournissaient chez « le fripier », qui vendait les vieux habits nettoyés et raccommodés, seule forme sous laquelle se pratiquait alors le commerce des vêtements tout faits !

Il en fut ainsi jusque vers 1820. En 1826, fut inaugurée à Paris la première maison de confections. En 1827 et 1828, deux autres se créèrent : l'une à Paris, l'autre à Lille. Le travail purement manuel rendit leur développement très lent.

Vers 1855, voici venir la *machine à coudre :* c'était l'avenir même qui s'ouvrait. Son entrée en scène coïncidait avec l'abaissement notable du prix de fabrication du drap. Bientôt, les perfectionnements de l'outillage, ceux des procédés de travail et une meilleure application des méthodes d'exploitation commerciale abaissaient de 35 à 40 p. 100 le prix des marchandises offertes au public. Par la forme et le fini, les vêtements confectionnés rivalisaient avec les vêtements sur mesure.

La main d'œuvre a continué à jouer un rôle important, mais elle est intimement liée au fonctionnement de la machine, qui seule fait gagner du temps et abaisse le prix de revient.

Ainsi, les opérations de *coupe* des vêtements, au lieu d'être indifféremment confiées à tel ou tel *coupeur*, sont réparties suivant la délicatesse et la difficulté du travail entre trois équipes, dont l'une, en langue technique, travaille aux *ciseaux*, l'autre au *sabre* (c'est-à-dire au couteau), la troisième à la *machine*.

Il en est de même pour les opérations d'apiéçage : certains ouvriers, les *prépareurs*, ne font qu'assembler les pièces du vêtement au moyen d'un *bâti*, d'autres continuent et terminent presque le travail à la *machine*, quelques finisseurs complètent à l'aiguille s'il y a lieu.

Au point de vue du personnel ouvrier, les hommes forment un peu plus de la moitié de l'effectif ; les femmes sont surtout spécialisées à certains travaux. Pour tous, il en est résulté considérablement d'hygiène et de bien-être par rapport à l'accomplissement de la besogne d'autrefois.

Les ateliers de *coupe* sont toujours groupés chez le patron, à cause de l'outillage important et de la surveillance qu'ils nécessitent.

Les *apiéceurs*, formant environ les deux tiers du personnel, peuvent travailler chez eux, en famille, grâce à leur outillage peu dispendieux et peu encombrant.

Ces petits ateliers comprennent habituellement deux ou trois personnes y compris le chef de famille. Ils ont l'avantage sur la réunion en atelier de former tout naturellement des apprentis aptes à bien gagner leur vie.

Prenons un autre exemple dans une autre industrie touchant encore à des besoins humains considérables et immédiats : celle de la *verrerie à bouteilles*, et voyons le rôle important que la *machine* y a joué dans la récente période, rôle tout à la fois fructueux et humanitaire.

La fabrication des bouteilles, de ces innombrables bouteilles qui vont de tous côtés renfermer le vin et les liqueurs et dont la consommation est énorme, se faisait depuis les origines de cette industrie, par les procédés manuels élémentaires des gentilshommes verriers, c'est-à-dire par le soufflage à la bouche, dans un moule, d'une petite quantité de verre en fusion.

Fabrication des biscuits :
Le défournement.

(Cliché Pictorial Agency.)

d
t
p
e
g
p
o
r
t
à
p
l

d
e
d
l
f
n
c
e
l

a
s
u
t

d
l
e

Les fours seulement s'étaient perfectionnés et c'étaient de véritables enfers que les verreries à bouteilles.

En effet, la fusion et le raffinage du verre exigent une température de 1 500 degrés centigrades, et le verre pâteux cueilli avec les *cannes* qui servent à le souffler est porté à la température de 900 à 1 000 degrés centigrades. Il en résulte que, là où l'on travaille ainsi, la température des ateliers est constamment de 45 à 50 degrés centigrades. La fluxion de poitrine, la bronchite, les refroidissements, la phtisie, déciment, décimaient surtout, ces pauvres gens toujours suants bien que couverts à peine de vêtements légers, parfois même travaillant presque nus, sous les yeux les uns des autres, devant leurs apprentis.

L'opération du soufflage était des plus pénibles et dangereuses.

L'ouvrier verrier mettait dans un *moule*, qu'ouvrait et refermait un *gamin*, la boule de verre collée au bout de sa canne creuse. Alors, il soufflait dedans, de toute la force de ses poumons, et la bouteille prenait sa forme.

Mais quel cruel travail ! D'abord, il y avait l'épuisement de souffler, de souffler sans cesse. Puis, il fallait compter avec l'inévitable aspiration d'un peu de l'air embrasé par le verre ardent : cet air desséchait et brûlait à la longue les tissus de la gorge et les poumons.

Les ouvriers verriers ne dépassaient guère quarante ans : ils s'y résignaient comme à un risque professionnel spécial. A côté de chaque verrerie, il fallait aménager un cimetière dans lequel s'alignaient les tombes impitoyablement.

Le maître verrier Léon Appert, véritable bienfaiteur de son industrie et de ses ouvriers, montra, après de longues et patientes recherches, comment on pouvait employer de l'*air comprimé* mécaniquement au lieu de procéder à ce mortel soufflage par la bouche pratiqué depuis l'origine même de la verrerie. Le problème était difficile à résoudre : car, comprimer l'air est chose assez aisée ; mais, quand on veut se servir de cet air pour une besogne déterminée, il faut le laisser se détendre bien sagement, à pression réglée et modérée.

M. Léon Appert mit des années de travail et d'essais pour combiner les appareils finalement simples, obéissants et pratiques au moyen desquels le premier venu peut se servir de l'air comprimé avec une précision parfaite, au moyen desquels le soufflage mécanique du verre, des bouteilles en particulier, est devenu une opération courante d'une précision parfaite.

Un progrès devait encore venir se greffer sur celui-là et transformer de la façon la plus heureuse cette industrie, c'est la *fabrication mécanique* complète de la bouteille.

Elle a été réalisée aussi avec des peines infinies et avec un entier succès final par un maître verrier de Cognac, M. Boucher.

Grâce à l'ingénieuse machine de M. Boucher, le rôle de l'ouvrier verrier fabriquant des bouteilles se réduit désormais à aller « cueillir le verre en fusion » dans le four ardent de la verrerie, puis à venir le déposer dans le moule d'une *machine-à-mouler* spéciale. Le moule se referme automatiquement ; alors, un *compresseur d'air*, à l'appel d'un coup de pédale, envoie un jet d'air comprimé dans le moule : c'est bien un souffle sortant de « poumons d'acier » que rien ne lasse ni ne fatigue, que la chaleur brûlante ne peut pénétrer ni dessécher.

La fabrication complète d'une bouteille dure *quarante secondes*. Avec deux machines et trois ouvriers, on peut fabriquer 3 600 bouteilles par jour, au lieu de 600 que l'on fabriquait péniblement par l'ancienne méthode de soufflage à la canne et avec la bouche.

Le résultat pratique, industriel, est donc considérable. Mais il y a d'autres avantages à faire entrer en ligne de compte dans ce progrès : ce sont les avantages au point de vue de l'hygiène des ouvriers.

Cet exemple du concours apporté par le machinisme à la pratique industrielle est tout à fait typique. Il montre, une fois de plus, que les problèmes les plus difficiles peuvent être résolus grâce une analyse patiente et lorsque l'on a la volonté ferme de trouver la solution. Bien d'autres industries pourront être, n'en doutons pas, par la même méthode, assainies, régularisées, affranchies de toutes les souffrances physiques imposées à leur personnel, et cela par des recherches analogues à celles dont nous venons de donner un aperçu.

Répondons, pour terminer ce chapitre, à une objection que l'on entend faire parfois au « machinisme », et qui consiste en ceci :

Vous avez monté un atelier avec les machines les plus perfectionnées que vous ayez pu trouver lors de l'organisation de votre entreprise. Elles sont excellentes et, en conséquence, vous les avez payées fort cher.

Six ans, sept ans, dix ans après, vous acquérez cette conviction que des machines plus perfectionnées ont été imaginées et construites pour exécuter la même besogne, qu'elles la font au moins aussi bien et, en tout cas, plus économiquement.

Que ferez-vous ?

Notre réponse sera impitoyable comme le progrès lui-même. Vous devrez acheter de nouvelles machines et non pas même vendre les anciennes, que pourraient acheter des concurrents : vous devrez les faire démolir et les envoyer *à la ferraille*.

Voici pourquoi :

Gardez-vous, ainsi que le conseillait la sagesse ancienne au début du machinisme, de calculer l'*amortissement* du prix d'achat de vos machines sur une période de vingt ou trente ans. L'accélération actuelle est tout autre.

Une machine que vous achetez doit pouvoir être amortie en cinq ou six ans, après avoir travaillé sans trêve ni répit pendant cette période.

Vous devez avoir eu constamment de la besogne à lui donner; vous ne devez l'avoir achetée que si vous étiez certain de pouvoir lui fournir cette besogne. Autrement, elle sera comme un excellent ouvrier que vous engageriez pour plusieurs années, que vous payeriez très cher et auquel vous ne donneriez rien à faire pendant trois jours par semaine.

Les anciens principes d'amortissement s'expliquaient très bien. Les premières machines que l'on construisit pour les diverses industries parurent être des chefs-d'œuvre. On ne pouvait penser, et cela de très bonne foi, que l'on ferait jamais quelque chose de mieux.

Actuellement, on sait, par toutes les Expositions universelles, par tous les catalogues des constructeurs, qu'à la machine prefectionnée une plus perfectionnée succédera à bref délai. Lorsque ce nouvel outil se présente, on doit pouvoir prévoir sans aucune hésitation qu'il remplacera le précédent; car l'emploi de cet outil précédent vous mettra dans un état d'infériorité vis-à-vis de tout concurrent qui se servira de l'autre, du suivant.

Autre question : l'industriel, le constructeur, le fabricant doivent-ils acheter des *machines étrangères*?

Non! s'ils trouvent dans leur fabrication nationale les mêmes machines ou des machines équivalentes même à un prix un peu plus élevé.

Oui! si ce type de machines dont ils ont besoin ne se fabrique pas dans leur pays.

La machine n'a pas de nationalité : on ne doit voir en elle que la besogne qu'elle peut accomplir.

Ne voit-on pas cela se produire en ce qui concerne les navires à vapeur ?

Une compagnie de navigation a besoin de navires en plus de ceux qu'elle possède ou qu'elle a construits, et cela pour répondre à une augmentation de son trafic ou pour remplir certains marchés immédiats et fructueux que les circonstances lui ont fait conclure. Elle achète les steamers dont elle a besoin là où elle les trouve, elle en change les noms au vu et au su de tout le monde et les fait naviguer sous son pavillon.

Qui trouvera à redire à cela? Personne!

Pourquoi donc alors reprocher aux industriels ou à l'Etat lui-même, lorsqu'il joue le rôle d'industriel, d'acheter la meilleure machine pour faire une besogne déterminée là où il trouve cette machine?

Cependant, on entend souvent faire ce reproche par des gens qui se laissent séduire par des arguments de pure sentimentalité.

Le commerçant intervient ici d'une façon fort utile, bien qu'il ne soit pas producteur de quoi que ce soit. C'est lui qui, se conformant à son rôle d'intermédiaire duquel il tire tous ses bénéfices, aura intérêt à rechercher en tous pays quelle est la machine nouvelle qui répond le mieux à tel ou tel programme de fabrication. C'est lui qui pourra et devra la faire connaître à l'industriel, soit directement, soit par les moyens de publicité dont il dispose. Il devra attirer son attention sur le progrès, engager ses clients à le suivre; on voit toute l'importance de ce rôle lorsqu'il est bien compris.

Ajoutons que si l'industriel doit surtout rester sur place pour surveiller de près son industrie, le commerçant, lui, doit beaucoup voyager. Il ne doit pas se contenter d'écrire : il faut qu'il voie les choses par lui-même ; en ce qui concerne les machines, il faut qu'il les voie fonctionner, qu'il se les fasse expliquer à fond. C'est ce qui fait que le commerçant actuel ne doit plus être un simple trafiquant ; il doit et il devra de plus en plus posséder une instruction étendue, parler le langage technique et pouvoir le parler en plusieurs langues. Il rendra ainsi tous les services qu'il peut rendre et l'alliance « du commerce et de l'industrie » ne sera plus un vain mot.

On trouvera de nombreux et probants exemples d'application des principes généraux que nous venons d'établir en lisant ce livre, et l'on nous permettra d'attirer l'attention sur la *leçon de choses* effective qu'il donne par lui-même. Car, il ne se contente pas d'être un modeste témoignage de cet immense progrès qui se nomme l'*imprimerie* : il fait mieux encore. Composé *à la machine* avec les *machines à composer* de création toute récente, illustré de *phototypies* qui reproduisent directement des *épreuves photographiques*, à chacune de ses pages, notre livre rend hommage par lui-même au « Machinisme » et à ses admirables applications.

Il y a 80 ans, en 1822, l'Anglais Church, dans la pensée de réaliser mécaniquement les diverses opérations de la composition typographique, parvint à faire fonctionner, d'une façon à peu près satisfaisante, une machine employant des caractères fondus à l'avance.

Les débuts furent difficiles : ils connurent le scepticisme, le doute, les objections systématiques auxquelles se heurte tout projet novateur et qui sont d'autant plus dangereuses que les dénégations s'appuient sur l'expérience acquise alors que les affirmations essayent de convaincre en invoquant des espérances.

Or, aujourd'hui, que voyons-nous ?

La machine à composer est devenue absolument pratique et non pas seulement sous une forme unique, mais sous des formes variées qui montrent qu'elle a été étudiée à fond. Il y a la linotype, la monoline, la typographe, la monotype, la graphotype, l'électro-typographe, la dyotype, la thorne, la simplex, l'empire, la dowe, la rototype,... et bien d'autres. L'illustre Gutenberg peut être fier des élèves qu'il compte parmi les mécaniciens.

Toutes fort ingénieuses, ces diverses machines se partagent en catégories assez nettement caractérisées.

Les unes composent au moyen de caractères fondus à l'avance et placés dans *les magasins* de la machine, magasins dans lesquels elles renvoient les caractères lors de la *distribution*. D'autres, tout en fonctionnant avec des caractères indépendants, les fondent elles-mêmes dans un appareil annexe, et ne les utilisent jamais deux fois, ce qui supprime la *distribution*. Dès que le tirage est fait, les caractères retournent au creuset pour en ressortir tout neufs.

Certaines machines composent bien en caractères individuels et mobiles ; mais elles choisissent successivement les matrices qui doivent donner les caractères nécessaires à la composition, les fondent au fur et à mesure, et les placent à la suite les uns des autres pour les envoyer plus tard à la refonte.

Parfois la conduite de la machine et des mécanismes commandant les matrices se fait par une bande de papier perforée à l'avance et qui rappelle dans une certaine mesure, par son fonctionnement, les admirables cartons du métier à tisser de Jacquard. La perforation est effectuée à l'aide d'une sorte de machine à écrire spéciale : sous la direction de ce carton, la composition se fait automatiquement ; la machine semble travailler comme un être animé, refusant les caractères malformés,

sonnant au bout de chaque ligne : on a pu dire en vérité
« qu'il ne lui manque que la parole ».

Enfin, nous voyons au travail les *linotypes* et les *typo-
graphes*, lesquelles préparent une série de matrices repré-
sentant les diverses lettres, ou signes, d'une ligne entière,
et fondent toute la ligne *d'un seul bloc* pour renvoyer le
métal de cette ligne au creuset après emploi de la composition et tirage.

L'*électro-typographe*, construite à Nuremberg avec
une rare perfection, comporte une *machine à composer*
et une *machine à fondre* entièrement séparées. On en fit
des essais couronnés d'un succès complet à l'imprimerie
du journal *le Temps*, à Paris, dès 1902 : depuis lors, on
l'a encore perfectionnée.

Certes, ces belles et intelligentes machines modifient,
changent, bouleversent, les conditions du travail. On
s'en effraye parfois, on le regrette aussi, on envisage avec
inquiétude les conséquences possibles. Qu'importe ! Les
machines se chargent de répondre elles-mêmes et de
défendre victorieusement leur propre cause en étant les
organes par excellence de la diffusion de la pensée et
de la vulgarisation du progrès.

Nous avons vu, dans l'imprimerie, la presse mécanique se substituer avec une merveilleuse vigueur à la
presse à bras qui fut l'initiatrice.

C'est à la *machine à imprimer*, à la presse typographique mécanique que nous devons avant tout ces deux
organes indispensables de l'existence moderne : le livre,
et le journal.

Combien d'intelligence ont dû dépenser tant de praticiens pour arriver aux étonnants résultats actuels !

En 1820, avec les *presses à bras* imaginées par Cly-
mer et Stanhope, un bon ouvrier pouvait tirer 2.000 feuilles par jour, mais *d'un côté seulement*.

En 1889, Marinoni présentait à l'Exposition universelle de cette époque une machine rotative double, pour journaux de grand format, pliant les journaux de quatre pages, encartant et pliant ceux de six et huit pages et donnant, par heure, 44 000 exemplaires dans le premier cas et 22 000 dans le second. Une autre machine rotative double « pour illustrations » faisait, à volonté, soit « la retiration », c'est-à-dire le tirage sur les deux faces du papier et une deuxième couleur d'un côté, soit trois couleurs du même côté : les *clichés* ou *galvanos* s'y fixaient aisément et restaient en parfait état après un tirage de 350 000 exemplaires.

Ces machines sont pourvues d'un *margeur* automatique qui happe les feuilles, et d'un *receveur* automatique qui les reçoit tout imprimées.

Puis, sont venues les *presses rotatives*, imprimant à deux couleurs, à quatre couleurs, à six couleurs, tirant, collant, et pliant 8 pages, atteignant avec quatre cylindres, 100.000 exemplaires à l'heure et pourvues d'un rouleau distributeur de papier. Les dessins, sous forme de clichés, pris en empreintes dans du métal mou, sont intercalés dans la composition et viennent aussi s'enrouler sur les cylindres des presses rotatives. Sans cesse, dans les laborieuses imprimeries, se déroulent les gros cylindres de « papier continu » sur lesquels va s'inscrire la pensée : puis, tout cela va s'envoler au loin, feuilles éphémères ou durables : c'est l'actualité qui se déroule, c'est l'avenir qui se prépare.

D'où vient dans nos livres, dans nos journaux, cette aimable profusion de dessins, de « gravures » pour employer le terme ancien ?

C'est encore aux procédés mécaniques que nous la devons : ils portent les noms de *photogravure*, de *similigravure*, de *photocollographie*, et de *phototypie*. Grâce à eux, le document artistique, réel, instructif, se multiplie : le livre et le journal parlent aux yeux.

En 1824, Nicéphore Niepce préparait, dans ce but, les premières planches gravées sur étain. Vers 1852, Talbot réussissait des essais de gravure sur acier et sur zinc, puis il concevait l'idée des *trames*, ou *réseaux*, qui servent à réaliser les belles *photogravures* actuelles.

On doit à Poitevin, ancien élève de l'Ecole centrale, illustre inventeur de la « photographie au charbon », la *photolithographie* ainsi que l'impression à l'encre grasse sur gélatine bichromatée, Woodbury est l'inventeur de la *photoglyptie* dont l'élément essentiel est le moulage au plomb, sous la presse hydraulique, d'une épreuve sur gélatine bichromatée. La *similigravure*, ou *phototypographie* en demi-teinte, imite la gravure au burin, ou, en pointillé. Dans la *photocollographie*, la gélatine bichromatée est étendue sur une dalle en verre et impressionnée au travers d'un *cliché négatif* : les parties frappées par la lumière prennent l'encre et repoussent l'eau ; par contre, les autres parties absorbent l'eau et repoussent l'encre. On obtient ainsi une surface lithographique excellente pour un tirage restreint d'épreuves au trait, ou à modelé continu.

Les résultats obtenus par ces procédés mécaniques ne diminuent en rien l'admiration que l'on porte, à si juste titre, aux gravures à la main exécutées par tant de remarquables artistes, anciens et modernes, et dans lesquelles ils apportaient et apportent encore, leur interprétation personnelle puisée aux sources les plus pures de l'Art. Mais, par contre, la photogravure, en mettant l'image, le document graphique, artistique, parfois même en couleurs, à la portée de tous, permet au goût de se former ; elle apprend à aimer la précision, l'exactitude, et la beauté. C'est avec l'impression typographique, et presque au même titre, le plus puissant instrument de vulgarisation qui se puisse concevoir. Sans la photogravure sous ses diverses formes, le livre et le journal, qui sont aujourd'hui dans toutes les mains et ensemencent partout les idées et les connaissances utiles, seraient encore un luxe à la portée exclusive d'une élite de privilégiés de la fortune.

Comment ne pas rendre hommage, ici même, à ce *papier* grâce auquel nous sommes en communication si agréable et si facile avec notre lecteur ?

C'est encore une conquête de la science, mais sa fabrication est une des belles victoires de « la machine. »

Les anciens ne le connaissaient pas, malgré la perfection de certaines civilisations antiques. Maintenant, il fait tellement partie intégrante de notre civilisation, il joue un tel rôle de tous les instants dans notre existence, que ce serait la barbarie, la nuit, le silence morne, si, subitement était supprimée cette fragile matière qui permet de faire la lettre, le journal, et le livre.

Les premières papeteries françaises de chiffons se fondèrent dans le Languedoc en 1312 et à Essones vers le milieu du XIVᵉ siècle, presque à l'époque où, par un enchaînement admirable du progrès se créait l'imprimerie.

Les *moulins à papier* de la seconde moitié du XIVᵉ siècle étaient dans l'Angoumois et dans le Poitou. Angoulême devint à cette époque le centre commercial de cette industrie qui répandit ses produits en France et à l'étranger.

Les premières fabriques étaient toutes familiales : tout se faisait à la main, « à la forme ». Il était rare qu'un moulin à papier occupât plus de quarante personnes : la force motrice était fournie par de petits cours d'eau.

Les papeteries modernes, utilisant tout à la fois la force hydraulique et la machine à vapeur, munies d'appareils perfectionnés d'une grande puissance, emploient

volontiers dans une seule usine, deux cent cinquante
à trois cents personnes avec une force motrice qui atteint
au moins deux cents chevaux. La production du papier,
vers la fin du XIVᵉ siècle, était d'environ sept cent mille
kilogrammes ; elle atteint aujourd'hui environ cinq millions de kilogrammes. Le prix du kilogramme de papier
était alors de 1 fr. 40 : il est maintenant de 50 à 70 centimes.

La consommation est devenue telle que le chiffon de
lin, de chanvre, et de coton, n'aurait pu y suffire. Ce
sont les plantes dont *la cellulose* est lessivée, blanchie,
désincrustée, qui répondent à l'énorme et perpétuelle demande. On utilise dans ce but la paille, l'alfa, mais surtout le bois, et de là est venue l'expression courante « papier de bois », ce qui veut dire papier à pâte de bois
mécanique, ou chimique, selon son origine de fabrication.

La plus grande partie de cette pâte de bois tendre,
sapin, pin, sapinette, épicéa et tremble, vient toute préparée de Suède et de Norvège. Mais nos forêts payent
aussi à la papeterie un dur tribut. Fort heureusement,
les plantes coloniales, jute, aloès, palmier nain, bana-
nier sauvage, ajonc, bambou, ramie, sorgho, canne à
sucre, viendront à la rescousse. On fait même du papier
de tourbe qui n'est pas sans mérite.

Une papeterie, comme une sucrerie, est une usine modèle et remarquable dans son genre. A l'une de ses extrémités entre la matière première : à l'autre extrémité sort
le produit fabriqué, complet, sans interruption, sans
trêve. Ceux qui veulent se rendre compte de la perfection mécanique actuelle font bien de visiter une papeterie : on en sort ravi de la régularité avec laquelle les
machines intelligentes et disciplinées s'accordent pour
fabriquer le produit excellent et à bon marché que leur
demande l'imprimerie et sans lequel il n'y aurait ni progrès moderne, ni essor possible de la civilisation.

Une page de papier imprimée! Du noir sur du blanc! En effet! Mais savez-vous bien que ce noir qui vient s'imprimer sur le papier, c'est encore un dès triomphes de la machine sous diverses formes et qu'il faut de puissantes usines pour parvenir à fabriquer, par exemple, cette encre d'imprimerie française qui se nomme l'*encre Lorilleux* et que le monde entier emploie.

Il est juste et indiqué que ce livre en parle puisqu'il est imprimé précisément avec l'encre provenant de ces belles usines.

Au point de vue général, une *encre d'imprimerie* est essentiellement formée par un mélange intimement broyé d'une huile siccative et de noir de fumée, quand il s'agit de noir; de cinabre ou d'indigo, s'il s'agit d'encre rouge ou bleue.

C'est précisément ce mélange intime, venant succéder à la fine préparation du noir, qui fait de la fabrication de l'encre d'imprimerie une préparation des plus délicates.

Il est le résultat d'une expérience profonde et d'efforts incessants, car on lui demande d'avoir toutes les qualités, à cette bonne encre : teinte franche, fluidité parfaite sans être excessive, siccativité imperturbable et rapide. En vérité, elle a le droit d'être satisfaite que l'on fasse son éloge et elle saura bien le graver sur le papier.

Ajoutons, à l'éloge du « Machinisme » que rien n'est propre et agréable d'aspect, à tous points de vue, autant que ces usines d'où sort le noir et indispensable produit. Leurs ouvriers, qui connaissent les bienfaits de l'hygiène, de la prévoyance, et de la mutualité, sont de bons et heureux travailleurs. Par une originalité de la destinée, et malgré l'objet de leur labeur professionnel, jamais on ne peut dire d'eux : « qu'ils broient du noir ». Ce sont les machines qui s'en chargent.

Bornons ici ce premier coup d'œil d'ensemble sur
le « Machinisme » : Dans nos chapitres suivants nous
allons le voir à l'œuvre sous ses divers aspects. Nous ana-
lyserons ses moyens d'action ; nous mettrons ses résultats
en évidence : et, sans parti pris, avec le seul désir de
convaincre par des faits indiscutables nous pensons
démontrer que chaque progrès de « la machine » a
été une petite étape parcourue vers le progrès universel.

DEUXIÈME CONFERENCE

Les industries de l'alimentation.

Les industries de l'alimentation : le rôle qu'elles jouent dans le progrès général. — Une laiterie mécanique. — Une chocolaterie. — Une biscuiterie. — La fabrication des conserves alimentaires. — Le rôle philosophique pacificateur des industries alimentaires.

L'alimentation résulte, pour tout ce qui vit, de la nécessité de se nourrir : elle est la condition essentielle de l'existence.

Ce problème de tous les jours, relativement aisé à résoudre pour les groupements humains au début, devient difficile et scientifique pour les agglomérations civilisées, lesquelles s'implantent en des endroits où la production absolue de matières alimentaires est très restreinte ou nulle.

Les ressources nécessaires au fonctionnement de ces grands rouages non productifs par eux-mêmes sont, dès lors, demandés aux *industries alimentaires* placées sur les terrains de production et dont le rôle sera de grouper et de transformer les matières premières pour les diriger, par les moyens de transport modernes, sur les lieux de consommation.

L'industrie, les moyens de transport, et le commerce, se trouvent ainsi réunis pour concourir vers un même but final.

Nous ne saurions entreprendre ici un historique de l'alimentation. Nous en verrons seulement l'outillage, nécessairement fort sommaire au début des agglomérations civilisées, rechercher l'aide des innombrables perfectionnements accomplis dans les organes mécaniques. Une tablette de chocolat, un morceau de sucre, un biscuit, que l'on achète à prix très modéré et que l'on consomme, en quelque sorte, sans y penser, résument un enchaînement d'efforts et de progrès que l'on admire dès l'instant où l'on se demande comment ces résultats industriels peuvent être obtenus avec tant de surprenante banalité.

Nous en verrons, par la suite, quelques exemples.

Observons, tout d'abord, que ces industries de l'alimentation, si variées et si complexes dans leurs produits, ne sont pas aussi compliquées qu'on pourrait le penser si l'on remonte à l'origine des matières.

C'est toujours à du lait, à des grains, et à des fruits, que l'homme s'adresse pour satisfaire à ses besoins, en dehors de ses instincts carnivores assez aisément contentés en abattant des animaux et en les faisant tout aussitôt cuire. Les conserves alimentaires présentent cependant, même dans ce dernier ordre d'idées, d'assez importantes industries, mais tout à fait spéciales.

D'une façon générale, les produits farineux et leurs dérivés forment la base de l'alimentation et sont élaborés par la meunerie, la boulangerie et la pâtisserie.

Les sucres et les produits de la confiserie complètent « le menu ».

Comme boissons, nous avons les vins, les cidres, la bière et les produits de distillation, les sirops, les liqueurs qui en dérivent.

LES USINES MENIER, A NOISIEL.
Un atelier de broyage des cacaos

Cliché MENIER.)

Jetons sur ces diverses industries un rapide coup d'œil d'ensemble.

Le grain, écrasé entre des pierres, puis avec des meules sommaires, fournit dès l'origine la farine nécessaire à la fabrication du pain.

Cette préparation de la farine devient mécanique en Europe et en France vers le XII⁰ siècle, grâce au *moulin à vent* importé d'Asie à l'époque des Croisades.

Au XVIII⁰ siècle, les *moulins à eau*, puis *les moulins à vapeur* viennent encore accentuer ce progrès.

La meule reste l'organe de broyage par excellence jusqu'en 1878. Mais alors intervient, grâce à l'Exposition universelle, un nouvel organe de broyage : le *cylindre*.

Les farines exposées à cette époque par les meuniers de Hongrie avaient attiré l'attention au point de vue de leur blancheur et de leur pureté ; or, elles provenaient de la mouture par cylindres au lieu de la mouture par meules. Ce fut un engouement. Dix ans après, les trois cinquièmes de nos *minotiers* avaient remplacé leurs meules par des cylindres.

L'industrie des produits farineux comprend, comme produits accessoires fort importants pour l'alimentation, les semoules, les grains mondés et gruaux, les fécules diverses, les amidons, les produits farineux mixtes, les « pâtes d'Italie », vermicelles, macaronis, nouilles et pâtes de fabrication domestique.

La farine conduit tout aussitôt au *pain*.

La formule de préparation du pain n'a guère varié depuis l'origine des groupements humains. Mais les transformations de la minoterie ont exercé une grande et salutaire influence sur sa qualité. Nous approchons du moment où, non sans de persistants efforts, le *pétrin mécanique*, en supprimant dans une large mesure le travail à bras, fatigant et malpropre, rendra la préparation du pain tout à fait digne de notre époque.

Le sucre joue un grand rôle dans l'alimentation tant par la quantité énorme que l'on en consomme que par les produits annexes auxquels il se mêle en chocolaterie, en confiserie et en confiturerie.

Les produits alimentaires d'origine viticole, vins et eaux-de-vie de vin, auxquels il faut adjoindre tout ce qui provient des alcools d'industrie, mettent en jeu un matériel de préparation considérable et donnent lieu à un commerce très actif. Ils ont comme annexes les sirops et les liqueurs.

Le cidre reste une excellente boisson dans toutes les régions où pousse le pommier. La consommation de la bière, enfin, dont la préparation est devenue tout à fait perfectionnée, s'est beaucoup accrue depuis quelques années.

N'oublions pas le poiré, qui est, en divers points, un agréable concurrent naturel du cidre, ni même l'hydromel, vieille boisson française préparée par la fermentation du miel. Les druides ne dédaignaient pas d'en boire, et les vieilles chroniques disent même que ce ne fut pas toujours avec modération : nous lui devons donc tout au moins l'hommage d'un souvenir historique.

Nous aurions beaucoup à dire de la viande, du poisson et des légumes si nous considérions l'alimentation dans sa généralité. Mais notre programme se borne pour le moment aux *industries alimentaires*. Ce n'est donc que sous forme de *conserves* que nous examinerons ces importants facteurs de l'alimentation.

Le mode primitif de conservation, la dessiccation, la salaison, la fumaison, sans être abandonné, car il rend et rendra toujours de grands services, a été souvent remplacé par le procédé Appert, qui consiste dans la cuisson des aliments en boîtes hermétiquement fermées.

Nous avons aussi les extraits de viande dus au procédé Liebig, qui constituent une précieuse ressource alimentaire. Ce procédé consiste à hacher la viande, à la
délayer dans un poids d'eau égal, à faire bouillir le
mélange, à égoutter et passer le résidu, à séparer la
graisse du liquide par soutirage, puis à concentrer dans
le vide : un bœuf fournit en moyenne huit litres
d'extrait.

Les conserves alimentaires se présentent à nous sous
les formes les plus diverses : viandes salées, conserves
en boîtes, tablettes de viandes et de bouillon, jambons,
saucisses, saucissons nus ou habillés d'étain.

Le poisson salé, la morue, le hareng conservé fournissent de précieuses ressources ainsi que les boîtes de
sardines, de thon et d'anchois.

Les légumes enfin, conservés en boîtes toujours
d'après le procédé d'Appert, jouent dans l'alimentation
moderne un rôle très important.

La force motrice mécanique, actionnant un outillage
de plus en plus perfectionné, a seule permis de créer et
de développer ces industries alimentaires, qui, sans cela,
seraient restées soit enfermées dans les anciennes traditions, soit incapables d'aucune exploitation sur une
échelle suffisante pour réaliser le bas prix de revient
nécessaire à leur développement et à leur vulgarisation.

Prenons-en quelques exemples avec les détails voulus :

Une laiterie mécanique. — La laiterie est une industrie primordiale de l'importance de laquelle on peut
tout de suite prendre une idée en considérant qu'elle
fournit, en plus du lait, ce précieux liquide alimentaire,
le lait concentré, le beurre et le fromage. Nous surpren-
drons peut-être nos lecteurs en leur disant que cette
industrie n'a commencé à entrer dans la voie du progrès
qu'il y a une quarantaine d'années et que ses progrès
ont été dus presque entièrement à l'application de l'ou-

tillage mécanique. Jusque-là, on recueillait le lait, on faisait le beurre, on préparait le fromage comme aux débuts de l'humanité.

C'est du Nord, comme le dit le proverbe, « qu'est venue la lumière ».

En 1865, M. E. Tisserand signale les procédés de laiterie employés avec intelligence et succès dans les fermes danoises et suédoises.

En 1878, MM. Chesnel et Delalonde, au moyen du journal l'*Industrie laitière*, faisaient connaître les nouveaux procédés, les vulgarisaient, déterminaient la fondation d'une « Société française d'encouragement à l'industrie laitière ».

Un congrès spécial de cette industrie fut organisé pendant l'Exposition universelle de 1878.

L'élan était, dès lors, donné et le mouvement progressiste ne devait plus s'arrêter : la science est venue éclairer et régulariser la pratique.

La laiterie possédera, de toute nécessité, de la force motrice fournie soit par une machine à vapeur, soit par un moteur hydraulique, une petite turbine utilisant la puissance d'un petit cours d'eau, de ce que M. Henri Bresson a appelé « la houille verte ». Dans certains cas, le moteur pourra être à gaz pauvre produit au gazogène, ou électrique si l'on possède le courant électrique à proximité ou si l'on peut aisément le produire par la puissance hydraulique.

On aura, en toute région, tous les avantages de fabrication des pays du Nord en installant dans la laiterie une machine à fabriquer de la glace : du moment que l'on a de la force motrice, rien n'est plus aisé.

L'écrémage se fera par les *écrémeuses mécaniques* à force centrifuge : on n'a que l'embarras du choix entre les excellents appareils de Laval, de Petersen, de Dan, etc... Dès que « le travail » de la laiterie atteint

LES USINES MENIER, A NOISIEL. (Cliché MENIER.)

Atelier de pesage et de moulage des tablettes de chocolat.

trois cents litres de lait, les centrifuges sont indispensables.

Le *barattage*, le *malaxage*, le *délaitage*, le *moulage du beurre* seront mécaniques aussi.

La laiterie devra être munie de monte-charges mécaniques évitant les longues manœuvres, de distributeurs de crème mécanique aux centrifuges, de ventilateurs, de pompes mécaniques distribuant lorsqu'il le faut l'eau de nettoyage à flots.

Elle pourra, elle devra avoir un petit atelier de menuiserie mécanique dans lequel elle fera elle-même, proprement et économiquement, ses caisses d'emballage.

Voilà, en effet, une industrie dans laquelle la rapidité des manipulations et leur propreté sont des éléments essentiels. Or, la mécanique seule, avec ses machines, peut les procurer aux exploitants. C'est elle encore qui permettra aux producteurs de s'associer pour la fabrication et pour la vente de leurs produits. Grâce à elle, le principe d'association a pénétré dans cette industrie où chacun auparavant opérait isolé, sans méthode, avec des moyens d'action inefficaces : il en résultait des déchets considérables.

Nous voyons bien l'avantage que le producteur et l'industriel ont trouvé à cette évolution mécanique. Le consommateur y est-il également intéressé ?

Assurément ! Et cela pour plusieurs raisons. D'abord, parce qu'il est certain ainsi de pouvoir acheter des produits de bonne qualité et d'une bonne qualité invariable. Jamais on ne falsifie dans les grandes fabrications. De plus, le consommateur est certain de trouver toujours les approvisionnements nécessaires à ses besoins. Les accidents de production, provenant des saisons ou de toute autre cause, sont sans effet puisque avec les moyens de transport rapides actuels ce qui ne pourra être fourni par une région sera immédiatement

.fourni par une autre et sans même que l'on puisse s'apercevoir de la différence d'origine.

Cette évolution enfin nuit-elle à « la main d'œuvre » ? On peut répondre que non. Comme en tant d'autres choses, elle la rend moins pénible et la rémunère mieux ; elle remplace l'effort, dans la plupart des cas, par la surveillance et produit un relèvement moral évident pour l'ouvrier.

Ce relèvement est déjà sensible. Il le sera bien plus encore par la suite lorsque l'organisation mécanique aura eu tout le temps voulu pour se généraliser. Nous avons dit qu'il y a environ quarante années elle n'existait pour ainsi dire pas. En voyant les remarquables résultats obtenus en si peu de temps, on peut et l'on doit faire un peu de crédit au progrès et lui témoigner une juste confiance.

Une chocolaterie. — L'industrie du chocolat, de cette denrée agréable et saine que l'on trouve actuellement à bon marché un peu partout sous les formes les plus variées, nous donnera un autre exemple de ce dont est capable l'intervention de la mécanique dans une fabrication de produit alimentaire d'intérêt universel.

La chocolaterie a été le procédé essentiel pour permettre, d'une façon agréable, la consommation du cacao, du *theobroma cacao* de Linné, dont les propriétés alimentaires et hygiéniques sont précieuses, mais dont le goût est âcre et peu attrayant.

Le cacao était connu depuis fort longtemps au Mexique lorsque les compagnons de Fernand Cortez l'apportèrent en Espagne au début du XVIe siècle.

On en faisait bien alors « du chocolat »; ce chocolat consistait simplement en un mélange de cacao grillé et broyé avec de la farine de manioc : on relevait son goût avec de petites quantités de piment.

Les Espagnols remplacèrent, tout d'abord, la farine

de manioc, qui fournissait l'élément sucré du mélange, par du sucre de canne de leurs colonies et le piment par de la vanille.

Ils obtinrent ainsi une denrée de luxe qui ne devait être introduite en France que sous le règne de Louis XIV : l'arrivée au Havre du premier navire chargé de cacao et qui se nommait *le Royal* fut un gros événement.

La première fabrique française ne fut installée que sous le règne de Louis XV.

A cette époque, le chocolat se faisait exclusivement à la main : le commerce en était réservé aux pharmaciens et aux confiseurs. Le cacao et le sucre étaient broyés et mélangés au pilon dans des « mortiers » en porcelaine. La pâte obtenue était chauffée et travaillée au rouleau sur un marbre. Finalement, on en faisait des boudins qui étaient livrés à la consommation après durcissement et refroidissement.

Le procédé était lent et malpropre, comme tout procédé manuel appliqué à l'alimentation.

Cependant, on recherchait le chocolat et, en 1819, une usine importante, employant des machines, fut installée en France par M. Pelletier.

En 1825, M. Menier installa cette fabrication dans l'établissement qu'il venait de fonder pour la fabrication des produits pharmaceutiques à Noisiel-sur-Marne, en Seine-et-Marne. Ce grand industriel et économiste, dont les fils et les petits-fils devaient continuer admirablement l'œuvre et les traditions, faisait de la chocolaterie une des industries françaises les plus remarquables, les mieux outillées et les mieux organisées.

Un des coopérateurs principaux du progrès de cette industrie a été M. Hermann, en 1837, par les perfectionnements qu'il a apportés à la construction des machines qu'elle emploie.

Le broyage des cacaos est une opération primordiale d'une extrême importance. Hermann lui appliqua le principe de broyage par cylindres marchant à des vitesses différentes qu'il avait utilisé avec succès, dans un ordre d'idées tout autre, pour le broyage des couleurs. Il imagina un outillage spécial, au diamant noir, pour le façonnage et le tournage du granit, lequel entre dans ces machines sous les formes diverses de tables, de cylindres, de galetas.

Dès lors, la France s'est placée au premier rang dans le Monde entier, non seulement pour la fabrication du chocolat, mais aussi pour la construction du matériel nécessaire à cette fabrication.

Le chocolat, qui était un aliment de luxe, est devenu un précieux aliment populaire, grâce à l'abaissement de son prix de revient, et sa consommation progresse chaque année. Un chiffre la caractérisera : la consommation européenne du cacao s'élève à environ *quatre vingt mille tonnes* annuellement.

Parcourons une usine dans laquelle se fait cette importante fabrication. Les opérations que nous y voyons s'effectuer sont nombreuses et variées. Ce sont : le *triage*, le *criblage*, la *torréfaction*, le *vannage*, le *broyage*, le *mélange* du cacao avec le sucre, le *moulage*, le *refroidissement*, le *paquetage*.

Tout cela, c'est bien ce que faisait le pharmacien avant 1819. Mais quels hercules sont ces machines ! De plus, combien sont grandes leur précision et leur propreté ! Si elles vendaient le produit de leur fabrication au prix que le faisait payer le bon pharmacien historique, quelles fortunes ne faudrait-il pas pour l'acheter !

Le *triage* sépare les graines de cacao des corps étrangers, matières minérales ou débris végétaux, qu'elles ont apportés de leur voyage. Le *cribleur-diviseur* Pernollet fait mécaniquement ce triage et le criblage consécutif ;

un *aspirateur* mécanique enlève les poussières. La main de l'ouvrier n'intervient, avec beaucoup de dextérité, que pour éliminer les graines de cacao avariées.

Vient ensuite la *torréfaction*, analogue à celle du café, dans de grands cylindres en tôle remués mécaniquement.

Il faut procéder alors à la *décortication* et au *vannage*. Les *fèves* torréfiées et refroidies à une température que l'expérience indique doivent être débarrassées de la coque et du germe qui ne contiennent presque rien des principes nutritifs et savoureux renfermés par l'*amande*, on les livre donc aux *tarares* et aux *concasseurs-ventilateurs*. Des *dégermeurs* combinés par M. Billioud épurent, avec une adresse extrême, les petits grains de cacao en les faisant tourner dans un cylindre à alvéoles dans lesquels se logent les petits grains, alors que les germes, ne pouvant s'y maintenir, sont rejetés au dehors.

Les *machines à broyer et à mélanger* sont celles dans lesquelles va se produire, à proprement parler, le chocolat. Il s'agit de broyer et de mélanger le cacao torréfié, décortiqué, et nettoyé, avec diverses matières sucrées et aromatiques. Les machines dont on se sert sont assez variées : les unes ont pour principe des *meules*, les autres des *cylindres*.

Des *mélangeurs-malaxeurs* à tables rotatives et à galets articulés font une besogne d'une exactitude telle qu'il ne leur manque, comme on dit, « que la parole ».

Finalement, voici la pâte de chocolat préparée. Nous arrivons au pesage, à la mise en tablettes et au paquetage.

Lorsque la pâte est arrivée, en effet, au degré d'affinage voulu par les passages successifs dans les broyeurs et malaxeurs, elle est mise dans une peseuse automatique, qui comprime cette pâte, chasse l'air qu'elle contient, la fait pénétrer dans des alvéoles exactement calibrés, qui la divisent en pains d'un poids uniforme. Encore chauds ces pains sont déposés dans des moules et mis sur des tables à secousses, qui les étalent dans les moules. Il ne reste plus qu'à refroidir ces moules avant de procéder au démoulage du chocolat.

Le démoulage du chocolat et le refroidissement s'opèrent méthodiquement dans des appareils à mouvement continu très ingénieux, entretenus à basse température par des *machines frigorifiques.*

Le chocolat, refroidi et retiré des moules, est porté par des monte-charges à l'atelier de pliage disposé au-dessus. C'est merveille, par exemple aux usines Menier, à Noisiel, de voir la bonne disposition et l'aspect attrayant de ces ateliers. Les ouvrières plieuses s'emparent des morceaux démoulés et refroidis et, après les avoir garnis d'une feuille de papier d'étain ou de papier d'aluminium, puis revêtus d'une enveloppe de papier de couleur, collent sur chaque tablette une étiquette à médaille où est placé le cachet de la maison, puis une bande. Une dernière enveloppe est mise et les tablettes sont réunies par paquets de quatre kilogrammes et demi.

On les voit s'éparpiller dans tous les pays du Monde, et cela s'explique aisément.

Ces grandes fabrications sont, par leur nature même, à l'abri de toute élaboration défectueuse : elles ne peuvent admettre aucune malfaçon qui compromettrait leur renommée. De plus, comme elles font leurs achats de matières premières par grandes quantités, elles achètent assurément ce qu'il y a de meilleur et de mieux, et cela aux tarifs les plus avantageux.

Ajoutons, au point de vue social, que leur personnel jouit d'avantages particuliers fort appréciables.

Ainsi, aux usines Menier, de Noisiel, que nous citons simplement parce qu'il y a là une des belles fabrications spéciales d'Europe et du Monde, on voit auprès des usines des *habitations ouvrières* qui attestent l'hygiène et la paix, des *écoles gratuites*, une *bibliothèque*. Les *secours médicaux* sont donnés au personnel gratuitement et avec science : une *caisse de secours*, généreusement dotée par MM. Menier, distribue avec méthode et au moment voulu des secours et des dons.

On ne pourrait trouver des avantages pareils qu'à un degré bien inférieur dans toute organisation secondaire.

Tout cela repose absolument sur l'emploi des ingénieuses machines qui ont fait une industrie alimentaire puissante de ce qui n'était qu'une petite préparation de friandises à la main.

La biscuiterie. — La biscuiterie considérée sous sa forme de préparation du *biscuit sucré* va nous montrer un autre exemple de l'intervention mécanique. Il n'est pas de bon « dessert » sans quelques biscuits, sur les tables modernes : c'est dire combien la consommation en est considérable.

La fabrication du biscuit sucré se composait à l'origine des biscuits dits « à la cuillère », à pâte molle : elle est restée, pour une faible partie, la spécialité des pâtissiers.

Par la suite, à Chablis et à Reims, on a fait des biscuits plus secs, moins moelleux, dont le type est « le biscuit de Reims ». Ils ne diffèrent des biscuits à la cuillère que par la proportion des matières entrant dans leur composition et par la façon de les travailler, laquelle comporte de nombreux tours de main de fabrication.

Pendant longtemps, Chablis et Reims ont conservé le monopole de cette fabrication. Puis elle s'est étendue à Paris. Vers 1850, les Anglais, s'inspirant de la fabrication du *biscuit de mer*, appliquèrent les mêmes procédés mécaniques à la confection des biscuits secs sucrés, de dimensions et de formes variées. Ces petits gâteaux se composent généralement d'une pâte ferme « travaillée » avec de la farine, du beurre, des œufs, du lait, et du sucre.

Après avoir été pétrie mécaniquement, la pâte est passée sous des rouleaux qui lui donnent une épaisseur uniforme de 10 à 12 millimètres d'épaisseur et que l'on découpe en bandes de 80 centimètres de longueur.

Ces bandes sont amenées, passant de cylindre en cylindre, jusqu'à un emporte-pièce automatique qui les taille en petits morceaux, les marque et les dépose en bon ordre sur des grilles ou sur des plaques en fer. Ces plaques sont ensuite portées sur des *conveyeurs*, c'est-à-dire sur des chaînes sans fin articulées, lesquelles les font passer de l'entrée à la sortie de fours à chauffage régulier et continu ayant jusqu'à 14 mètres de longueur. Le biscuit passe alors par tous les degrés de chaleur réglée de façon à atteindre non seulement la *cuisson* voulue sans *saisissement*, mais encore le degré de *siccité* nécessaire à la conservation ultérieure. Car ces biscuits s'éparpillent aux plus grandes distances sans que l'on sache jamais exactement à quelle date ils seront consommés.

Les plus connus ont été d'abord les *Albert*, du nom du prince-consort, époux de la reine d'Angleterre Victoria, et ensuite les *Marie*. Ils étaient légèrement sucrés. La fantaisie entra en jeu avec succès dans leur préparation et l'on y mit des amandes et des confitures. Chaque pays a ses usages et ses goûts dans cet ordre d'idées. En Angleterre et aux Etats-Unis, on préfère les biscuits peu sucrés ou pas sucrés. Les premières fabriques ont été anglaises et américaines : il s'en est fondé ensuite dans le Monde entier, principalement en

(Cliché PICTORIAL AGENCY.)

Filature : le Bobinage.

Europe : il y en a en Allemagne, en Autriche, en Belgique, en Russie, en Espagne. Les douze usines françaises font, d'après les statistiques de l'Exposition universelle de 1900, un chiffre d'affaires de *trente millions de francs* : on voit que l'on mange beaucoup de dessert actuellement.

Le matériel mécanique pour la fabrication des biscuits secs, sucrés ou non, comprend principalement : 1° un pétrin; 2° une machine à laminer et à découper, laquelle, à l'aide d'une toile sans fin placée en plan incliné au-dessus d'un tablier mobile, enlève les rognures; 3° un four « à chaîne » en maçonnerie qui fonctionne d'une façon continue et qui, recevant à une extrémité les plateaux chargés de pâte découpée, laisse sortir à l'autre extrémité cette pâte cuite à point.

Le tout constitue un « ensemble mécanique » d'un véritable intérêt et d'une perfection de fonctionnement remarquable.

Lorsque l'on considère ce qu'il a fallu de recherches non seulement pratiques, mais encore mécaniques pour arriver à mettre dans le commerce le petit biscuit agréable, alimentaire qui figure sur toutes les tables; on a l'impression que l'on se trouve en présence d'un très grand et réel progrès.

Les conserves alimentaires. — Une des formes de la prévoyance dans les agglomérations humaines actuelles, c'est la préparation, la fabrication des *conserves alimentaires*. Elles diminuent les déchets qui sont une perte pour l'intérêt général, elles régularisent les cours des denrées, elles contribuent dans une large mesure, en dehors même de leur rôle dans l'alimentation des armées, à rendre impossibles ces terribles famines qui ont laissé de si lugubres souvenirs dans les annales du moyen âge.

On nous objectera que les chemins de fer avec leur prodigieuse diffusion et les transports rapides sur mer ont rendu ces famines impossibles. Cela est la vérité même. Encore faut-il pouvoir permettre aux approvisionnements de se grouper et de se canaliser, en quelque sorte, dans les directions voulues. Les conserves alimentaires sont là pour combler le déficit temporaire et pour. permettre d'attendre l'arrivée des matières fraîches.

Aussi ont-elles motivé et fait naître un outillage industriel tout à fait remarquable.

L'altération des matières alimentaires résulte, dans tous les cas, d'une fermentation due à la présence et au développement d'animaux et de végétaux infiniment petits. Ces « infiniment petits », dans un labeur d'une activité extraordinaire, s'efforcent de dissocier les éléments des substances végétales et surtout animales dès l'instant qu'elles ne sont plus « vivantes ».

L'illustre Pasteur a montré le mode d'action de ces activités et indiqué comment, lorsque l'on se place dans des conditions convenables pour empêcher l'existence, le développement et la pullulation des microorganismes, l'altération ne se produit pas, même pour les substances les plus altérables.

Divers moyens permettent d'atteindre ce but. En premier lieu, on peut mettre à profit les températures élevées ou les basses températures : ces deux extrêmes sont victorieux des fermentations. Puis, entre les deux, il y a l'emploi des « antiseptiques » · qui s'opposent chimiquement aux fermentations.

Le *froid* produit industriellement est un moyen de conservation de premier ordre. Mais son action ne peut être que temporaire : il prolonge seulement le bon état des denrées. Lorsqu'on interrompt son action, la destruction automatique des matières reprend tout aussitôt son cycle. Il est donc réservé, par principe, aux entrepôts temporaires, aux abattoirs desservis eux-mêmes par des navires et par des wagons frigorifiques.

L'emploi de la chaleur donne des résultats beaucoup plus prolongés, à la condition que l'on opère avec des récipients hermétiquement clos dès que la « stérilisation » a été effectuée.

C'est Nicolas Appert, né à Châlons-sur-Marne en 1750, qui est l'inventeur de ce procédé justement célèbre et qui rend les plus grands services. Il l'a lui-même défini ainsi qu'il suit : « Renfermer dans des bouteilles ou bocaux les substances que l'on veut conserver; boucher ces vases avec la plus grande attention; les soumettre à l'action de l'eau bouillante d'un bain-marie pendant plus ou moins de temps, selon la nature des comestibles... »

Le sagace inventeur expliquait les résultats de l'opération de la façon suivante : « L'action du feu détruit ou, du moins, neutralise tous les ferments qui, dans la marche ordinaire de la nature, produisent ces modifications et qui, en changeant les parties constituantes des substances animales et végétales, en altèrent les qualités. »

Les travaux de Pasteur devaient, comme nous l'avons vu et comme nous l'avons dit, dans les plus hautes sphères scientifiques et avec des conséquences incalculables, confirmer le bien-fondé des conceptions immédiates et pratiques de Nicolas Appert. Par la cuisson des viandes ou des autres denrées alimentaires dans des récipients hermétiquement fermés, on fait périr les germes et on prévient leur contact avec des germes nouveaux, ce qui conduirait à la pullulation.

La première application du « procédé Appert » eut lieu en 1804. Ensuite, il fut amélioré de diverses façons. On remplaça les récipients en verre par des récipients

en fer-blanc plus faciles à manipuler et à boucher exactement, moins coûteux, moins pesants, et plus à l'abri de la casse.

Fastier eut l'heureuse idée d'une petite ouverture ménagée dans le couvercle pour l'évacuation des gaz pendant la stérilisation par le chauffage et que l'on ferme ensuite avec un grain de soudure.

Le sertissage des boîtes et les dispositions propres à en faciliter l'ouverture, la substitution aux chaudières autoclaves anciennes de chaudières à renversement ont été tout autant d'utiles perfectionnements.

L'industrie des conserves de viandes en boîtes s'est rapidement développée aux Etats-Unis. On en aura un tableau exact et du plus grand intérêt en lisant le chapitre qui les concerne dans l'instructif ouvrage de J. F. Fraser, l'*Amérique au travail* [1].

En France, elle a pris récemment une grande importance également : les exportations françaises annuelles atteignent une moyenne d'environ 15 000 quintaux contre 4 000 quintaux d'importation.

L'extrait de viande Liebig est une des formes industrielles agréables de l'utilisation de la viande. D'abord expérimenté en Europe, il se fabrique en mettant à contribution les énormes troupeaux de l'Amérique méridionale. Cet extrait renferme la plus grande partie des substances solubles de la viande : on en élimine avec soin la graisse, qui le ferait rancir, et la gélatine, particulièrement apte au développement des moisissures, au point que, même lorsque le pot qui le renferme a été ouvert, il peut se conserver pendant un assez long temps sans altération.

Le procédé initial imaginé par le savant chimiste

---

1. *L'Amérique au travail*, par J. F. Fraser, de Paris, Pierre Roger et Cⁱᵉ éditeurs, Paris.

Un tissage mécanique.

(Cliché *Industrie Moderne*.)

Liebig, dont les travaux sur bien d'autres sujets sont remarquables, consistait à hacher la viande, à la délayer dans un poids d'eau égal au sien, à faire bouillir le mélange, à égoutter et à presser énergiquement le résidu. Ensuite, on séparait la graisse du liquide par un soutirage, on faisait évaporer à feu nu et l'on achevait l'opération par une concentration dans le vide.

Depuis lors, les grandes lignes de la fabrication sont demeurées les mêmes, mais la pratique a conseillé quelques améliorations. On a eu recours à des hachoirs mécaniques et à des marmites dans lesquelles c'est la vapeur qui extrait le suc de la viande : ce suc passé dans des vaporisateurs est soumis à la filtration et se rend finalement aux refroidisseurs. Un kilogramme d'extrait de bœuf correspond à trente-quatre kilogrammes de viande.

Les procédés usités pour la conservation de la viande s'appliquent également au *poisson*. Dans la grande industrie de la morue, on emploie la *dessiccation* concuremment avec la conservation en *saumure*. Le procédé Appert fournit les conserves de sardines, de thon et de homard; on y a recours aussi pour le hareng.

L'industrie des conserves de sardines est une des plus importantes et des plus intéressantes pour nos pêcheurs et pour le personnel féminin, auquel elle donne de la besogne. Avant d'être mise en boîte, la sardine subit des opérations diverses, l'étêtage, le salage, le lavage, le séchage et la cuisson. Au début, le séchage se faisait par exposition à l'air libre; maintenant, la plupart des usines ont des séchoirs artificiels dans lesquels la mécanique intervient sous la forme de ventilateurs lançant dans des couloirs en bois de l'air préalablement dépouillé de son humidité par une circulation autour de tubes chauffés à la vapeur. La cuisson des petits poissons se fait à l'huile ou au four : c'est le premier

4

procédé qui paraît, pour le goût des consommateurs, donner les résultats les meilleurs.

Les *légumes*, qui jouent un rôle considérable dans « l'alimentation prévoyante », sont conservés par la *dessiccation*, par l'intervention des *antiseptiques* ou par le *procédé Appert*.

Les premiers essais de conservation des légumes datent de 1845 et sont dus à Mason, qui fonda la première usine de conservation rue Marbeuf, à Paris; il reçut, en 1852, le prix Montyon de l'Académie des sciences. Bientôt après, les Ministères de la guerre et de la marine introduisaient les légumes desséchés dans l'alimentation des troupes de terre et de mer.

Le principal agent *antifermentescible* dans cette fabrication est le sel; mais c'est le procédé Appert qui, d'une façon générale, sert à préparer les cent trente cinq mille quintaux de légumes conservés que l'industrie française exporte, en moyenne, annuellement. La mécanique y intervient d'une façon très profitable pour l'abaissement nécessaire du prix de revient des conserves.

Ainsi, prenons pour exemple la fabrication des conserves de petits pois.

Ils subissent les opérations suivantes : *écossage* à la machine, *criblage* dans un cylindre incliné et percé d'ouvertures à diamètre gradué, *cuisson* légère (que l'on nomme *blanchiment, mise en boîte, stérilisation*). Au cours de cette dernière opération, les petits pois perdent leur alléchante couleur verte pour prendre une teinte jaunâtre; on y obvie en y ajoutant *à très faible dose* du *sulfate de cuivre* en dissolution qui avive de nouveau la coloration.

Pour les fruits, le procédé de conservation par excellence est encore la dessiccation.

Sans parler des raisins secs, il suffit de rappeler la

forte production des pruneaux d'Ente et d'Agen, et des figues.

Depuis une trentaine d'années, la fabrication des fruits secs a pris de l'importance aux Etats-Unis. La partie orientale de l'Etat de New-York et les Etats de Pensylvanie, d'Ohio, de Michigan, d'Oregon, dessèchent une énorme quantité de pommes, de pêches, de poires, de cerises, de mûres, de framboises. Tout un outillage perfectionné est utilisé pour ces conservations.

En Californie, la chaleur solaire dispense les fabricants de recourir aux procédés artificiels de dessiccation.

La méthode Appert, là encore, reçoit de nombreuses applications. En France, nous la voyons pratiquer, pour les fruits, dans le Bordelais, en Provence, en Auvergne. Une industrie récente créée grâce à cette méthode est celle des « prunes au jus » : après une exposition au soleil et des cuissons successives et méthodiques dans des fours, les prunes sont mises en boîtes et stérilisées à l'autoclave.

La fabrication des eaux gazeuses. — La fabrication des eaux gazeuses, dont *l'eau de seltz* est le type, en quelque sorte, traditionnel, est un exemple frappant de l'intervention de la mécanique dans les industries d'alimentation.

Les eaux minérales naturelles contenant de l'acide carbonique en forte proportion sont connues de temps immémorial. On les capta tout d'abord en petite quantité au « griffon » de la source de Seltz, à Nieder Selters, dans l'ancien duché de Nassau.

Cette production naturelle ne pouvait suffire à la consommation qui alla sans cesse en croissant, et l'idée de fabriquer de l'eau de seltz artificielle préoccupa les laboratoires de chimie dès le XVIIIe siècle.

En 1750, Venel, de Montpellier, indiqua le mode de

outillage mécanique est constitué et la met en mesure
de produire avec économie et rapidité.

*Le rôle philosophique pacificateur des industries
alimentaires.* — Au point de vue philosophique, le progrès des industries alimentaires joue un rôle véritablement pacificateur en mettant à la disposition du plus
grand nombre, dans des conditions abordables, des
denrées et des produits qui étaient réservés auparavant
à certaines catégories seulement de consommateurs. Cela
supprime des motifs d'antagonisme et de lutte que le
struggle for life, la lutte pour l'existence, de plus en
plus intense et de plus en plus âpre, a multipliés ou
accentués d'une façon inévitable. Il en résulte une solidarité dans le bien-être à ses divers degrés qui est civi-
lisatrice et moralisatrice.

Taine a montré, avec esprit et avec des arguments
nettement documentaires, que le génie de l'Angleterre,
sa littérature et sa politique avaient des rapports étroits
avec le mode d'alimentation de ses habitants.

Il n'est pas douteux que l'on ne trouve une influence
analogue, en ce qui le concerne, sur le clair génie de la
France, sur l'ardeur au travail de ses habitants, sur la
variété de ses productions.

Sans aller jusqu'à dire, avec Feuerbach, que
« l'homme est ce qu'il mange », on peut dire que les
populations bien nourries pendant des générations successives ont une supériorité marquée sur celles auxquelles
une alimentation imparfaite donne moins d'endurance
et de résistance.

Les applications de la mécanique, la combinaison de
ces intelligentes machines qui abrègent l'élaboration
des produits alimentaires, peuvent donc être considérées
comme ayant rapporté aux résultats d'ensemble du
progrès un utile et profitable concours.

TROISIÈME CONFÉRENCE

Les industries du vêtement.

L'emploi du fil. — Une filature. — Un tissage. — Une fabrique de chaussures avec son outillage de machines. — La fabrication mécanique de la dentelle. — Une corderie mécanique. — Les avantages principaux que les industries du vêtement ont retirés de l'adoption des machines.

Parmi les nombreux sujets sur lesquels s'est exercée, depuis l'origine des temps, l'ingéniosité humaine, il convient certainement de donner une des premières places aux « industries du vêtement ». Se vêtir! C'est le premier besoin, disons plus, c'est la nécessité primordiale de l'être humain, lorsqu'il apparaît nu sur la Terre, exposé aux rigueurs de toutes les intempéries qui menacent la fragilité de son existence.

Comment parviendra-t-il à se prémunir contre ces dangers de tous les instants?

Un abri ne lui suffira pas si la pluie cingle, si le vent souffle avec fureur, si le froid glace l'atmosphère. Dès l'époque des cavernes, l'homme dut se vêtir de quelque chose, se couvrir, pour n'être pas vaincu dans sa lutte contre les difficultés de sa primitive existence. Il se constitua le vêtement élémentaire qui devait, par la

suite, accompagnant et caractérisant le progrès de la
civilisation, devenir, sous les formes les plus diverses,
le costume.

Toutes les substances animales ou végétales ont été
mises à contribution. Les substances animales sont la
laine, la soie, le poil et la peau des animaux; les
matières végétales sont le chanvre, le lin, le coton, les
textiles en général, même la paille.

Telles sont les bases de « l'industrie du vêtement »
ou plutôt des diverses industries que la nécessité de se
vêtir a créées, développées et finalement perfectionnées
grâce au concours effectif et victorieux de la mécanique.

Nous n'en ferons pas ici l'historique : il faudrait pour.
cela des volumes profondément documentés. Conten-
tons-nous de jeter un coup d'œil général sur la question,
puis de prendre quelques exemples typiques.

La filature de coton, de laine, de lin ou de chanvre. —
Les *matières textiles*, susceptibles de former un *tissu* se
présentent sous des aspects très divers. Tantôt nous les
voyons composées de filaments d'une longueur limitée
et irrégulière : c'est le cas du *coton*, de la *laine*, des
poils et *duvets* animaux, du *lin*, du *chanvre*, etc... Tantôt elles se présentent à nos yeux sous l'aspect d'un filament continu comme la *soie naturelle* du ver à soie ou
bombyx à laquelle est venue s'adjoindre, dans la dernière période, la *soie artificielle* de cellulose chimiquement préparée par les procédés de M. de Chardonnet.

Les procédés de *filature* sont naturellement différents
en raison même de la différence de ces deux catégories
de textiles.

Le travail de la soie se borne à étendre, à tordre,
puis à retordre les fils des cocons. Le travail des autres
textiles exige des traitements compliqués et préalables
de division et d'épuration. Ensuite, on juxtapose et l'on

superpose les fibres, on les échelonne régulièrement les unes sur les autres et on les fixe définitivement par la torsion.

Ces opérations, qui ont demandé les recherches et l'expérience des siècles, transforment en *fils* les *filaments* de faible longueur, ce qui permettra ensuite le *tissage*. Pendant longtemps, on ne sut et l'on ne put les exécuter qu'à la main.

Le matériel très simple se composait de *baguettes* servant à battre la matière étalée sur une claie et à la débarrasser des corps étrangers en mélange. Puis des *cardes*, comme en emploient les matelassiers, divisaient grossièrement les filaments courts et les rangeaient en nappes. Des *sérans* à dents longues et droites peignaient les longs brins de chanvre ou de laine. La *quenouille* recevait un écheveau de matière à filer et le *fuseau*, pirouettant entre les doigts agiles de la fileuse, tordait et renvidait alternativement le fil.

Vers le milieu du XVIᵉ siècle, le *rouet* commença à remplacer le fuseau primitif et traditionnel.

Le *rouet*, c'est l'avènement de la mécanique, de « la machine » dans l'industrie du vêtement; c'est une « machine à filer ». On ne connaît pas le nom de l'homme de génie qui l'inventa. Le pied de la fileuse agit sur une pédale qui fait tourner un volant lequel, au moyen d'une « corde sans fin », fait tourner la bobine et la broche. On trouve dans le rouet le principe de toutes les machines à filer automatiques les plus perfectionnées. Hargreaves, qui inventa la *jenny*, le premier métier à filer mécanique, en eut l'idée en voyant un rouet, renversé par accident, s'éloigner de la fileuse à une assez grande distance sans cesser de filer.

Le rouet resta en possession presque exclusive de la transformation des matières textiles jusqu'en 1789. Depuis lors, la *filature* lui a emprunté son premier organe élémentaire : la *broche à ailettes* dont la rotation tord le fil et le renvide en même temps sur la bobine.

Comme il serait assurément trop long de suivre ce progrès dans ses persistants perfectionnements, faisons la visite « d'une filature » avec son outillage moderne et récent.

Une filature de laine. — Nous la trouvons aux environs de Reims où elle occupe 27 700 mètres de superficie dont 18 000 sont couverts par les bâtiments.

Le personnel en est important. Sous les ordres de deux gérants responsables, se trouvent cinq directeurs quarante contremaîtres et employés et six cents ouvriers.

Les laines à l'arrivée sont tout d'abord envoyées au *triage*. Il s'effectue dans un grand magasin de 2 300 mètres carrés de surface où vingt-cinq ouvriers trient avec soin et par catégories les laines de diverses provenances.

De là, nous passons au *peignage*, bâtiment à rez-de-chaussée qui reçoit son mouvement par un arbre de transmission souterrain et que chauffe un appareil à circulation d'eau et de vapeur.

La laine subit en premier lieu le *désuintage* et les eaux provenant de cette opération sont vendues pour en extraire la potasse. Puis le *battage* sépare des fibres les pailles et les corps étrangers. Enfin le *dégraissage* se fait à la température de 45 degrés par de l'eau contenant une petite quantité de potasse pure.

Les laines, sortant des bassines de dégraissage, passent entre des rouleaux, lesquels expriment une partie du liquide qu'elles contiennent; de là, elles se rendent à des *sécheuses* où elles subissent une énergique ventilation à l'air chaud.

Avant de passer au *cardage*, première opération mécanique, la laine est lubrifiée à l'aide d'une petite quantité d'huile : l'opération se nomme *l'ensimage*. Elle est alors livrée aux *cardes* qui la transforment en *rubans* s'enroulant sur une *cannelle*.

L'*étirage*, qui vient ensuite, a pour effet de régulariser la grosseur des rubans tout en rendant les brins bien parallèles et en leur donnant de la consistance.

Après cette opération, la laine passe à la *lisseuse*, machine dont la fonction est d'enlever l'huile et de dresser, de *lisser* les filaments pour empêcher qu'ils ne se crispent et ne se feutrent.

Les rubans subissent encore deux étirages et passent au *peignage*, opération qui consiste à séparer des filaments proprement dits les fibres courtes provenant des attaques de la carde, à enlever les pailles qui pourraient s'obstiner encore dans la masse, enfin à *paralléliser* les brins.

Deux *étirages* terminent le travail.

La nomenclature de ces opérations successives montre quels soins et quelle patience la filature doit apporter à sa fabrication.

Au point de vue originaire, ces élaborations diverses représentent ce que faisaient les doigts laborieux de la fileuse des temps primitifs, mais avec toute la régularité et toute la puissance de production de « la machine ». Un atelier de *peignage* comme celui que nous venons de parcourir comprend 24 cardes mécaniques, 33 peigneuses et utilise une force motrice de 75 chevaux : il en sort environ 1 100 kilogrammes par jour de laine peignée.

De là, cette laine va passer à la *filature*.

Elle s'opère dans un vaste atelier de 4 800 mètres carrés de superficie, recevant le jour par sa toiture.

La filature se compose de deux parties : 1° la *préparation*, qui a pour objet de régulariser et de diminuer

peu à peu les *rubans de laine*; 2° la *filature même*, qui
est destinée à former le fil et à lui donner de la consistance au moyen d'un étirage et d'une torsion calcu-
lés suivant le numéro et suivant le genre du fil, chaîne
ou trame.

La *préparation* mélange des rubans généralement de
plusieurs espèces en les étirant dans une proportion
déterminée. Il n'y a pas moins de *trente-six machines*
de systèmes différents et ayant des tâches spéciales
employées à cette opération.

La *filature* s'effectue dans une seule manipulation en
trois périodes : le fil d'abord *étiré*, puis *tordu*, est enfin
renvidé. Tout cela se fait d'une façon entièrement automatique au moyen de *self-acting*.

Dans l'usine que nous visitons, il y en a 27, à savoir :
18 métiers à 900 broches, 8 à 430 broches et 1 à
200 broches.

La force motrice employée à cette filature est de
200 chevaux.

Le tissage. — Dans cette usine même qui présente un
ensemble complet et qui mérite d'être citée à ce titre,
nous allons voir tisser la laine que nous avons vu filer.

Le *tissage*, plus réduit en surface que la filature,
n'occupe que 3 500 mètres carrés. Mais on y fait beaucoup de besogne mécanique.

Les fils qui doivent servir à constituer la *chaîne* sont
légèrement mouillés à la vapeur d'eau, opération qui se
nomme le *bruissage*, puis enroulés sur de petites bobines
dans les *bobinoirs*.

Ils vont alors à l'*ourdissoir* où les fils, placés parallè-
lement à une distance convenable, viennent s'enrouler
sur un cylindre, l'*ensouple*, lequel a comme longueur la
largeur de la pièce de tissu que l'on se propose de faire.
Ces fils passent ensuite dans un bain où ils subissent

l'*encollage*, et ils s'enroulent de nouveau, après un séchage rapide par ventilation, sur l'*ensouple* laquelle ira prendre place sur le *métier à tisser*.

La pièce terminée est passée à l'*épeutissage*, lequel enlève mécaniquement les *grosseurs de fils* ou *boyaux* et les *pluches*. Enfin, à l'*épincetage*, des ouvrières, spéciales dans ce travail, enlèvent avec une pince les dernières irrégularités qui subsistent.

Un tissage comme celui que nous venons de parcourir comprend, outre les machines accessoires, 500 métiers à tisser de différentes dimensions et met en œuvre une force motrice d'environ 80 chevaux.

Il produit en moyenne 14 à 15 mètres de tissu par métier et par jour, soit 75 à 76 pièces de 100 mètres pour l'ensemble de l'atelier. La quantité fabriquée par an s'élève à 2 270 000 mètres, soit 23 000 pièces environ. C'est déjà de quoi faire un bel approvisionnement de vêtements.

Une fabrique de chaussures. — La chaussure, cette indispensable partie du vêtement, se fit entièrement à la main jusque vers 1830 : la fabrication industrielle n'existait pas. Les premiers essais qui furent entrepris pour faire des chaussures mécaniquement portèrent sur le remplacement de la couture soit par un chevillage, soit par un vissage de semelles. C'est ainsi que « la machine » s'introduisit dans cette fabrication qu'elle devait totalement transformer.

On continue encore actuellement à se servir de machines à cheviller et à visser parce qu'elles permettent de faire des chaussures à très bon marché. Mais le problème à résoudre consistait surtout à fabriquer de la *chaussure cousue* en effectuant mécaniquement toutes les opérations que l'on faisait à la main pour obtenir ce genre de chaussures. C'est dans cette voie que se dirigèrent les recherches des mécaniciens et, dès 1878, les machines spéciales apparurent. En 1889, la fabrication mécanique avait réalisé de tels progrès que son avenir était certain. Maintenant, c'est une des principales de l'industrie du vêtement : elle possède un outillage complet, perfectionné, tel que les chaussures qu'il fabrique peuvent rivaliser avec celles fabriquées à la main, et cela en coûtant infiniment moins cher : ce n'est plus que le prix du cuir qui impose à la chaussure ses variations de prix de revient.

Parcourons une manufacture de chaussures : nous y trouvons toute une série de machines se partageant si bien la besogne que les ouvriers n'ont plus, en quelque sorte, qu'à alimenter ces machines pour obtenir les produits confectionnés.

Ce sont des machines qui exécutent le *montage* en se rapprochant le plus possible du montage à la main : leur organe principal est une pince formée de deux mâchoires striées, animée de mouvement complexes et qui exerce une traction sur les différentes parties de la tige comme un ouvrier le ferait avec une pince à main. L'ouvrier n'a qu'à présenter la tige à la machine bien réglée : elle s'applique sur la forme, sans un pli, du talon à la pointe : une seule machine de ce genre peut *monter* deux cents paires de chaussures par jour.

Lorsque la chaussure est montée, une autre machine y coud, à point de chaînette, la petite bande de cuir que l'on nomme *trépointe* : le fil est *poissé* sur la machine même.

La trépointe étant cousue, il faut enlever les parties de tige et de trépointe qui dépassent le point ; une autre machine se charge de le faire avec une parfaite précision, puis la passe à la suivante qui aplatit la couture au moyen d'un marteau à ressort lequel la frappe à petits

coups comme le ferait un cordonnier habile et consciencieux.

Après une opération mécanique nommée *brochage*
qui consiste à couper, d'une façon régulière, le bord de
la semelle et de la trépointe, elles sont cousues l'une
sur l'autre par une machine à coudre à navette que l'on
désigne sous le nom de « machine à petit point ». Il y a là
une application curieuse de la machine à coudre sans
laquelle la fabrication mécanique de la chaussure n'aurait certainement pas pu prendre tout son développement. C'est merveille de voir l'*alène* emportée par le
va-et-vient d'un petit chariot percer ses trous dans le
cuir, puis s'effacer au-dessous de la table de travail
pour laisser passer la *navette* avec son fil poissé. Dès
que le point est *serré*, la navette retourne à sa position
primitive et tout aussitôt l'alène revient en sens inverse
avec son chariot pour percer un autre trou à distance
bien régulière du précédent. Une machine à coudre de
ce genre, convenablement réglée, fait un travail irréprochable : sa production est d'environ cent cinquante
paires de chaussures par journée de dix heures.

Quelques autres machines spéciales d'une grande
ingéniosité terminent la fabrication : ce sont les
machines à *astiquer* et à *rabattre* les semelles. La chaussure est dès lors prête à recevoir le *talon*. Celui-ci est
posé par une machine qui enfonce les clous de l'extérieur
vers l'intérieur sans que l'on ait besoin d'enlever la
forme. Une autre machine dite à *gouger les talons* sert
à tailler carrément le devant du talon : un guide qui
s'applique sur la semelle arrête l'outil exactement au
point voulu pour que la semelle ne soit pas entaillée.

On arrive alors au *finissage de la chaussure*. Tout
d'abord, on polit la surface du talon au moyen de la
machine à gratter les talons : elle est formée d'un arbre
horizontal sur lequel sont montés deux disques en fer

recouverts de feutre et garnis de papier de verre; l'un dégrossit le travail, l'autre le finit; les poussières produites par le grattage sont emportées par un ventilateur.

Les bords de la semelle sont alors passés au noir et, pour leur donner du brillant, on fait ce que l'on appelle la *déforme*. On se sert, à cet effet, de la *machine à déformer* qui opère au moyen de fers analogues à ceux que l'on emploie dans le travail à la main. Chauffés au gaz, au pétrole, ou, à l'alcool, ces petits fers sont animés d'un mouvement d'oscillation très rapide : on appuie contre eux le 'bord de la semelle jusqu'à ce que l'on ait obtenu un poli brillant et durable.

Ensuite, le *dessous de la semelle*, les *cambrures* et le *bon bout* sont grattés ou verrés par une machine du genre de celle qui a servi pour le grattage des talons : une petite meule en émeri lime légèrement les clous des talons.

Une autre machine, munie d'un disque creux en caoutchouc gonflé par une petite pompe à air et recouvert de papier de verre ou de papier d'émeri, sert à terminer le ponçage dans les parties d'accès difficile telles, par exemple, que le devant du talon; le disque est monté sur un arbre qui lui communique un mouvement rapide de rotation.

La semelle et le talon sont *cirés* mécaniquement par une brosse circulaire en crin qui étend la cire et une brosse en étoffe à rotation plus lente qui donne le brillant.

Pour *nettoyer la tige*, on se sert d'une machine portant un réservoir d'eau avec un tampon en feutre, lequel alimente une brosse en crin située au-dessus de lui. On mouille légèrement la tige au moyen de cette brosse, puis on la présente à un large tampon d'étoffe qui termine le nettoyage; un autre tampon plus petit sert pour les cambrures.

(Cliché *Industrie Moderne.*)

Fraiseuse à commande électrique.

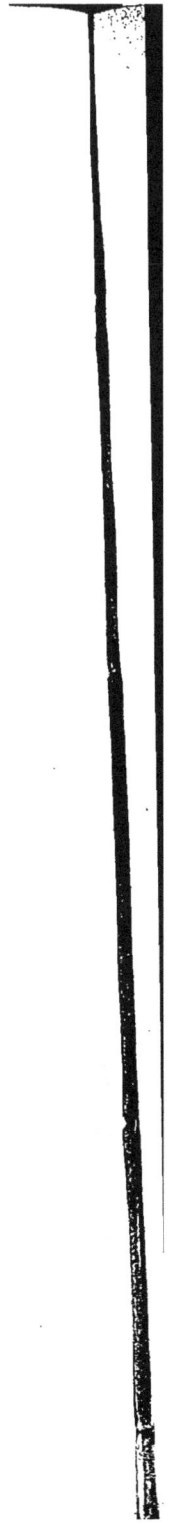

Une dernière machine est employée pour *imprimer la marque de fabrique et la pointure.*

Voilà désormais la chaussure fabriquée, complète, prête pour la vente et pour l'expédition.

L'outillage que nous venons de décrire est, comme on le voit, entièrement automatique et complet. Il réalise mécaniquement toutes les opérations de la fabrication, même les plus délicates, celles qui semblaient, en vérité, ne pouvoir être exécutées que par la main de l'ouvrier. Cet outillage est venu pour la plus grande partie des Etats-Unis, où la chaussure mécanique a été portée à un tel degré de perfection que la chaussure sur mesure n'y est, pour ainsi dire, plus connue.

Fabrication de la dentelle mécanique. — La fabrication de la dentelle nous fournira un autre exemple du rôle novateur et victorieux que peut jouer l'introduction de la machine dans une fabrication.

Pour s'en rendre compte et pour suivre rationnellement l'évolution mécanique, il convient de prendre pour point de départ « la dentelle à la main ».

La *dentelle à la main* est un tissu à points clairs dont le fond et les fleurs sont entièrement formés par la main de la dentellière. C'est le talent du dessinateur et l'habileté de l'ouvrière qui en créent toute la valeur : la matière première n'entre que pour une part minime dans cette élaboration qui aboutira le plus souvent à une œuvre d'art.

Il y a deux genres de dentelles : la *dentelle à l'aiguille* et la *dentelle aux fuseaux.*

La *dentelle à l'aiguille* se fait à l'aide d'une simple aiguille et d'une feuille de papier ou de parchemin reproduisant le dessin par la piqûre. On jette, d'abord, les fils du bâti, puis on y rattache des points plus ou moins compliqués. Les morceaux ainsi préparés sont

5

ensuite réunis par des fils de couture qui vont se perdre le long des ornements du dessin.

La *dentelle aux fuseaux* se fabrique avec une agilité de doigts extraordinaire sur un *métier* appelé *carreau, oreiller* ou *coussin*. Il consiste en une boîte sensiblement carrée, garnie et rembourrée extérieurement et qui présente en son milieu une ouverture dans laquelle tourne un cylindre rembourré bien ferme. Sur ce cylindre, qui est disposé horizontalement de façon à déborder un peu l'ouverture, est fixé un parchemin ou une carte que l'on a préalablement piquée de trous d'épingle suivant la nécessité du modèle. Pour exécuter sa dentelle, l'ouvrière a une certaine quantité de fuseaux garnis de fils qu'elle tresse, qu'elle enlace suivant les indications du dessin. Des épingles plantées dans les trous de la piqûre au fur et à mesure que l'ouvrage avance servent de jalons et maintiennent le point; on peut, en tournant le cylindre, conduire le travail sans solution de continuité.

C'est la *dentelle à l'aiguille* qui offre le plus de fermeté, de netteté et de richesse d'aspect : on lui réserve le nom de *point*.

La *dentelle aux fuseaux* convient mieux aux gros cordonnets; elle a plus de souplesse et elle est plus vaporeuse : le travail en est plus rapide et moins coûteux.

La dentellerie française à la main a connu de nombreuses vicissitudes.

Vers 1820, elle eut à souffrir d'une concurrence mécanique : celle du *tulle-bobin*, dentelle mécanique qui eut un grand succès. La ruine eût été complète si les Etats-Unis n'avaient assuré un débouché nouveau aux produits de l'Auvergne et de la Lorraine.

En 1831, l'affaissement du prix des tulles ramena le goût de la clientèle vers la dentelle aux fuseaux.

Vers 1850, il y avait 535 000 dentellières en Europe.

De 1850 à 1870, la fabrication de la dentelle à la machine ne cesse de progresser : elle avait été créée en Angleterre à Nottingham, en 1807, mais le premier métier à dentelle n'avait été introduit en France qu'en 1816.

La dentelle mécanique se fabrique avec des métiers nommés métiers Leavers, Traverse-Wap, Pusher, Malhère. C'est le métier Leavers qui est le plus employé aussi bien en France, à Calais et à Lyon, qu'en Angleterre, à Nottingham. Il est complété par un *jacquard*.

Le montage intérieur des fils de chaîne s'établit et se modifie suivant le genre de dentelle que l'on veut obtenir. La perfection du produit résulte du parfait aplomb du métier, de ses actions douces et bien combinées, de l'habileté du dessinateur metteur en carte, du soin avec lequel l'ouvrier procède au réglage de ses rouleaux et de ses bobines.

Une fabrique bien montée doit comprendre un certain nombre de métiers Leavers avec leurs accessoires et tout le matériel nécessaire à la préparation de matière première, de son dévidage, de son ourdissage, de son wheelage et tout ce qu'il faut pour la coupe, le perçage et le laçage des cartons jacquard.

Un métier Leavers moderne coûte tout monté et en train de marche de 16 000 à 25 000 francs, parfois même de 28 000 à 30 000 francs, suivant sa puissance et sa finesse de point. On peut penser quels capitaux considérables mettent en jeu les fabriques de dentelle mécanique.

Faisons la visite rapide d'une de ces fabriques :

L'exécution d'une dentelle quelconque, soit en *dessin unique*, soit en *série*, nécessite des opérations multiples qui peuvent se grouper en deux périodes :

La première période est consacrée au choix du *genre* et de la *hauteur de dentelle* à monter, de l'*esquisse* à adopter et de la *mise au point* qui devra permettre d'obtenir les *effets* que l'on projette de réaliser.

L'*esquisse* est alors confiée à un praticien spécialiste désigné sous le nom de *metteur en carte;* il la *traduit* aussi exactement que possible sur une *carte à divisions,* suivant les moyens que la puissance et la finesse de point du métier mettent à sa disposition. Le metteur en carte s'efforce de combiner son travail de façon à imiter le plus possible tous les détails de la vraie dentelle, et il doit fournir en même temps aux ouvriers tous les renseignements nécessaires au montage de leur *métier.*

Il y a donc là un point de contact extrêmement important entre l'artiste et le praticien. La plus charmante esquisse pourra être jugée irréalisable par le metteur en carte sans qu'il y mette de mauvaise volonté, car il doit être celui des deux collaborateurs qui connaît les possibilités d'exécution mécanique.

Un seul homme ne peut-il pas être artiste et praticien dans cet ordre d'idées?

Certes on en a vu des exemples, mais fort rares et qui ne conduisaient qu'à des résultats incomplets. Il faut trop d'imagination artistique, d'une part, et trop d'apprentissage et d'instinct pratique, d'autre part, pour que l'ensemble de ces qualités le plus souvent naturelles puisse se concilier.

Le dessinateur, ayant terminé sa mise en carte, fait procéder au *pointage* de son travail, c'est-à-dire à la traduction de ses *passes* et *combinaisons* sur un *papier barême,* lequel sert de guide au *perceur* pour reproduire, point pour point, sur le carton destiné au *jacquard,* le dessin tel que l'artiste l'a conçu.

La deuxième période de la fabrication comprend le *dévidage* des matières premières dont on a fait choix, leur transport sur des rouleaux constituant la *chaîne,* sur

(Cliché *Industrie Moderne*.)

Tour moderne puissant.

des tambours et, de là, sur des bobines en cuivre faisant fonction de *navettes*.

Après cela, les fils d'ensemble du métier sont passés dans le mécanisme; les chapelets de cartonnages sont mis sur les cylindres du jacquard, bien en place, et le métier *démarre*. Le dessin *sort*, pas toujours aussi exact qu'on le voudrait; on corrige alors méticuleusement les rapports des divers organes, et c'est seulement lorsque l'on a obtenu un résultat jugé entièrement satisfaisant que l'on met en marche pour la *production de la marchandise*.

C'est dans ce réglage que l'on voit s'affirmer l'amour-propre et la fierté professionnelle des bons ouvriers dignes de ce nom. Ils ne « mettront pas en marche » s'ils ne se considèrent pas comme certains que cette marche sera parfaite et régulière. Parfois, il en résulte quelques suppléments de frais et d'apparentes pertes de temps; mais cela entre peu finalement en compte avec la réputation de la maison au point de vue de sa fabrication, et chacun, dans une maison estimée, se sent à juste titre solidaire, dans une certaine mesure, de cette réputation que les anciens ont acquise, que ceux de l'époque présente maintiennent, que leurs successeurs s'efforceront de continuer et d'accroître.

Telles sont sommairement dans leur ensemble les diverses opérations par lesquelles doit passer la dentelle mécanique pour son exécution complète. Ensuite, avant d'être livrée à la consommation, elle aura encore à subir le *raccommodage*, le *blanchiment*, la *teinture*, l'*apprêt*, l'*effilage*, le *découpage*, le *visitage*, le *pliage* ou *encartage*, l'*échantillonnage* et enfin la *livraison* à l'acheteur.

Actuellement, la dentelle mécanique est une imitation plus ou moins parfaite de la dentelle à la main sous toutes ses formes et dans tous ses genres.

Ce succès remarquable de « la machine » a-t-il fait
disparaître l'industrie des dentelles à la main et peut-
on y trouver un argument contre le *machinisme* ?

Constatons volontiers qu'il n'en est rien.

A la fin du XIXe siècle, l'industrie de la *dentelle à la
main* est apparue plus vivace qu'elle ne l'était depuis
de longues années. Sans doute, elle doit lutter avec
cette *dentelle mécanique* dont elle a été, en somme, l'initiatrice tant au point de vue de l'art qu'à celui des
principes élémentaires de fabrication; sans doute, les
fluctuations de la mode ne lui sont pas toujours favorables. Mais elle arrive à surmonter très bien les difficultés qu'elle rencontre sur sa route.

En admirant les remarquables procédés industriels
de la *dentelle mécanique*, les belles machines qui la
fabriquent, les superbes usines dans lesquelles on la
produit avec une perfection rare et ininterrompue, con-
tinuons à encourager la *dentelle à la main* qui offre
de précieuses ressources pour le travail à domicile des
femmes et des jeunes filles dans les contrées agricoles.
Sa vogue sert, d'ailleurs, les intérêts de la fabrication
mécanique en portant les masses profondes d'acheteurs
vers les imitations à la machine des jolis modèles exé-
cutés à la main.

La corderie. — La *corderie*, la fabrication des cordages, dont la marine et les industries les plus diverses
emploient de très grandes quantités, est une des fabrications dans lesquelles la « rénovation par la machine »
a été frappante. Cependant, cette rénovation s'est
heurtée à beaucoup de lenteurs et de difficultés.

Les premières applications de la machine remontent
à 1799 environ, époque à laquelle Fulton et Canning en
combinèrent divers modèles répondant à la fabrication
des cordes et des cordages. Mais c'est il y a vingt-cinq
ans seulement que s'est généralisé l'emploi des fileuses

à fabriquer le fil élémentaire ou *fil de caret*, ainsi que des machines à réunir les fils de caret en *torons* et les torons en *câbles*. Les progrès de la filature du lin et du chanvre et notamment la création des ingénieuses machines Decoster permettant de filer le chanvre *à sec* ont accéléré ce progrès.

Parmi les établissements français qui inaugurèrent l'emploi d'appareils à câbler mécaniques mus par la vapeur, il convient de citer celui de *Merlié-Lefèvre* d'Ingouville qui fut mécaniquement transformé en 1849.

Mais il fallut ensuite attendre jusqu'en 1878 pour voir la transformation se dessiner nettement et pour observer les véritables origines d'un mouvement qui allait, par la suite, s'accuser avec une remarquable force sous l'influence dominante de l'Américain Good et des constructeurs anglais.

Les recherches poursuivies avec persistance en vue de fabriquer mécaniquement le fil de caret avaient abouti à la construction d'un appareil pratique, la *fileuse Lawson*, qui, après un certain nombre d'*étirages* analogues à ceux du lin, faisait subir au *ruban de filasse* la *torsion* voulue sur des *broches à ailettes* de grandes dimensions au lieu des *pots tournants* jusqu'alors en usage. Dans cette fileuse, le ruban amené par une toile sans fin garnie de dents traversait, avant de se rendre sur la bobine, un curieux organe, l'*entonnoir condenseur* : imitant le travail du fileur à la main, l'entonnoir accélérait spontanément, il ralentissait, ou même, il arrêtait complètement la marche de l'appareil alimentaire suivant la grosseur du ruban de préparation.

Néanmoins, l'outillage mécanique pour le filage du fil de caret n'acquit pas rapidement en France la même vogue qu'en Angleterre. Nos industriels reculaient devant les frais d'achat et d'installation de l'outillage mécanique. Ils ont dû finalement se rendre à l'évidence.

La perfection des machines qui règlent presque mathématiquement les tensions et le degré de torsion voulu et fournissent des mélanges bien homogènes, a triomphé de toutes les objections grâce auxquelles on s'efforçait de perpétuer des procédés de fabrication insuffisants et démodés.

QUATRIÈME CONFÉRENCE

La machine-outil.

Historique de la machine-outil. — Son rôle dans les ateliers et dans l'industrie moderne. — Visite d'un grand atelier de construction mécanique : ses machines perfectionnées ; leur répartition, leur groupement. — Tournage, alésage, rabotage, perçage, fraisage et meulage. — Les machines-outils annexes : les machines portatives. — Le moteur électrique individuel : les simplifications et les économies qu'il procure ; les manutentions et transports dans l'atelier. — Les machines-outils à travailler le bois. — La prévention des accidents.

D'une façon générale, l'introduction toute récente des machines-outils dans le labeur a été une véritable révolution matérielle et sociale, une révolution indispensable et féconde.

Cette conquête de l'industrie moderne était indispensable pour permettre de fabriquer des pièces de dimensions jadis inabordables, pour apporter à la confection de ces pièces une précision mathématique à laquelle on ne pouvait songer, pour rendre le travail plus régulier, plus rapide et plus économique.

La conséquence immédiate a été de relever la condition de l'ouvrier en le dégageant d'un labeur ingrat et déprimant; la machine-outil bien comprise, bien étudiée, synthétisant les *directions de l'effort* en même temps qu'elle *le multiplie*, laisse cependant à l'ouvrier une tâche des plus importantes : c'est la partie du labeur qui exige de l'intelligence, de la volonté et du goût.

La machine-outil, d'ailleurs, n'a pas remplacé ni supprimé la main-d'œuvre : elle l'a sélectionnée, classée, et, par conséquent, lui a assuré un meilleur rendement. Aucun ouvrier de l'ancienne période n'eût voulu méconnaître qu'un outil perfectionné, mieux en main, mieux approprié à sa destination, fût susceptible de lui permettre de faire plus et mieux de besogne.

Or, qu'est-ce que la machine-outil dans ses diverses formes, sinon l'*outil meilleur* et d'autant meilleur qu'il est indépendant des aptitudes physiques et qu'il ne relève que de l'intelligence, d'autant meilleur qu'il possède la puissance. La machine-outil est un hercule de force par rapport à l'ouvrier, l'ouvrier est un hercule d'intelligence par rapport à la machine-outil.

Il y a eu une sorte de grandiose « pétition de principe » pratiquement réalisée. La vapeur a créé les machines-outils; en échange, les machines-outils ont procuré à la vapeur les moyens d'action et de progrès qui lui étaient indispensables.

Bref historique de la machine-outil. — La machine-outil « à travailler les métaux », que devait accompagner, dans sa brillante carrière, la machine-outil « à travailler le bois », est née vers 1750. Les chercheurs d'innovations y pensaient de bien des côtés. Mais, à cette époque, il était malaisé de mettre une invention au point, de s'en garantir la propriété, et de l'expérimenter. C'est donc en Angleterre d'abord que les distingués mécaniciens Bentham, Bramah, et Maudslay, purent faire leurs premiers essais en vue de reproduire par des dispositions mécaniques le travail de l'homme en lui conservant la même souplesse et la même adresse, mais en y ajoutant la puissance. Après 1815, la France suivit l'impulsion donnée dans ce sens par l'Angleterre, et, vers 1825, les ateliers français se garnirent de machines-outils anglaises qui répondaient à un besoin et qui étaient « à la mode », tours, alésoirs, machines à forer, à mortaiser ou à tailler.

Cet outillage fût demeuré vraisemblablement restreint dans ses emplois, et borné dans son avenir, si la construction des chemins de fer et de leur matériel, les navires à vapeur, et les ponts métalliques, ne lui avaient pas fourni une énorme clientèle sur laquelle il était impossible de compter *a priori*.

On vit tout aussitôt apparaître les machines radiales à forer et à aléser verticalement, les grandes machines à planer et la machine à river de Fairbairn, qui est classique.

En France, les grands ingénieurs Dufrénoy, Elie de Beaumont, Coste et Perdonnet, sans rivalité mesquine, mettaient en évidence l'outillage mécanique anglais et en faisaient ressortir les avantages. Un concours ouvert, en 1839, par la Société d'encouragement pour l'industrie nationale fit connaître les belles machines déjà employées dans les établissements de Pihet, de Laborde et de Cavé.

Le grand constructeur Withworth, vers 1850, eut des succès mérités avec ses *outils glissants*, lesquels, dans des machines élégantes et bien étudiées, devenaient évidemment les organes indiqués des ateliers de construction.

En 1867, la *fraise* et la *scie à lame sans fin* pour le découpage des métaux caractérisèrent le progrès.

Depuis lors, donnant libre carrière à leur imagination et à leur esprit inventif, les constructeurs ont suivi pas à pas les besoins de l'industrie et les ont certainement encouragés à se produire. Des engins d'une puissance colossale permettent d'*usiner* les plus grosses pièces de la métallurgie, en même temps que des machines-outils d'une délicatesse extrême se prêtent à la fabrication des moteurs à la fois énergiques et très délicats que demande l'automobilisme.

On n'a rien négligé en vue d'accroître la stabilité des machines-outils, leur résistance aux efforts de flexion et de torsion, afin d'en améliorer le réglage et le graissage et d'en mieux assurer le parfait entretien et l'exact fonctionnement.

Les machines à mouvement alternatif « avec retour à vide » uniformisent la vitesse de travail. D'excellentes séries d'instruments de traçage, de mesure et de vérification ont été mises à la disposition des ateliers : on recourt aux appareils optiques pour constater et pour corriger les défauts de rectitude des lignes et des surfaces. On s'attache aussi à l'*interchangeabilité* des pièces, laquelle donne des facilités de réparation et d'entretien absolument précieuses.

Tous ces progrès ont apporté avec eux l'économie, la précision dans les procédés de travail et finalement une perfection véritable dans les objets fabriqués.

Les chefs d'usines savent maintenant qu'ils ont intérêt, un intérêt immédiat, à acheter exclusivement un outillage très soigné, le plus récent, *up to date*, comme le dit l'énergique expression américaine, « l'outillage du jour ». Les dépenses d'acquisition que cela occasionne sont bien vite compensées.

Parmi les machines-outils auxquelles notre époque a donné une remarquable expansion, il convient de mettre en première ligne les *machines à meuler* et les *machines à fraiser*.

Les *machines à fraiser*, par la forme de leur outil à

La locomotive à grande vitesse de la Compagnie du Nord (série 2643 à 2675).

Longueur entre les tampons, tender compris, 19 m. 148. — Poids, en ordre de marche, avec le tender, 107 940 kilogrammes.

Ces belles machines font le trajet de Paris à Lille, soit *251 kilomètres* en 2 h. 50, et de Paris à Calais, soit *298 kilomètres* en 3 h. 20.

lames coupantes qui rappelle une fraise (de là son nom), se prêtent aux opérations les plus diverses, au travail des pièces les plus volumineuses comme des plus petites, des plus simples comme des plus compliquées.

Les *meules d'émeri*, sans lesquelles les machines à fraiser auraient eu des difficultés à prendre leur beau développement, sont les auxiliaires les plus puissants des ateliers de construction mécanique et suppléent à l'insuffisance de précision des outils coupants lorsqu'il s'agit de la confection des pièces trempées d'une dureté exceptionnelle.

Dans la dernière période une innovation remarquable est venue se joindre à toutes les innovations déjà réalisées : c'est « l'animation des machines-outils » par l'énergie électrique.

La commande *individuelle* des machines-outils par une ou plusieurs *dynamos* constitue un progrès important. Au lieu et place des courroies de transmission entre-croisées, de simples conducteurs électriques souples amènent à volonté dans le mécanisme l'énergie motrice nécessaire. Les moteurs, dans certains types de machines-outils, ont été si habilement et si artistement renfermés dans le bâti de la machine que l'on n'aperçoit rien extérieurement de leur présence : il semble que l'intelligente machine obéisse simplement à l'ordre qui lui est donné, se mettant en route, modifiant sa vitesse, s'arrêtant avec docilité, sans chocs et sans bruit, ce qui est la caractéristique des ateliers de construction mécanique actuels bien organisés, bien outillés et fonctionnant bien.

Visite d'un atelier complet de construction mécanique. — Un atelier de construction mécanique avec ses machines-outils est un *organisme complexe*. Il exige, pour bien fonctionner, d'excellentes machines des types les plus récents, des *organes* parfaits; mais il faut aussi qu'il y ait entre ces organes une corrélation parfaite, de façon qu'ils se prêtent un mutuel appui. On réduit ainsi au minimum les manutentions des pièces, la surveillance et la main-d'œuvre générale. Pour la bonne utilisation de l'organisme constitué d'après ces principes, on devra faire régner une harmonie parfaite, une collaboration intime entre l'*atelier* et le *bureau des études*. L'*atelier* sera le *corps*, si l'on veut bien nous permettre cette comparaison; le *bureau des études* sera le *cerveau*.

Le bureau des études ne devra jamais livrer que des dessins non seulement clairs et complets, mais encore établis en vue de l'emploi le meilleur possible des machines dont on dispose.

On devra, autant que possible, *fabriquer en série*, afin de réduire le prix de revient. Des jauges, des calibres, des vérifications nombreuses devront permettre de vérifier constamment la précision de la fabrication. On arrivera ainsi à une construction non seulement irréprochable, mais encore économique et rapide sans tâtonnements ni retouches à l'ajustage, et sans déboires lors des essais.

Les machines-outils qui permettent de réaliser ce programme se répartissent en cinq catégories principales qui forment les cinq divisions de notre atelier de construction complet, à savoir : le *tournage*, l'*alésage*, le *perçage*, le *fraisage* et le *meulage*.

Le *tour* est la plus familière des machines-outils, celle dont aucun atelier ne pourrait se passer. Son fonctionnement est des plus simples et se retrouve toujours identique dans son allure générale, malgré toutes les variétés mécaniques des machines de ce genre qui ont été combinées : tours horizontaux à outils simples ou multiples, tours verticaux, tours automatiques à outils multiples.

Le principe du *tour* consiste à faire décrire à la pointe de l'*outil*, par rapport à la pièce en travail, une *hélice* ou une *spirale*. Dans le premier cas, on obtient des *surfaces de révolution* lisses ou filetées, suivant que les spires de l'hélice sont assez rapprochées pour se recouvrir les unes sur les autres ou sont écartées du pas même de la vis filetée. Dans le second cas, on obtient le *dressage* de surfaces ou de sections planes, plateaux, brides, etc... On voit de suite que, si l'on fait décrire à l'outil une trajectoire ondulée circulaire ou elliptique au lieu d'une trajectoire absolue rectiligne ou radiale, on pourra ainsi tracer sur le plateau en travail des courbes géométriques très variées : c'est le principe du *tour à guillocher*.

De même, dans le premier cas, si l'on fait décrire à l'outil non pas une droite parallèle ou inclinée sur l'axe du tour, mais une courbe quelconque en faisant intervenir un guide ou *gabarit* disposé sur le *banc du tour*, on pourra réaliser des solides de révolution, entre autres des cylindres de profils extrêmement variés : c'est le principe utilisé dans les *tours à copier*.

Le *tour* a été, pendant longtemps, l'outil universel par excellence. Il tend maintenant à se spécialiser en vue des seuls travaux de tournage et à se dégager des fonctions multiples qui exigeaient la présence d'un ouvrier d'habileté particulière. L'adjonction d'un *harnais de maniement* simple et facile évite au conducteur le calcul personnel et la recherche des combinaisons de vitesse entre l'avance du *chariot* et la rotation de la *poupée*. Dans le travail des pièces de fort diamètre, le tour « à axe vertical » prend la place du tour « à axe horizontal », parce qu'il facilite le montage, diminue les éventualités d'accidents lors de ce montage et assure mieux la stabilité.

Notre atelier nous montre des tours à plusieurs outils,

semi-automatiques ou complètement automatiques, pour le travail en série de pièces à « décolleter dans la barre », ou le façonnage des pièces forgées.

Dans les *tours à revolvers*, ce sont les différents outils, au nombre de vingt-cinq parfois, qui viennent successivement aborder la pièce en travail, saisie, retournée, avancée, puis reculée par sa broche. Mais on peut aussi faire ce travail *en répétition* par le procédé inverse du transport de la pièce et de son retournement devant toute une série d'outils simples ou composés groupés eux-mêmes au besoin en une série de revolvers. On arrive ainsi à exécuter, avec une rapidité prodigieuse, des travaux d'une multiplicité et d'une variété pratiquement infinie.

Passons à la division de l'*alésage :* nous allons y trouver encore une grande variété de machines-outils perfectionnées.

L'*alésoir* dérive presque directement du *tour* par inversion : c'est un tour qui agit à l'*intérieur* des objets au lieu d'agir à l'*extérieur*. Il peut, comme le tour, *fileter :* c'est le cas du rayage des canons et des fusils. Cette dérivation du tour est tellement immédiate que, dans bien des cas, on peut effectuer sur le tour même des travaux d'alésage. La disposition verticale ou la disposition horizontale prévalent suivant les proportions des pièces à travailler.

On fait aussi des machines spéciales pour les trous multiples, parallèles, perpendiculaires ou obliques les uns par rapport aux autres. Doit-on aléser des pièces de hauteurs ou de diamètres variables, deux grandes vis permettent un réglage vertical exact.

On alèse les cylindres de machines à vapeur, leurs bâtis, les inducteurs des dynamos, les roues de wagons, les rayures des canons, les coussinets, etc... Les « alésoirs universels » à outils multiples permettent de tra-

Montage du pont métallique du Viaur

vailler les pièces sans les déplacer, sans démontages et remontages. Lorsque ces belles machines-outils sont réglées pour une besogne déterminée, c'est merveille de les voir l'accomplir avec une précision de mouvements combinés qui est, en vérité, de l'intelligence.

Un peu plus loin, voici le *perçage* :

Bien que le *perçage* diffère beaucoup de l'*alésage* par le mode d'action tout particulier du *foret*, le résultat de cette action est le même en principe, c'est-à-dire la production d'un trou rond ou polygonal, rainé ou fileté dans le cas du *perçage-taraudage*. Aussi la plupart des alésoirs peuvent-ils faire du perçage. Mais il est avantageux, cela va sans dire, dans l'intérêt de la division du travail, de spécialiser les machines. Nous aurons donc, autant que possible, notre division de *perceuses* avec les différents types de machines perfectionnées capables de répondre aux exigences de la fabrication généralement spécialisée.

L'ancien *foret*, à tête triangulaire, qui se brisait facilement, broutait, et donnait difficilement des perçages profonds et réguliers, est maintenant presque totalement abandonné en faveur du *foret hélicoïdal*, guidé par la prise même de sa coupe et dont l'avance est beaucoup plus rapide.

On demande aux perceuses actuelles de pouvoir orienter leurs forets dans toutes les directions : c'est ce que réalisent les *perceuses radiales à colonne*.

Les perceuses multiples permettent de percer simultanément avec une remarquable exactitude des séries de trous parfaitement équidistants, par exemple dans des corps de chaudières, et l'on peut penser combien le travail d'assemblage des tôles y gagne, lui aussi, de précision.

La variété des perceuses est considérable : nous en trouvons dont le principe est l'avance à la main, d'autres

6

dans lesquelles l'avance est automatique; il y en a de radiales, comme nous l'avons dit, d'autres à broches multiples.

Dans les machines d'usage général, l'outil tourne et la pièce reste fixe; il en est autrement pour les perçages de grande longueur. Des différents outils, le plus usuel naturellement est le foret américain.

Voici venir maintenant les machines-outils par excellence de la construction mécanique *up to date*, les *fraiseuses* :

La *fraise*, organe fondamental de cette machine, est le petit outil en forme de cône renversé et muni d'arêtes coupantes qui s'adaptait tout d'abord au vilebrequin ou que l'on faisait tourner à l'archet pour évaser des orifices quelconques. On lui a donné, par la suite, les formes les plus variées en modifiant la direction de ses lames coupantes, de telle sorte qu'elle se prête aux travaux les plus divers de force ou de précision.

Les outils classiques de tour, d'alésage, et de perçage, n'ont qu'une seule arête tranchante qui, toujours la même, reste, dans le cas du tour et de la perceuse, constamment enfouie dans sa coupe; chacune des dents de la fraise ne fait, au contraire, que passer un instant dans cette coupe où elle est immédiatement remplacée par la suivante, de telle sorte que le travail de la fraise n'en reste pas moins continu, bien que celui de chacune de ses dents soit discontinu et lui laisse ainsi le temps de se rafraîchir en dehors de sa coupe par son rayonnement dans l'air ambiant seul ou aidé par un arrosage. Or, c'est l'échauffement qui, presque toujours, limite la puissance de l'outil. La fraise, en raison de cette réfrigération, a la possibilité de travailler plus énergiquement que les autres outils. D'autre part, chacune de ses dents, faisant partie intégrale d'elle-même ou solidement rapportée sur elle, est pratiquement indéformable.

Enfin, on peut toujours lui donner la forme, le profil, l'angle de coupe les mieux appropriés et les mieux adaptés au travail auquel on la destine.

Lorsque la fraise, si souple d'adaptation par elle-même aux coupes de forme et de nature les plus variées, est mise en mouvement et maniée par une machine souple elle-même et précise, c'est-à-dire pouvant donner à l'outil, par rapport à la pièce en travail, des mouvements relatifs à la fois très variés et rigoureusement déterminés ; on a réalisé une machine-outil, la *fraiseuse*, qui a été et qui restera, sous le nom de « fraiseuse universelle », une véritable conquête pour les ateliers.

Les dispositions des machines à fraiser sont très diverses, horizontales, verticales, à orientation variable de l'arbre de la fraise, machines à reproduire, machines spéciales, etc... Elles peuvent avoir l'axe de la fraise horizontal, vertical ou inclinable à volonté : le mouvement de montée et de baisse y est imprimé, tantôt à l'arbre porte-fraise, tantôt à la table. Presque toutes disposent de mouvements automatiques rectilignes et horizontaux ; quelques-unes possèdent, en outre, un mouvement de façonnage pour les surfaces à génératrice courbe, de profil constant et à directrice irrégulière, ouverte ou fermée.

Les machines à fraiser empiètent, de plus en plus, sur le domaine réservé aux *raboteuses*. Nous ne quitterons donc pas cette section de nos machines-outils sans dire quelques mots des *raboteuses* qui font encore beaucoup de bonne besogne et qui ne doivent être remplacées que méthodiquement dans leur labeur.

Si le travail de l'outil de la *raboteuse* est, en ce qui concerne la nature de sa coupe, le même que celui du tour, car, en somme, le rabotage d'une surface plane est mathématiquement assimilable à celui d'un cylindre de rayon infini, il en est autrement en ce que son travail est nécessairement discontinu. En général, l'outil de la raboteuse ne travaille que pendant l'aller de la table; au retour, il se repose, se relevant pour ne pas frôler sa coupe. Il en résulte une perte de temps, réduite à la vérité, par la rapidité plus grande avec laquelle se fait le retour et une perte de travail résultant de cette rapidité dont « la force vive » n'est pas restituée. On a essayé de diminuer cette discontinuité, soit en doublant l'outil avec un autre symétriquement placé et reprenant « la passe » au retour de la table, soit en retournant l'outil de 180 degrés. Mais ces solutions n'ont guère réussi en pratique.

Quoi qu'il en soit, les raboteuses sous leurs diverses formes actuelles sont de très bonnes machines-outils.

Lorsque la pièce à travailler est très lourde, difficilement maniable et trop encombrante pour passer sous la traverse de la raboteuse ou pour se fixer sur la table, on l'immobilise *dans une fosse*, et c'est alors la traverse qui se déplace.

Si l'on a à raboter un objet de faible longueur et léger, on le fixe sur une table facile à orienter convenablement sous l'outil. Celui-ci est placé au bout d'un bras léger et bien guidé auquel on imprime un va-et-vient qui le fait travailler à la façon d'une sorte de lime précise, automatique et rapide. On a constitué ainsi l'*étau-limeur*.

S'il s'agit de raboter des pièces nombreuses et de forme complexe, par exemple des hélices de navires, on applique aux étaux-limeurs le principe du *gabarit* qui guide l'outil.

Enfin, si les pièces sur lesquelles on a à exécuter ces rabotages « à courtes passes » deviennent trop encombrantes pour pouvoir être facilement installées sur la petite table de l'étau-limeur, on dédouble sa table ou son bras, auquel on donne un mouvement propre perpendiculaire au mouvement de l'outil sur le bras, de façon qu'il puisse raboter dans les deux sens les objets les plus divers fixés dans une fosse que l'on ménage au devant de la machine.

Pour les pièces verticales à travailler, on renverse l'étau-limeur en disposant sa table horizontalement et son bras verticalement, et l'on arrive ainsi à la *mortaiseuse* d'une façon analogue à celle par laquelle on a passé du tour ordinaire au tour vertical.

Si l'on a finalement à raboter dans les deux sens, horizontal et vertical, on donne à l'outil cette double faculté en le rendant susceptible de glisser *sur une traverse horizontale* qui peut, elle-même, se déplacer *verticalement*. On réalise ainsi la *raboteuse universelle*. Des praticiens adroits exécutent avec la raboteuse universelle les travaux les plus variés.

Pour compléter notre outillage de *machines-outils*, nous allons trouver les *meules*, disons plutôt les *machines à meuler*, à user. Elles ont pris une importance considérable dans les ateliers modernes en raison des procédés que l'on a trouvés pour fabriquer les meules avec des matières d'une dureté qui avoisine celle du diamant, à savoir : les *émeris artificiels* et le *carborundum* obtenu au *four électrique*. Ainsi, par cette pénétration actuelle si remarquable des diverses branches de la Science appliquée entre elles, l'électricité a fourni des moyens d'action énergiques et précieux à la mécanique des ateliers.

On arrive aisément, au point de vue du travail, à la conception de la *meule* en partant de la *fraise*. Augmentons, en effet, indéfiniment la petitesse, le nombre et la dureté des dents de la *fraise*, nous sommes logiquement conduits à la *meule*.

On ne peut, à la vérité, demander à la meule de réaliser la *coupe* à la fois précise et puissante que réalise la fraise. Mais la meule a l'avantage spécial et précieux, en raison de son extrême et invincible dureté, de pouvoir travailler les *pièces trempées* sur lesquelles les dents de la fraise s'émousseraient. On peut ainsi donner à ces pièces, après la trempe, sans risquer aucune déformation ultérieure, leurs formes définitives.

Le travail de rectification à la meule donne une précision presque absolue, tout au moins pratiquement absolue, à la condition que la pièce soit rigoureusement guidée par rapport à la meule et qu'on ne la fasse aborder par la meule que par touches légères, en évitant avec soin et habileté l'échauffement de la matière, en ne lui permettant ni flexion ni dépression, en changeant tout aussitôt la meule sur laquelle on aura constaté une usure même très faible en quelque point. Il ne s'agit plus, en effet, de tailler dans la matière, de la dégrossir, de l'abattre : il s'agit de corriger par des retouches légères des défauts même imperceptibles à l'œil nu que les appareils de contrôle et de vérification ont pu mettre en évidence.

Les meules à rectifier les axes de machines sont tout à fait remarquables dans cet ordre d'idées et elles rendent les plus grands services en rendant les axes *interchangeables* entre eux.

Les meules servent également au finissage d'une foule de petites pièces qui entrent dans la construction des machines à coudre, des bicyclettes, des délicats et puissants petits moteurs que l'automobilisme, l'aérostation et la navigation à grande vitesse ont demandés et que les mécaniciens ont combinés.

Le rôle des meules est fort important aussi en ce qui concerne l'*affûtage* des outils, fraises, alésoirs et forets. Il est nécessaire, dans la fabrication soignée, de conserver au tranchant de ces outils, par un affûtage précis et automatique, la forme reconnue la meilleure, forme qui correspond à l'*angle de coupe* le plus favorable pour tel ou tel métal, pour tel ou tel acier, pour tel ou tel alliage. Les machines-outils que l'on nomme *affûteuses géométriques* résolvent parfaitement et élégamment ce problème.

Nous venons de passer en revue les machines-outils proprement dites et principales de notre atelier de construction. Nous y trouvons encore différentes machines spéciales qui préparent le travail et qui collaborent au montage des pièces.

Les *marteaux-pilons* à main, à courroie, atmosphériques ou à vapeur sont les forgerons mécaniques. La masse frappante des *marteaux-pilons d'atelier* dépasse rarement 1 000 kilogrammes pour les pilons à vapeur et 5 000 kilogrammes pour les autres.

Sous le nom de *presses* se rangent les machines à découper, à poinçonner, à cisailler, à emboutir, à river, à fabriquer par compression les vis, les écrous, les boulons. Les *machines à river* se classent en riveuses *par percussion* et riveuses *par pression continue*.

La chaudronnerie, la ferblanterie, la quincaillerie se servent d'ingénieuses machines à cisailler, border, plier, agrafer, sertir, cintrer, couder, laminer, dresser, etc...

Enfin, les *machines-outils* portatives, très bien étudiées aux Etats-Unis, tendent à se répandre dans les ateliers : la transmission de force motrice à ces machines se fait au moyen de *flexibles*, par la vapeur, l'air comprimé, l'eau sous pression et l'électricité. Elles donnent de grandes facilités dans bien des cas pour *aller à la pièce à travailler* au lieu *d'apporter la pièce à l'outil*. Nous ne ferons que signaler certaines machines-outils portatives toutes récentes dans lesquelles on utilise le principe de l'électro-aimant. L'électricité sous toutes ses formes prend possession des ateliers et se conforme à sa devise : force et lumière.

Le moteur électrique *individuel* à chaque machine-outil est assurément la formule générale d'un très prochain avenir. En outre de leur encombrement et des dangers qu'elles présentaient, les transmissions de mouvement par poulies et courroies absorbaient toujours 20 à 30 p. 100 de la puissance motrice de l'atelier : ce chiffre pouvait s'élever à 60 p. 100.

La machine-outil, commandée par sa dynamo dont le rendement est de 70 à 80 p. 100 et qui ne travaille que lorsque la machine-outil a besoin d'elle pour travailler, conduit nécessairement à des économies de force motrice et d'entretien considérables, au point que l'on peut amortir en quatre ou cinq ans les frais supplémentaires d'une installation électrique : c'est la formule d'amortissement *up to date*.

Mais il y a mieux encore.

Prenons l'exemple des ateliers de grosse machinerie des Etats-Unis. On y évalue la puissance du moteur utilement employée à 0 cheval 38 par ouvrier, soit à 114 francs par an, en comptant 300 francs par *cheval-année*. Cela met le prix de la force motrice à environ 4,5 p. 100 de la main-d'œuvre, laquelle est évaluée à 2 500 francs par an et par ouvrier. Dans les ateliers de moyenne importance où l'on compte 0 cheval 2 par ouvrier, cette proportion s'abaisse à 2 p. 100 et atteint parfois 1 p. 100.

Il faut donc gagner, avant toute chose, du temps et de la main-d'œuvre. C'est un résultat que l'on peut atteindre qu'en employant des machines-outils de premier ordre, adaptées et appropriées à leur travail : elles doivent être occupées le plus constamment que l'on peut et logiquement groupées de façon à faciliter et à réduire les manutentions.

Ces considérations générales, reposant sur l'expérience, conduisent à disposer les ateliers en sections bien déterminées ayant certainement leur autonomie, mais parfaitement reliées les unes avec les autres. Il faut que, d'un point central, les pièces puissent être dirigées sans perte de temps et, malgré leur diversité de dimensions, vers les sections où elles seront transformées, où elles trouveront l'alésage, le rabotage, le perçage, le fraisage, le meulage avec tous leurs moyens d'action.

C'est alors que nous voyons intervenir les bonnes dispositions d'appareils de manutention, les ponts roulants, dans les parties hautes de l'usine et, sur le sol, les grandes plaques de fonte en damiers sur lesquelles on fixera n'importe où les pièces à travailler ou les machines-outils les plus aptes à réaliser le travail et actionnées par l'électricité, ce qui supprime les modifications de transmissions.

On arrive ainsi à des « groupements facultatifs » qui réduisent au minimum les déplacements des pièces et qui procurent la meilleure utilisation de l'outillage en diminuant les frais de montage et de manutention dans lesquels les pertes de temps tiennent une place très importante.

A diverses reprises, on a songé à installer dans les grands centres de travail, et en vue de l'enseignement, « l'atelier-type » montrant dans une grande « leçon de choses » les dispositions les plus favorables à adopter. Cela n'est point aisé à réaliser, car les fabrications se modifient et l'adaptation des moyens mécaniques aux travaux est toujours en voie d'évolution. Il suffit d'avoir de bonnes dispositions générales de manutention et de bonnes machines-outils des types les plus récents pour pouvoir répondre à tous les besoins : le « service commercial » des usines procurera toute leur efficacité à ces dispositions en sachant recueillir suffisamment de commandes pour permettre de fabriquer « en série ».

Alors les mécaniciens et leurs machines-outils donneront tout « leur rendement ».

Les machines-outils pour le travail du bois. — Nous ne saurions terminer l'examen de la « machine-outil moderne » sans jeter un coup d'œil d'ensemble sur les machines-outils pour le travail du bois.

Aux machines-outils que nous avons examinées tout d'abord et qui, dans une âpre et violente attaque, rabotent, percent et creusent le métal, appartient la construction mécanique proprement dite.

Les machines-outils pour le bois ont de moins grands efforts à développer pour débiter et façonner une matière dont la défense est infiniment moins énergique. Mais l'ingéniosité apportée à leurs dispositions n'est pas moindre dans la plupart des cas, et le rôle qu'elles jouent est considérable.

Ces machines se divisent en deux catégories :

D'abord, les machines à *débiter le bois*, scieries à mouvement rectiligne alternatif, scies circulaires, scies à lame sans fin. Puis, machines à *façonner le bois*, à raboter et à moulurer, à percer et à mortaiser, tours, toupies et tenonneuses.

Le principe des scieries hydrauliques à mouvement alternatif est antique. Cependant, les scieries de ce genre n'ont été perfectionnées qu'au commencement du XIXᵉ siècle par des mécaniciens novateurs, Navier, Bentham et Brunel, entre autres.

Un concours, ouvert en 1826 par la « Société d'encouragement pour l'industrie nationale », fit, avec grande utilité, évoluer ce progrès. Il se produisit une émulation particulière, et l'on vit apparaître des dispositifs remarquables pour la réduction de l'épaisseur des lames, dont la conséquence est la diminution des déchets, et pour l'accroissement de la vitesse. Un mécanicien eut l'excel-

lente idée de courber les extrémités des dents de la scie
afin de les rendre parallèles à la lame : c'était une idée
de premier ordre dont la pratique s'est, tout aussitôt,
emparée. L'affûtage à la meule d'émeri donna aussi des
résultats fort utiles.

Un des avantages de la scie à mouvement rectiligne
alternatif est la facilité de son entretien; par contre,
elle a le défaut de ne travailler que pendant la moitié
de sa course. Les scieries à mouvement rectiligne alternatif peuvent avoir, au lieu d'une lame unique, des
lames juxtaposées, ce qui rend leur action beaucoup
plus efficace.

Le débit des *feuilles de placage* se fit à bras jusque
vers 1814. A cette époque, apparut la machine-outil.
Cochot imagina et propagea un ingénieux système de
scierie à mouvement alternatif horizontal avec chariot
vertical porte-pièce animé d'un mouvement ascensionnel
discontinu et d'un mouvement parallèle vers la scie.

Puis Picot, Pape, et Faveryer, indiquèrent le débitage
en lames minces qui consiste dans le tranchage au couteau à plat ou circulaire : on déroule ainsi la pièce de
bois, en spirale, de la circonférence au centre, et l'on
obtient des feuilles dont l'épaisseur descend à *un quart*
ou *un cinquième* de *millimètre*.

La *scie circulaire* a été un grand progrès mécanique.
On l'attribue volontiers à Hook, célèbre contemporain
de Newton.

C'est, en tout état de cause, vers la fin du XVIII° siècle
que Bentham et Brunel lui donnèrent sa forme et la
vulgarisèrent. Depuis lors, elle a acquis infiniment de
minceur, de légèreté, de vitesse, et de précision.

Mais elle trouva une redoutable concurrence mécanique dans la *scie à lame sans fin* imaginée en 1811 par
Touroude et que Périn rendit tout à fait pratique vers
1848. Ce dévorant ruban débite des bois de formes aussi

variées que l'on puisse l'imaginer avec une adresse extraordinaire. Sa vitesse et son avance dépendent de la nature du travail. On voit des machines à lames sans fin « pour grumer » marcher à *2 400 mètres par minute* avec une avance de *10 millimètres.*

Les *machines à raboter* ont été créées entre la fin du XVIIIe siècle et le commencement du XIXe par Bentham, Bramah, Roguin et Sautreuil. Leur outil diffère de celui des raboteuses pour métaux : c'est un *tambour à couteaux* qui tourne autour d'un axe fixe; un dispositif de *cylindres presseurs* amène les planches sous les couteaux qui les *blanchissent,* c'est-à-dire les rabotent sur les deux faces

L'invention principale du XIXe siècle, en ce qui concerne les machines-outils à travailler le bois, c'est la *toupie.*

La *toupie* joue, en ce qui concerne le bois, le rôle que joue la *fraise* en ce qui concerne le métal : elle opère tout à la fois comme la mèche du vilebrequin et comme une râpe; plus le mouvement qui lui est donné est rapide, plus son travail est net et régulier : elle a tous les avantages des rabots mécaniques, avec de plus grandes facilités d'adaptation, puisque l'on peut modifier la forme et la disposition de ses lames coupantes et faire varier sa vitesse dans de grandes proportions.

Les toupies exécutent les « moulures sur champ ». Elles sont ordinairement constituées par une table horizontale pour recevoir l'ouvrage et par un arbre vertical à la partie supérieure duquel sont des couteaux ayant le profil voulu. Les outils rotatifs employés sur les toupies conviennent à la confection des tenons et des enfourchements.

En combinant la besogne des machines à raboter et des toupies, on arrive aux machines permettant de « raboter, bouveter, et moulurer, sur quatre faces », et

spécialement aux machines à faire le *parquet* : c'est
dire à quelle besogne considérable répondent ces
machines.

D'après le général Poncelet, c'est Hubert, en 1814, qui .
établit à l'arsenal de Rochefort les premières machines
à forer et à mortaiser le bois. Les machines d'un usage
courant, qui actionnent les outils, *mèches* et *bédanes*, présentent de grandes analogies avec les machines verticales que l'on emploie pour le perçage des métaux à
la main.

Le *tour* joue un grand rôle dans le travail du bois.
Mais, malgré la similitude qu'il y a entre les tours à
métal et les tours à bois, ces derniers sont généralement
plus simples. Les tours ordinaires ne peuvent façonner
que des pièces à *section circulaire;* lorsque la section
affecte des formes quelconques, on a recours aux *tours
à copier*. Ils ont été inventés par un ingénieur portugais,
de Barros, puis construits en France par le savant
mécanicien Decoster, et enfin perfectionnés aux Etats-
Unis : leur principe consiste à guider l'outil par un
modèle placé sur un axe parallèle à celui de la pièce et
animé d'un mouvement identique de rotation.

Decoster est un des constructeurs français du
XIXe siècle à qui la mécanique appliquée doit le plus.
Il fut, vers 1844, le promoteur convaincu et savant de
la machine-outil.

Les premiers tours parallèles, machines à percer à col
de cygne, machines à raboter à fosse sortirent de ses
ateliers. Les arsenaux français se montèrent en outils
de Decoster pour travailler le fer, la fonte et le bois;
l'invention de son « palier-graisseur à rondelles » le
rendit célèbre.

En 1856, le ministre de la guerre demanda à ce mécanicien de génie d'imaginer une machine spéciale qui
perçât à la fois, en quelques minutes, quatre trous dans

des plaques de blindage très épaisses : cette machine fut projetée, dessinée, construite par Decoster dans l'espace d'*un mois et demi.*

La prévention des accidents. — La machine-outil, avec les meilleures facilités et la rapidité de travail qu'elle procure, expose ceux qui s'en servent à des accidents que ne pouvait occasionner le travail à la main : c'est « la rançon du progrès ». Empressons-nous d'ajouter que cette rançon est réduite, en quelque sorte, au minimum inévitable par l'étude qui a été faite des appareils de protection les plus divers.

De grandes Associations d'initiative privée, dont la première fut constituée, en 1867, à Mulhouse, par Engel Dollfus, se sont donné pour mission, en France et à l'étranger, d'étudier et d'indiquer à leurs membres les moyens les plus efficaces de préservation.

En France notamment, Emile Muller, président du Conseil de perfectionnement de l'Ecole centrale des arts et manufactures, fondait, en 1883, l'Association des industriels de France contre les accidents de travail, dont le directeur est M. Henry Mamy : elle rend les plus grands services à tous points de vue et notamment en organisant des concours entre les inventeurs pour la construction des meilleurs appareils de protection.

Enfin, sur l'initiative de cette Association, un « Musée de prévention des accidents du travail et d'hygiène industrielle » a été organisé et inauguré au Conservatoire des arts et métiers, à Paris, le 9 décembre 1905. Des musées analogues existent en Allemagne, à Munich et à Charlottenbourg et s'y font apprécier. On y trouve les appareils de protection les plus nouveaux et reconnus les plus efficaces fonctionner, soit isolément, soit, autant que possible, sur les machines mêmes : les industriels peuvent venir s'y instruire sans peine des précautions à

prendre, et les ouvriers peuvent se rendre compte aisément du fonctionnement des appareils. Ils y verront que
la machine-outil, en général, bien réglée, bien installée,
répondant exactement à son but, tout en ménageant leur
santé et leurs forces, rend leur production plus active,
plus féconde et plus rémunératrice.

CINQUIÈME CONFÉRENCE

Transports en commun.

Les chemins de fer. — Les travaux d'art, ponts, viaducs et tunnels. — Les signaux : le block-system. — Le matériel roulant, locomotives et wagons : les types les plus modernes.
— Les tramways mécaniques : leur rôle dans le progrès
général.

Les moyens de *transport en commun* sont une des
principales conquêtes de la période actuelle et du progrès de la mécanique. Nous voulons parler ici des chemins de fer et des tramways mécaniques.

On peut dire avec exactitude qu'il y a désormais deux
grandes périodes à considérer dans l'histoire de la civilisation : avant les chemins de fer, après la création des
chemins de fer.

Nous n'en ferons pas ici l'historique, car notre but est
de constater simplement « l'état du progrès actuel » et
le rôle que la mécanique a joué dans sa réalisation.

Nous sommes bien près et il semble que nous soyons
bien loin de l'année 1838, époque à laquelle l'illustre
Arago traitait, avec un dédain qui prouve que les plus
grands esprits peuvent se tromper, les chemins de fer
de : « deux tringles de fer parallèles ».

Le transatlantique « MAURETANIA » à toute vapeur.

Les diligences, les coches, les malles-poste ont disparu. L'énorme réseau des chemins de fer a été créé; et, grâce aux facilités de transport qu'il a apportées, l'activité industrielle, le mouvement commercial, la multiplicité des échanges ont pris un développement que l'on aurait à peine osé rêver : l'augmentation du « bien-être » en a été l'indiscutable conséquence. Il n'est point exagéré de dire qu'il y a eu là une véritable révolution, la plus profonde peut-être qui se soit jamais produite dans l'ordre matériel et aussi dans l'ordre moral pour l'humanité.

Le tracé de la voie ferrée : les travaux d'art. — Rendons hommage aux grands ingénieurs qui, au lieu des belles routes traditionnelles, eurent tout d'abord, sans indications du passé, sans appui d'aucune expérience préalable, à exécuter le tracé des premières voies ferrées et à surmonter les difficultés de la nature par ce que l'on nomme les *travaux d'art*, ponts, viaducs, et tunnels.

Ils abordèrent, en commençant, les larges vallées et les terrains faciles, évitant, en les contournant, les grandes déclivités, se bornant à des courbes de 1 000 mètres de rayon dans lesquelles le matériel roulant « s'inscrivait » sans avoir à redouter les rigueurs de la force centrifuge. Puis, au fur et à mesure que se resserrèrent les mailles du réseau ferré, ils s'enhardirent : il fallut, d'ailleurs, aborder des régions jugées au début peu accessibles, parfois même réputées inaccessibles. L'expérience aidant, récente à la vérité mais précieuse expérience, on affronta résolument les nouvelles difficultés. Des tranchées profondes coupèrent le flanc des montagnes, des tunnels les traversèrent; ce que la pelle et la pioche ne purent enlever, la poudre le fit sauter.

En même temps, de beaux ponts, de superbes viaducs franchirent les rivières, les fleuves, les estuaires, les

7

gouffres, dans d'audacieuses envolées. L'art de l'ingé-
nier était affermi : il triomphait.

Les *ponts en maçonnerie* sont majestueux, non seulement par l'ouverture de leurs arches, mais par leur hauteur. Ils ont entre 50 mètres de hauteur comme le beau
viaduc de Chaumont-sur-Marne et 80 mètres comme
celui du Goltzcherthal.

Les ponts métalliques, nés en Angleterre vers la fin
du XVIIIe siècle, étaient l'organe indispensable des voies
ferrées : elles leur ont donné un merveilleux développement en utilisant tour à tour la *fonte*, le *fer* et l'*acier*.
Ils sont à *poutres droites* ou en *arc*.

Nous ne pouvons en faire ici le brillant historique.
Retenons les exemples principaux :

Parmi les ponts à *poutres droites*, l'événement récent
et capital a été l'établissement du gigantesque *pont du
Forth*, en Angleterre, construit de 1883 à 1890.

Il comporte deux immenses travées de 520 mètres
d'ouverture montées en *porte à faux*, d'après le système
équilibré que l'on nomme *système cantilever*.

Chaque pile est surmontée d'une charpente métallique
en encorbellement de part et d'autre, comme les bras
d'une énorme balance.

Le système cantilever est imposant; mais il n'est pas
gracieux.

Nous trouvons véritablement la grâce artistique jointe
à la puissance dans les ponts en arc dont l'illustre ingénieur français Eiffel a été le promoteur.

En 1877, M. Eiffel, qui devait plus tard exécuter la
tour de 300 mètres au Champ-de-Mars, avait jeté sur
le Douro, à Porto, un arc de 160 mètres d'ouverture. Ce
chiffre fut dépassé par lui-même au viaduc de Garabit
dans la Lozère, dont l'arc parabolique franchit
165 mètres, ainsi qu'au pont Luiz Ier, à Porto, dont la
portée est de 172m,50.

Récemment, les ingénieurs français, MM. Godfernaux et Bodin, ont atteint *220 mètres* au viaduc du Viaur, entre Rodez et Millau, dans le département de l'Aveyron; l'ouvrage est entièrement en acier et l'arc central se continue par des demi-arcs en encorbellement. On cite aussi les ponts en arc du Niagara avec 168 mètres de portée, de Düsseldorf avec 181 mètres, et de Bonn avec 187 mètres.

Certains ponts ou viaducs métalliques sont remarquables tout à la fois par leur portée et *par leur élévation* au-dessus du thalweg. Citons, parmi les ouvrages les plus récents, le viaduc de la Tardes qui a 92 mètres d'élévation, celui de Müngsten, qui a 106 mètres, celui du Viaur, qui a 122 mètres, et celui de Garabit, qui a 123 mètres.

Les grands *ponts suspendus*, soutenus par des câbles métalliques, ont aussi de très belles portées.

Les ingénieurs américains firent, tout d'abord, un pont suspendu *pour chemins de fer*, de 250 mètres, en aval du Niagara. Augmentant successivement les portées, ils ont atteint 322 mètres au pont de Cincinnati, puis 386 mètres dans un nouveau pont sur les chutes du Niagara.

Dans le superbe pont de Brooklyn, jeté sur l'East-River, à New-York, en 1883, pour quatre voies charretières et deux voies de tramways, la portée de la travée centrale est de 486 mètres comprise entre deux autres de 286 mètres. Cet ouvrage a été doublé par un autre pont suspendu dont les tours de rive s'élèvent à 102 mètres au-dessus du niveau du fleuve et sont distantes de 488 mètres.

C'est ainsi que l'on franchit les fleuves et les gouffres.

L'attaque de la montagne par les *tunnels* n'a été ni moins admirable, ni moins puissante, ni moins émouvante dans l'audacieuse lutte de l'ingénieur moderne.

Les méthodes de percement des souterrains se rattachent à quatre types.

Dans la méthode anglaise, le déblai se fait en trois étages, de la clef vers la base, et la maçonnerie est commencée par les piédroits.

Dans la méthode française ou belge, l'ouverture se fait en deux gradins, puis on abat les masses latérales et l'on fait en sous-œuvre la maçonnerie des piédroits.

La méthode allemande consiste à ouvrir deux galeries latérales à la base, puis à percer une galerie de faîte et à enlever le terrain qui sépare ces galeries et que l'on nomme « le stross » en deux ou trois gradins.

Enfin, dans la méthode autrichienne, on ouvre une galerie centrale de base, on perce une galerie de faîte occupant tout le surplus de la hauteur ou communiquant avec la précédente par des cheminées, et l'on fait la maçonnerie de l'ensemble, après avoir déblayé, en commençant par les piédroits comme dans la méthode française.

Tels sont les principes généraux de construction que les ingénieurs ont appliqués au percement des nombreux tunnels qui, sur tous les réseaux, servent au passage des voies ferrées. Ils y sont devenus d'une habileté extrême et ne sont même pas déconcertés par la traversée des argiles et des sables aquifères qui présentent souvent des difficultés extrêmes : l'air comprimé intervient alors.

Nous ne parlerons ici que des grands tunnels de longueur exceptionnelle qui ont mis en œuvre toutes les ressources de l'art du mécanicien et de l'ingénieur.

Les plus remarquables actuellement sont celui de Hoosac, aux Etats-Unis, qui a 7 645 mètres de longueur ; celui du mont Cenis, qui a 12 850 mètres ; celui de l'Arlberg, qui a 10 246 mètres ; le Gothard, qui a 14 984 mètres ; et enfin, le dernier en date, le *tunnel du Simplon*, qui a 19 770 mètres.

Un salon de lecture à bord d'un transatlantique de la Compagnie Cunard

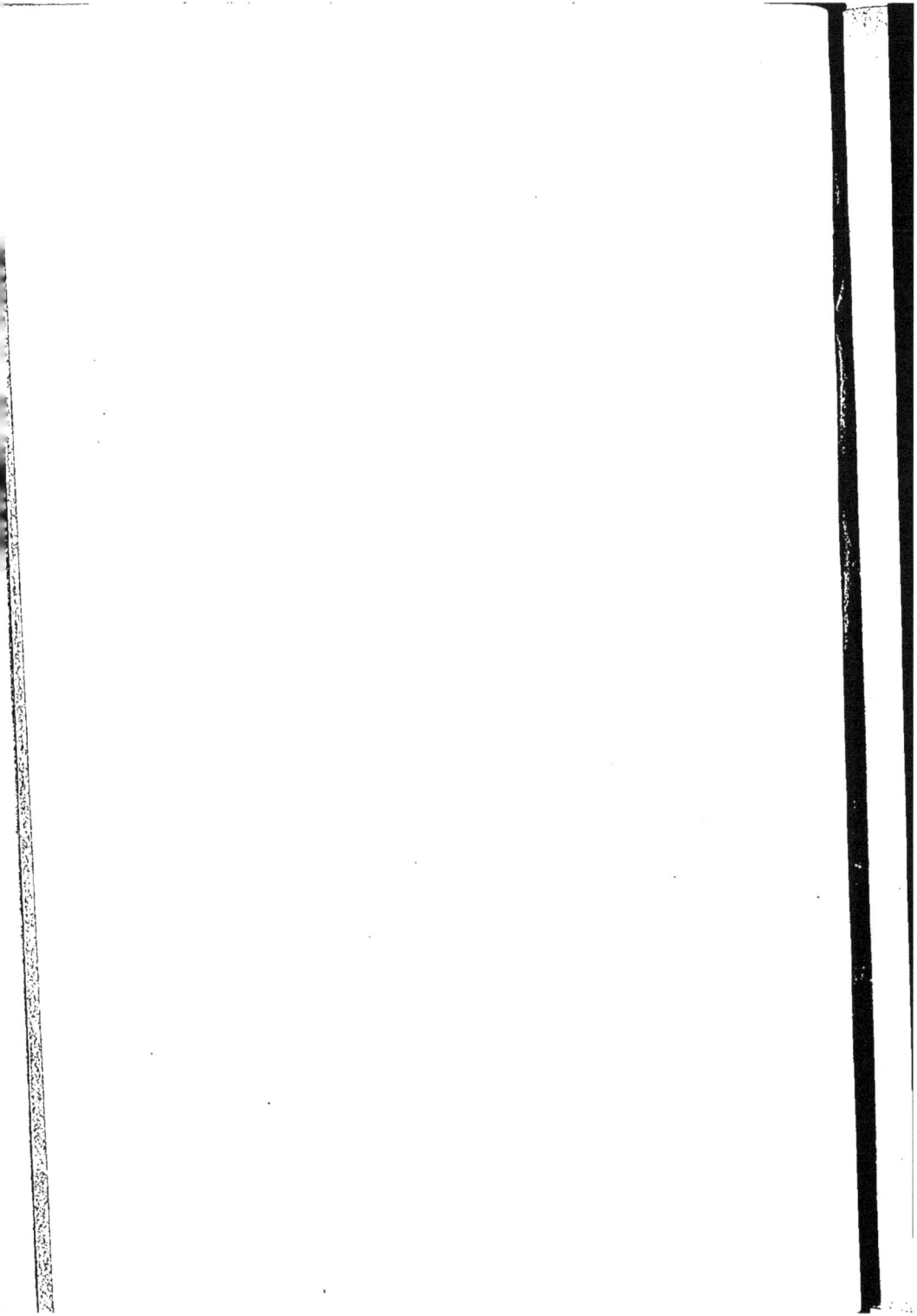

Le tunnel du Simplon est véritablement un triomphe de l'ingénieur sur les forces de la nature. Il a été percé d'après une méthode nouvelle, étudiée pour la circonstance et qui consiste en ceci :

Deux galeries parallèles ont été forées à 17 mètres d'axe en axe : l'une a reçu immédiatement la section normale pour une voie ferrée; l'autre va être élargie et recevra une autre voie; pendant la construction, elle a servi à l'introduction de l'air frais, à l'apport des matériaux et à l'écoulement des eaux qui se sont montrées sur certains points extrêmement abondantes : de véritables torrents se déversaient dans les chantiers du souterrain.

Ce gigantesque travail n'eût pu être exécuté sans le concours des machines dont la construction du tunnel du Gothard avait permis d'étudier l'adaptation, nous voulons parler des *perforatrices* et des *ventilateurs*.

Les *perforatrices hydrauliques à rotation* du système Brandt, construites par MM. Sulzer, ont dévoré le Simplon; leur avancement, par attaque, variait de 4 à 9 mètres en vingt-quatre heures. De puissants *ventilateurs* actionnés par des turbines fournissaient, sur chaque versant de la montagne, 50 mètres cubes d'air frais par seconde; souvent, l'effet de la ventilation était combiné avec celui de l'eau pulvérisée sous une haute pression.

La question de ventilation dans la construction de ces grands tunnels est d'une extrême importance. Elle s'était déjà posée d'une façon difficile notamment à l'Arlberg. Mais, pour le Simplon, il s'agissait d'une longueur double, d'un nombre beaucoup plus grand de travailleurs réunis dans le tunnel pour y travailler ensemble, et surtout des hautes températures résultant de l'épaisseur de la masse montagneuse traversée.

La grande chaleur créa de fortes difficultés aux ingénieurs lors du percement du Gothard, et pourtant la température ne s'y éleva qu'à + 31° centigrades. Or, au Simplon, conformément aux lois physiques de l'élévation de la température avec la distance verticale au-dessous de la surface, on eut à lutter contre des températures de 38°, 40° et même 42° centigrades dans certaines sections. On peut s'imaginer quelle peut être la situation des travailleurs obligés à des efforts dans cette atmosphère surchauffée! Les ventilateurs y pourvurent. Avec plus de 10 kilomètres de galeries, on put travailler constamment à l'air renouvelé fourni par deux ventilateurs centrifuges qui refoulaient 30 mètres cubes d'air par seconde et que commandaient chacun une turbine hydraulique de 250 chevaux actionnée par les torrents mêmes de la montagne. On y ajoutait, ainsi que nous l'avons dit, des pulvérisations d'eau au moyen de conduites « à eau forcée » courant le long des galeries.

Les *perforatrices hydrauliques* ont fait merveille. Ces grosses vis tournantes et perforantes pratiquent dans la roche les trous qui reçoivent ensuite les cartouches d'explosifs.

Le principe des perforatrices hydrauliques du Simplon consiste à détacher les fragments des roches non *par le choc*, mais *par la pression*. Une *tarière tubulaire* à trois dents est appliquée sur la pierre avec une pression de *dix mille* à *douze mille* kilogrammes, de façon que les dents y pénètrent de quelques millimètres; on tourne ensuite lentement afin de détacher de petits fragments. Dans une seule perforatrice, on développe une force de *25 chevaux* environ. La durée de perforation d'un trou varie de quarante minutes à une heure et peut aller jusqu'à trois heures dans des bancs rocheux particulièrement durs. On peut faire par jour entre quatre et sept attaques et abattre dans chacune 1 mètre à 1 mètre et demi de terrain. Ainsi, suivant la dureté de la pierre, on a avancé, par jour, de 4 9 mètres.

Le 24 février 1905, les deux galeries du tunnel du Simplon se rencontraient venant des deux versants de la montagne : en six ans ce beau travail avait été terminé. Il ne restait plus qu'à parachever l'œuvre et à y établir la voie ferrée, ce qui a été fait depuis lors.

La voie ferrée. — Que ce soit en tunnel, en viaduc ou dans la traversée des grandes plaines, la *voie ferrée* nous présente aussi, dans son établissement, le résultat d'une admirable série de recherches des ingénieurs, des métallurgistes, et des mécaniciens.

Nous n'irons que « pour mémoire » prendre le *rail* au début du XVIII° siècle, lors de son apparition en Angleterre. L'industrie minière l'utilisait alors pour faciliter le roulement des véhicules à l'intérieur des galeries de mines, ou bien, entre l'orifice des puits et les quais d'embarquement sur les bateaux.

Les premiers rails étaient en *bois*. A partir de 1767, la *fonte* se substitua au bois, et, en 1805, la fonte elle-même fit place au *fer*. Nexon en préconisait l'emploi en se basant sur la supériorité d'*adhérence* obtenue en employant le fer au lieu de la fonte. L'effort à exercer se trouvait aussi beaucoup réduit.

Cependant, les transports par chemins de fer ne devaient prendre leur réelle extension que le jour où serait créé le nouveau moteur, l'admirable *locomotive* qui court actuellement sur des rails d'acier. Plaçons l'avènement de la *voie ferrée* en 1829, date à laquelle G. et R. Stephenson, adaptant au *tracteur mécanique à vapeur* la chaudière tubulaire de l'ingénieur français Marc Seguin, construisirent la première locomotive digne de ce nom, *the Rocket*, la célèbre *Fusée* qui remporta le prix du Concours ouvert par la Compagnie du chemin de fer de Liverpool à Manchester.

L'Angleterre, après avoir adopté pour la voie une largeur de 1^m,435 entre les bord intérieurs des rails, l'abandonna, puis y revint finalement.

Les États d'Europe ont adopté, en général, la même largeur, soit 1^m,44 ou 1^m,45. L'Espagne et la Russie ont fait exception et l'on ne peut que le regretter au point de vue des relations internationales et du progrès. L'Espagne a un écartement de rails de 1^m,73, la Russie de 1^m,52. Dans quelques sections de reliement, on y obvie en intercalant une troisième file de rails à l'écartement de 1^m,45; mais on peut penser à quelles complications cela conduit.

Aux États-Unis, les largeurs de voie sont très variées : elles vont jusqu'à 1^m,83. Dans les États du Nord, la largeur usuelle est de 1^m,435; dans les États du Sud, de 1^m,525. Au Canada, on trouve les écartements de 1^m,44 à 1^m,68.

Le rail a subi des transformations méthodiques

Aux rails en *fonte* succédèrent rapidement les rails en *fer* laminé du type *à double champignon* et du *type Vignole* à patin.

Vers 1860, apparut l'*acier* à un bon marché suffisant grâce aux procédés métallurgiques Bessemer et Martin-Siemens. Il donnait des résistances remarquables, de telle sorte que le poids des rails, qui était de 13 à 17 kilogrammes, au début des voies ferrées, par mètre courant, varie maintenant entre 38 et 48 kilogrammes. En Belgique, on emploie des « rails Goliath » de 52 kilogrammes au mètre courant, et sur le « London and North Western Railway », en Angleterre, des rails de 51 kilogrammes.

Ces chiffres sont caractéristiques si l'on considère que la longueur des rails a augmenté en même temps. Elle ne dépassait pas 6 mètres il y a quelques années; elle varie maintenant entre 11 et 18 mètres. Cela rend la voie très lourde, chose indispensable pour qu'elle puisse supporter le passage des trains de plus en plus pesants et de plus en plus rapides. On a comparé, non sans raison, le train rapide actuel à un *projectile* de gros canon et la voie à la *cuirasse* que ce projectile tente de disloquer. La « cuirasse » des voies ferrées se consolide en croisant les joints des rails, en rapprochant les traverses les unes des autres et en augmentant la quantité et le poids du ballast.

Les appareils de sécurité, les signaux. — Si bien étudiée, si solidement construite que soit la voie ferrée, elle serait dangereuse à d'autres points de vue si la *sécurité de la circulation* n'y était assurée par des appareils d'une grande perfection.

Dès le début, les *disques* intervinrent, manœuvrés à distance au moyen de chaînes et de leviers pour indiquer aux mécaniciens si la voie était ouverte ou fermée.

Mais c'était l'*électricité* qui devait devenir l'auxiliaire incessant et fidèle de la sécurité sur les voies ferrées.

Laissons de côté le rôle considérable de l'électricité comme *agent de correspondance* par télégraphe des systèmes Bréguet à cadran, Regnault, ou, Morse. Elle a montré toute son efficacité dans l'organisation de ce que l'on appelle le *block-system*.

C'est en 1872 que nous trouvons en France les premiers appareils des systèmes Lartigue, Tesse, et Prud'homme, assurant la transmission directe et agissante au moyen de l'électricité des *signaux à vue* entre deux postes. Les *électro-sémaphores* ainsi créés firent leurs débuts en expérience régulière sur la ligne de Paris à Creil, de la Compagnie du Nord. On s'en occupait aussi en Allemagne et en Autriche.

On institua ainsi le *cantonnement*, le *block-system* qui ne permet pas à un train de pénétrer dans une sec-

tion de la voie si le train qui le précède n'en est pas
sorti.

En même temps, se généralisait l'emploi des *enclenchements* dû à M. Vignier, de la Compagnie de l'Ouest,
et perfectionné par MM. Saxby et Farmer. On désigne
ainsi la solidarité établie entre les divers appareils qui
commandent les signaux, de telle sorte que l'un d'eux
ne peut occuper une position donnée si les autres, de leur
côté, n'ont pas pris une position déterminée par l'enclen-
chement et correspondante.

Les enclenchements se réalisent, soit à l'aide de
moyens mécaniques, au moyen de *verrous* et de *serrures*,
soit par l'électricité, soit avec le concours de ces deux
moyens d'action à distance. Les *appareils hydrodyna-
miques*, que l'on nomme *trajecteurs et inverseurs*, dans
lesquels les mouvements sont commandés par l'eau sous
pression, sont venus récemment apporter, grâce aux
recherches de M. M. Cossmann, ingénieur de la Compagnie du Nord, des facilités nouvelles et une sécurité plus
grande, en supprimant, pour ainsi dire, l'effort musculaire de l'aiguilleur.

Le problème de la manœuvre automatique des signaux
s'est posé et imposé aux ingénieurs; il les a conduits à
des inventions d'une admirable variété. Jusqu'à présent,
cependant, l'*automatisme* des signaux n'est admis qu'à
titre d'auxiliaire. Mais, si l'on considère les progrès de
l'électricité, on peut penser que ce rôle grandira dans
l'avenir. Là, comme en toute autre chose de fonctionnement mécanique, l'homme ne doit pas être une force; il
doit être une surveillance, un contrôle : sa dignité le
veut, son hygiène l'exige.

La locomotive. — La voie ferrée est établie, avec ses
appareils tutélaires. Sur cette voie ferrée, le train va
s'élancer, traîné par la locomotive, cette victorieuse

machine qui a révolutionné les âges avec son panache de fumée en tête, sa flamme au cœur.

Ici encore, quel progrès ! Nous pouvons à peine essayer de le résumer.

Quelle différence entre la petite locomotive de Stephenson, la célèbre *Fusée* qui pesait 4 tonnes, en remorquant une rame légère de wagons à la vitesse de 20 à 25 kilomètres à l'heure, et les puissantes locomotives à vapeur actuelles pesant 64 tonnes sans leur tender et qui, traînant de longs et lourds trains de voyageurs, réalisent des vitesses de 100 kilomètres à l'heure et même davantage.

C'est par le perfectionnement successif et incessant de ses différents organes, de son organisme même, que la locomotive est devenue la superbe machine qu'elle est actuellement.

L'*augmentation de puissance* a été obtenue par l'emploi de grandes chaudières *à timbre élevé*, c'est-à-dire fonctionnant à forte pression et par l'application du *système compound* dans lequel la vapeur, après avoir travaillé à toute pression dans un cylindre, va se détendre et rendre encore de la puissance dans un deuxième cylindre de plus gros diamètre solidaire du premier. C'est l'ingénieur Mallet, ancien élève de l'Ecole centrale des arts et manufactures, qui a indiqué, en 1876, et appliqué pour la première fois le « principe compound » aux locomotives : cette application leur a donné beaucoup de puissance.

L'*augmentation de la vitesse* de marche a été obtenue en combinant l'accroissement de puissance avec les dispositions propres à assurer la *stabilité* et la *flexibilité*. La stabilité a été réalisée par l'adoption de grands *empattements*, ce qui signifie par l'emploi des longs châssis occupant une longueur de voie considérable. La flexibilité s'obtient au moyen de *bogies;* le bogie consiste en un pivot placé à l'avant de la locomotive et autour duquel peuvent tourner deux essieux placés en croix. On a donc ainsi quatre roues autour du pivot, et ces roues ne peuvent attaquer brutalement la voie au risque de dérailler. Les locomotives qui en sont munies peuvent donc franchir les courbes avec des vitesses que ne permettent pas les essieux rigides ; elles gagnent du temps et, par conséquent, de la vitesse.

Il faut de gros poumons à ces locomotives puissantes et rapides. C'est la *chaudière* qui les leur fournit.

Les chaudières ont été successivement agrandies dans la limite compatible avec le *gabarit* et avec la résistance des voies. La *surface de chauffe* dépasse souvent *200 mètres carrés* et peut aller jusqu'à *300 mètres carrés*. La *surface des grilles* des foyers dépasse *deux mètres carrés et demi*. On peut s'imaginer quels torrents de vapeur fournissent de pareilles fournaises avec une aussi forte surface de chauffe. Aussi, les tenders des grosses locomotives comportent-ils *20 mètres cubes d'eau* et *8 tonnes de combustible*. Quelques-uns, lorsque les grands alignements de voie s'y prêtent, condition malheureusement rare, puisent de l'eau en pleine marche au moyen d'une *écope* dans de longues bâches aménagées sur la voie.

La hauteur de l'axe du *corps cylindrique* des locomotives au-dessus des rails atteint jusqu'à 2^m,80 et leur *timbre de pression*, limité à 7 ou 8 kilogrammes il y a cinquante ans, est maintenant de 12^{kg},75 en moyenne et atteint parfois 16 kilogrammes. Des *surchauffeurs* disposés dans la boîte à fumée augmentent encore l'élasticité du merveilleux ressort et accumulateur de calorique que constitue la vapeur.

Les locomotives à quatre essieux couplés ont un poids adhérent de 52 à 57 tonnes environ.

Considérons une des belles locomotives de la Com-

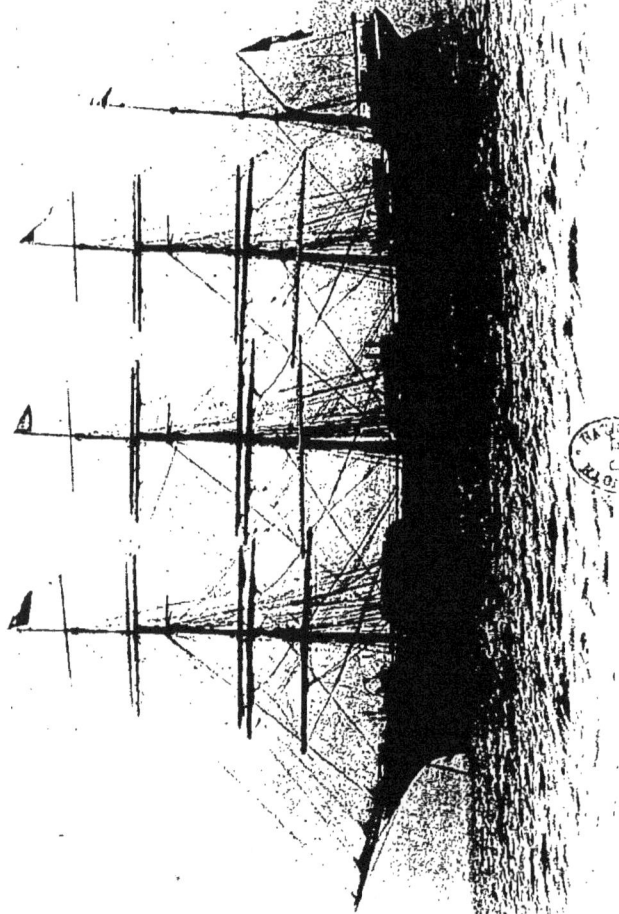

LE NORD, voilier à 4 mâts de la maison A.-D. Bordes et fils, de Dunkerque

Longueur : 96 m. 01 ; largeur : 14 m. 10 ; creux : 7 m. 71 ; jauge brute : 3 113 tx ; jauge nette : 2 905 tonnes. Entièrement construit en acier.

pagnie du Nord, du type *Atlantic* à grande vitesse. Elle est à quatre cylindres, à deux essieux accouplés, avec bogie et essieu porteur à l'arrière, et peut remorquer un train de 200 tonnes, à la vitesse moyenne de *100 kilomètres à l'heure* en faisant *120 kilomètres* (c'est le maximum que le règlement autorise) sur les pentes de 5 millimètres par mètre.

Le *timbre* de cette machine est de 16 kilogrammes, sa longueur totale est de 11^m,085 et sa largeur totale de 2^m,900.

Elle pèse à vide 58 tonnes et en charge 64 tonnes. Son tender, en ordre de route, avec son plein d'eau et de combustible, pèse 45 tonnes et demie. En somme, au moment où cette belle locomotive attelée à son tender donne le coup de sifflet du départ, c'est une charge totale de *109 tonnes et demie* qui s'élance sur les rails. Son effort de traction, sa puissance varie entre *710* et *880 chevaux*. Elle franchit exactement la distance de *Paris à Tergnier,* soit *131 kilomètres,* en 1 h. 18. Des freins à air comprimé d'une extrême puissance permettent de *freiner* avec une grande rapidité et sur un court espace ces énormes masses et leur donnent la possibilité de se conformer avec une précision parfaite aux indications du block-system.

Voilà pour la vitesse.

Venons maintenant aux « géantes mécaniques » de puissance. En Europe, c'est la Compagnie du Nord française qui « détient le record » avec une grosse locomotive compound Meyer de 16 mètres de longueur entre tampons, et pesant *105 439 kilogrammes.* On lui fait remorquer des trains de houille de *1 000 tonnes.*

Aux Etats-Unis, nous trouvons plus fort encore du système compound articulé Mallet.

Le Great-Northern en a cinq qui pèsent *161 000 kilogrammes et 222 000 kilogrammes* avec leur tender en charge.

Enfin, la Compagnie de l'Erié en a huit pesant *185 000 kilogrammes* et *260 000 kilogrammes* avec leur tender chargé. Ces locomotives peuvent remorquer un train de *175 wagons* pesant *1 800 tonnes*. Leurs dispositions ont été si bien étudiées que la *charge maxima* sur chacun des *huit essieux* de ces machines, qui sont actuellement les plus lourdes du Monde, ne dépasse pas *23 tonnes*. Ce résultat est obtenu au moyen de balanciers qui répartissent la charge entre les essieux comme on répartit les poids sur les plateaux d'une balance.

Ce n'est pas sans admiration que l'on voit un mécanicien, un homme, ce pygmée, en manœuvrant son régulateur, mettre en mouvement un pareil monstre mécanique entraînant le formidable train attelé derrière lui.

Les wagons. — Le progrès des wagons a suivi celui des locomotives. Nous sommes loin des wagons du début des voies ferrées rappelant la diligence pour ce qui concernait les voitures à voyageurs et le tombereau pour ce qui concernait les wagons de marchandises.

Examinons d'abord le *wagon de voyageurs.*

De perfectionnement en perfectionnement, le véhicule mesquin des premiers trains est devenu une large et confortable voiture, parfois même, dans les trains de luxe, une belle maison roulante répondant à toutes les multiples exigences du bien-être moderne.

Dispositions d'ensemble, menus détails, tout a été étudié, amélioré, et les améliorations continuent. Pendant longtemps, le type du wagon de voyageurs a été la voiture à compartiments séparés, encore en service, mais avec plus d'ampleur, plus de confort, plus d'hygiène; les wagons de troisième classe sans air, sans lumière, sans filets, aux dures banquettes, du début tendent à disparaître. Aux compartiments et aux voitures ordinaires sont venus s'ajouter les wagons-salons, les wagons-lits.

Puis ont apparu les voitures à *intercirculation* originaires des Etats-Unis et « acclimatées » en Europe, pour ainsi dire, par la Compagnie internationale des wagons-lits. On discute fort ce véritable progrès : il devait s'imposer par son excellence même et s'imposa, en effet, aux compagnies de chemins de fer, soit sous sa forme à intercirculation, soit avec la variante du *couloir partiel*. Les wagons-restaurants sont venus apporter de remarquables facilités à l'art de voyager dans des conditions agréables .

Les procédés d'*éclairage* et de *chauffage* des wagons de voyageurs se sont aussi très fort améliorés.

Pour l'éclairage, au lieu des quinquets à l'huile, on a le gaz et l'on aura sans doute, par la suite, l'électricité, encore en essai.

Pour le chauffage, au lieu des bouillottes dont les inconvénients n'étaient que trop connus, on a le chauffage à la vapeur fournie par la locomotive. La bouillotte ne subsistera guère, à ce que l'on peut penser, que sous la forme des chaufferettes à *acétate de soude* ou de *baryte*, utilisant le dégagement de *chaleur latente* que ces corps absorbent en se liquéfiant et qu'ils restituent ensuite en se recristallisant.

Le *wagon à marchandises* a dû aussi se modifier et se perfectionner de bien des façons.

Au début, on tendit à le *spécialiser*, à en multiplier les types de façon à les adapter aux diverses catégories de marchandises. On poussa cette spécialisation à l'excès et l'on eut lieu de s'en repentir au point de vue de la construction, de l'entretien, et de l'exploitation.

En effet, au début, chaque Compagnie de chemins de fer se servait uniquement du matériel qui lui appartenait en propre; les réseaux n'étaient point reliés entre eux ou ne l'étaient guère : chacun d'eux avait son autonomie d'administration.

Actuellement, le matériel roulant, en raison de la multiplicité de plus en plus grande des relations et des échanges, s'éparpille en quelque sorte partout, non seulement entre les différents réseaux, mais encore entre les réseaux internationaux. Sauf pour certains courants de circulation que la production du sol ou le climat rendent invariables, il est, le plus souvent, impossible d'affecter des wagons à telle ou telle partie d'un réseau, à telle ou telle gare pour y prendre un chargement de nature déterminée et pour y aller et en revenir à des époques fixes. Le wagon de marchandises, comme le navire, doit pouvoir prendre le fret qu'il trouve et le rechercher quel qu'il soit.

Aussi, le nombre de types, de modèles, de wagons de marchandises, tend-il à se restreindre et à se simplifier sous la forme des wagons-tombereaux, des wagons couverts à portes roulantes, et des wagons-plats, ou, wagons-plates-formes. Des types spéciaux sont affrétés par certaines industries pour des emplois déterminés : tels sont les wagons frigorifiques, les wagons-citernes qui transportent en vrac le pétrole, l'alcool, le vin, enfin certaines grandes plates-formes roulantes qui servent à véhiculer de grandes masses, des canons, des pièces de construction métallique que l'on ne peut diviser.

En Europe, on a conservé généralement les deux essieux pour les wagons de marchandises ; aux Etats-Unis, on les monte sur deux bogies. Les châssis en fer et acier se substituent de plus en plus aux châssis mixtes en bois et métal.

Une caractéristique de ces wagons modernes, c'est leur augmentation de capacité et de charge. La *limite de charge* admise, qui ne dépassait guère 10 tonnes il y a vingt ans sur les voies européennes, a été portée à 15 tonnes ; quelques réseaux, ayant la spécialité, par leur situation géographique, des transports de minerai

Cliché Wigan Co

Mine de charbon de Newcastle

et de houille, ont même des wagons de 20 tonnes. Aux Etats-Unis, toujours audacieux, on voit circuler des wagons de 40 et de 50 tonnes. L'Europe, plus prudente et craignant une extrême fatigue pour les ponts de ses voies ferrées, ne paraît pas disposée à aller aussi loin pour le moment.

Une des questions étudiées avec intérêt depuis quelques années est celle de l'*attelage automatique* des wagons de marchandises. Divers systèmes ont été combinés et expérimentés; quelques-uns fonctionnent déjà aux Etats-Unis. Ils consistent en une sorte de griffe ou de mâchoire à ressort qui fait prise sur une contre-griffe lorsque les tiges d'attelage de deux wagons poussés l'un contre l'autre viennent en coïncidence. Il est assurément à souhaiter qu'un système de ce genre aboutisse, car la formation des trains est une cause d'innombrables et douloureux accidents. On ne peut méconnaître, par ailleurs, qu'il y a là une grosse dépense à faire pour les Compagnies en raison de la modification du matériel existant, et l'on est obligé, si partisan que l'on soit du progrès, de patienter un peu.

Le cas de l'application des *freins rapides* à vide ou à air comprimé aux trains de marchandises se présente sous un aspect analogue, bien que moins humanitaire.

Cette application permettrait, grâce au block-system, de faire circuler plus rapidement les trains de marchandises intercalés entre les trains de voyageurs sur les voies ferrées. Ces derniers pourraient donc trouver la voie libre pendant de plus longues périodes et, en conséquence, gagner du temps et de la vitesse sur leur parcours. Mais il s'agit encore d'une énorme dépense, car, par suite des échanges de matériel entre les réseaux, il faut que tous fassent la modification si l'on veut qu'elle soit vraiment profitable; autrement, quelques wagons non munis du frein instantané suffiraient pour

8

rendre la réforme inefficace. Il convient donc de compter patiemment avec le temps et de se résigner à une évolution relativement lente de ce progrès pourtant si nettement aperçu.

Les *chemins de fer secondaires*, qui rendent de si grands services, ont, en raison même de leur fonction, un matériel spécial. Plus modeste que celui des lignes principales, il faut qu'il puisse passer dans des courbes de petit rayon et se prêter parfois à de véritables sinuosités que sa vitesse modérée rend, d'ailleurs, sans danger. Le rapprochement des essieux et le montage des châssis sur bogies permettent de résoudre sans difficulté ce problème de circulation.

Les wagons de voyageurs des lignes secondaires sont, le plus ordinairement, sans dispositifs de luxe et combinés surtout en vue d'un entretien économique ; ils sont très légers. On les fait souvent à couloir de façon à faciliter la perception et le contrôle pendant le trajet, ce qui se fait sans inconvénient pour des voyages qui n'ont lieu que le jour et dont la durée est naturellement restreinte.

Le petit train de chemin de fer secondaire est, en quelque sorte, le trait d'union entre le beau grand train de grande ligne et le *tramway*.

Tramways. — Nous voilà, en effet, amenés à parler des tramways qui vont nous montrer, eux aussi, l'influence bienfaisante de la mécanique dans les transports.

Ce sont, en somme, des « chemins de fer » d'une nature spéciale, empruntant les routes et les chemins ; leur « plate-forme » demeure accessible à la circulation des piétons et souvent même des voitures ; ils ont pour objet principal ou exclusif le « trafic-voyageurs ».

Les tramways ont été, tout d'abord, des voies ferrées industrielles ; leur origine ne remonte pas au-delà de

1832, et, comme nous l'avons dit au début, les chemins de fer fussent restés tramways sans la création de la locomotive.

La ligne de New-York à Harlem fut ouverte à cette époque et elle parut tellement fantaisiste, même en ce pays novateur, qu'elle fut supprimée. Vingt ans après seulement, les tramways reparurent à New-York grâce à un ingénieur français, M. Loubat; ils se propagèrent dans l'Amérique du Nord.

Revenu en France, M. Loubat, qui avait des exemples à montrer, fit une expérience de « chemins de fer américains » sur le quai Debilly et obtint une concession de lignes entre Sèvres et Vincennes. M. Train (un nom prédestiné) eut toutes les peines du monde à les introduire en Angleterre en 1860. Ces rails sans barrières latérales, ces véhicules traînés pas des chevaux, déconcertaient les gens, et, lorsque, vers 1865, on prenait le « chemin de fer américain » pour aller de Paris à Versailles, il semblait que l'on fît un prodigieux voyage ; on s'étonnait de la rapidité de ces grandes voitures débonnaires qui faisaient 12 ou 15 kilomètres à l'heure au maximum.

On sait quel développement ont pris actuellement les tramways dans les villes et dans leurs banlieues surtout depuis qu'ils sont devenus mécaniques. Ils jouent, dans bien des régions, le rôle de chemin de fer d'intérêt local quand la largeur des routes ou des chemins le leur permet sans troubler trop la circulation normale.

La substitution de la machine, du moteur mécanique, au moteur animé, a été rapide en France où, à la fin de l'année 1900, sur 5 092 kilomètres de tramways, il n'y en avait plus de 430 exploités au moyen de chevaux.

La chaudière à vapeur à petits éléments des systèmes du Temple et Serpollet a rendu et rend encore de grands services; on a employé aussi la vapeur surchauffée et l'air comprimé.

Mais c'est surtout à l'électricité que l'avenir appartient. Aux Etats-Unis, on n'emploie, pour ainsi dire, plus d'autre source d'énergie, et l'Allemagne suit cet exemple. En France, bien que ce soit à Paris même que le tramway électrique ait fait sa première apparition lors de l'Exposition d'électricité de 1881, l'impulsion a été plus lente : on peut la considérer néanmoins comme irrésistible.

Le système du conducteur aérien et du *trolley* avec *archet* pour franchir les courbes est le système le plus employé en raison du poids des *accumulateurs électriques*, poids considérable en l'état actuel et qui, sans parler des difficultés de rechargement, limite les parcours.

On a fait aussi des prises de courant à *contacts superficiels*, par exemple des systèmes Diatto et Vedovelli. Les conducteurs électriques sont souterrains et le tramway prend son courant sur des pavés électriques que l'on nomme *plots*. Ce système, fort ingénieux, demande un montage très soigné et il n'échappe pas à la critique de pouvoir produire des fulgurations sur les êtres animés.

Il y a aussi les caniveaux souterrains avec conducteurs isolés contre lesquels glisse un *frotteur* passant par une rainure superficielle : cette solution du problème est élégante, mais coûteuse.

Quel que soit le système, le courant qui agit sur les machines est du *courant continu* dont la tension est maintenue aux environs de 500 volts. Les moteurs, au nombre de deux par voiture, ont une puissance de 25 à 45 chevaux chacun.

Le *système funiculaire* spécial pour les tramways a été appliqué d'abord aux Etats-Unis, en Australie, en

Angleterre, puis il a été employé aussi à Paris. Dans un caniveau établi sous la chaussée court un câble sans fin qu'actionne une machine fixe ; chaque voiture prend son mouvement sur le câble, en s'y accrochant par un appareil à mâchoires mobiles que l'on nomme le *grip* et qui glisse dans une fente ménagée à la partie supérieure du caniveau.

Les châssis des voitures de tramways sont montés, suivant les cas, sur deux essieux parallèles, sur deux essieux pouvant prendre des positions radiales ou enfin sur des bogies à un ou deux essieux. A la suspension du châssis sur les boîtes à graisse s'ajoute souvent une suspension de la caisse sur le châssis, parfois avec un ressort intercalaire.

Le modèle sans « impériale » avec plates-formes extrêmes recevant des voyageurs debout est celui qui paraît avoir généralement la préférence. Parfois, — et c'est une disposition qui nous est venue des Etats-Unis, — une plate-forme centrale, bien abritée, remplace ou complète les plates-formes extrêmes. Quelques voitures « de remorque » ont les parois latérales amovibles, de façon à pouvoir s'ouvrir pour le service d'été.

Le *chauffage* est réalisé soit au moyen de chaufferettes mobiles dans lesquelles on fait se consumer des briquettes d'agglomérés, soit par une circulation de vapeur, soit par l'échauffement de « résistances électriques » que traverse une dérivation du courant électrique moteur.

L'*éclairage* se fait au moyen de lampes diverses analogues à celles en usage dans les chemins de fer et de lampes à incandescence dans les systèmes électriques.

Le *freinage* s'opère au moyen de freins énergiques et susceptibles de procurer un arrêt rapide, freins électriques, freins à vis avec sabots multiples, freins automatiques à air comprimé et freins à main commandés par une vis ou par une chaîne qui s'enroule autour de la tige de la manivelle. Le fonctionnement des tramways est plus ou moins intense suivant les régions.

En France, notre moyenne d'intervalle des départs est de onze minutes dans les petites villes ; elle arrive à cinq minutes et demie dans les villes dépassant 200 000 habitants, et elle est de sept minutes et demie pour le réseau total des tramways de Paris et du département de la Seine.

Or, on sait que la vieille et juste formule des « transports en commun » est que « le mouvement appelle et encourage le mouvement ». En partant fréquemment, les voitures suscitent les voyageurs ; comme conséquence, une entreprise de tramways ne peut être fructueuse qu'à la condition de faire sortir et rouler ses voitures « à jet continu ».

Cela est particulièrement aisé pour les tramways mécaniques en général et surtout pour les tramways électriques.

Assurément, dans la première période de fonctionnement d'une ligne de tramways mécaniques destinée à un trafic intensif, il faut se résoudre à lancer de nombreuses voitures sur les rails pour ne transporter presque personne ; les passants s'en moquent et font des plaisanteries faciles. Mais, un beau jour, un peu pressés ou un peu fatigués, ils prennent la voiture : le tramway les a conquis.

Pour ce qui concerne « l'intérêt général », il est d'une incontestable utilité que l'on circule beaucoup en tramway ou dans les véhicules de transport en commun pourvu que leur allure soit rapide : c'est un des incontestables avantages des chemins de fer métropolitains électriques, de celui de Paris entre autres. Les gens qui circulent et se démènent ainsi, étant plus rapidement portés d'un endroit vers un autre, augmentent *leur ren-*

dement personnel, puis la totalisation, *l'intégration* de ces petites augmentations apportent un appoint précieux au bénéfice total du rendement d'ensemble fondé, en somme, sur la solidarité.

Il convient, au point de vue philosophique, de considérer la lenteur et l'immobilisation à notre époque affairée comme de très graves défauts. Pour prendre une comparaison matérielle élémentaire, le progrès de l'industrie moderne peut s'évaluer, se mesurer dans son ensemble par l'augmentation de vitesse moyenne du piston dans les cylindres des machines à vapeur. De même, la prospérité d'une agglomération humaine se mesure à l'augmentation de son mouvement, c'est-à-dire, en somme, de son activité.

SIXIÈME CONFÉRENCE

Transports maritimes.

L'ancien « packet-boat » et le paquebot transatlantique moderne. — Du *Britannia* de 1840 au *Lusitania* de 1907. — Les chaudières, les machines, les installations mécaniques. — La turbine à vapeur succédant à la machine à vapeur. — Le confort moderne dans les « villes flottantes » : les ascenseurs à bord. — Comment on gouverne les géants des mers. — La vitesse de 25 nœuds à l'heure réalisée.

Lorsque l'on voit sortir des jetées d'un de nos grands ports de mer un de ces superbes steamers transatlantiques qui ressemblent, en vérité, à des villes flottantes, on contemple un des plus beaux progrès que l'industrie humaine et l'ingénieuse audace des mécaniciens aient réalisés.

En 1816, c'est une ligne de paquebots à voiles, la ligne de « la Boule-Noire », qui fit les premières traversées régulières entre l'Europe et les Etats-Unis. Ses points extrêmes étaient Liverpool et New-York, et ses traversées demandaient entre *vingt-trois* et *quarante jours*.

Des entreprises analogues se produisirent. En 1822, Francis Depau inaugura une ligne de transports transatlantiques à départs réguliers entre la France et les Etats-Unis. Vers 1850, la durée de la traversée descendait à quatorze ou quinze jours, ce qui, avec des voiliers, était un résultat vraiment remarquable.

C'est à cette époque que les *clippers* venant des Indes et des Etats-Unis firent leur apparition. Ces beaux navires à voiles de près de 100 mètres de long, de 15 mètres de largeur, effilés, gracieux atteignaient plus de 5 000 mètres carrés de surface de voiture. On eût dit de grands oiseaux de mer, et quelques-uns d'entre eux filaient avec des vitesses de 14 nœuds, soit près de *26 kilomètres* à l'heure pendant des journées entières, résultat dont se féliciteraient actuellement encore nombre de navires de commerce à vapeur.

Mais la marine à vapeur commençait précisément, à ce moment, à affirmer sa suprématie et à se faire apprécier par la certitude de sa marche indépendante du vent. Les beaux clippers ne purent atteindre à l'avenir brillant qui leur eût été réservé sans cela. En 1867, la marine à voiles ne comptait plus guère pour les services importants que des clippers naviguant vers l'Australie, l'Inde et la Chine.

Cependant, les grands navires à voiles, en ce qui concerne le transport des marchandises, ont eu un regain de faveur vers la fin du XIX⁰ siècle avec les flottes commerciales composées de navires en fer ou en acier, munies d'apparaux à vapeur pour les grosses manœuvres et la manutention des cargaisons : Les superbes quatre-mâts dunkerquois, de la maison Ant. Dom. Bordes et fils, ont 100 mètres de longueur et une « portée en lourd » de 5 000 tonnes.

Rien n'est plus gracieux que ces magnifiques voiliers ; ils sont un témoignage remarquable du progrès des constructions navales.

Le remplacement du bois par le métal dans la construction des navires devait permettre aux constructeurs de varier leurs formes et de les adapter peu à peu à celles que devait nécessiter la navigation à vapeur. Le poids de la coque, qui, avec le bois, ne s'abaissait guère au-dessous de 45 à 50 p. 100 du déplacement, descendit à 35 p. 100 environ.

Tout d'abord, les constructeurs copièrent la structure des navires en bois et donnèrent à la coque la rigidité voulue à l'aide de membrures transversales. Scott Russel fit faire un pas énorme au progrès en imaginant le *système longitudinal* et en l'appliquant au *Great-Eastern*, au premier des transatlantiques à vapeur géants : ce bâtiment, déjà colossal, et qui a été démoli il y a seulement quelques années, avait 207 mètres de longueur, 25 mètres de largeur et 18 mètres de creux.

Le système longitudinal consiste à chercher la rigidité dans des *lisses* disposées longitudinalement et capables de résister à des efforts de flexion considérables. Il reçut une consécration véritablement éclatante pendant les dures épreuves auxquelles fut soumis le *Great-Eastern* pendant ses navigations. Néanmoins, les constructeurs lui préférèrent le « système mixte », lequel se prête mieux à toutes les circonstances.

Un fort important progrès a été le remplacement du *fer* par l'*acier* dans la construction des navires. Il est dû à l'ingénieur des constructions navales de Bussy, de la marine française, et il est venu d'autant mieux à son heure que le perfectionnement de la métallurgie permet d'obtenir l'acier à des prix satisfaisants; sa résistance, jointe à l'homogénéité et à une élasticité parfaites, a permis de réduire le poids des coques et d'accroître leurs dimensions. Il a une autre qualité : c'est d'être plus malléable que le fer et d'atténuer ainsi les avaries provenant des échouements et des abordages. A la vérité, l'eau de mer le corrode davantage, mais c'est surtout une question de bon entretien.

Les machines des steamers. — Les machines motrices des steamers doivent satisfaire à des conditions mécaniques spéciales qui les font différer des machines à vapeur adoptées aux autres applications de la force motrice.

Elles doivent être aussi légères que possible, peu encombrantes, afin de laisser le plus possible de place disponible pour les voyageurs et pour la cargaison.

Cependant, leur base ou « empattement » doit être assez large pour ne pas déformer la coque lorsque la machine est lancée aux grandes vitesses et assez rigide pour rester indépendante des déformations qui peuvent provenir d'autres causes.

On donne donc à ces machines, par rapport à celles qui fonctionnent à terre un *excès de solidité* en modifiant certaines de leurs dimensions : cela est indispensable pour éviter autant que possible les *vibrations* de la coque, lesquelles ont pour conséquence des interruptions de service en cours de route et des réparations.

Il va sans dire que la confection des pièces des machines marines est tout à fait soignée, car on les répare difficilement en mer, et que l'on emploie pour les fabriquer des matériaux de la meilleure qualité.

Une préoccupation principale guide l'ingénieur naval : « économiser le charbon », c'est-à-dire économiser la vapeur à haute pression, à large détente et à condensation. Cette obligation s'impose tout particulièrement pour les longues traversées, car alors les approvisionnements à embarquer sont très importants : chaque tonne de charbon que l'on peut éviter de prendre au départ donne en bénéfice non seulement sa propre valeur, mais aussi, chose qui a souvent plus de prix encore, le montant du fret de la marchandise qui sera embarquée à la place du combustible économisé.

Il est aisé de comprendre que cette condition de

réduire le poids et l'encombrement des machines marines s'accorde mal avec celle d'y utiliser la vapeur économiquement. En effet, les moteurs les plus légers sont ceux qui fonctionnent à très haute pression et à très grande vitesse, sans détente ni condensation, tandis qu'au contraire, les moteurs économiques fonctionnent à pression moindre, avec une grande détente, à condensation et à vitesse plus faible.

On ne peut pas donner une solution unique et absolue du problème. Suivant le cas qui lui est soumis, en mettant en ligne de compte les nécessités spéciales de tel ou tel service, l'ingénieur naval adapte l'organe moteur au besoin signalé.

Jusqu'en 1840, les machines à vapeur de navires étaient exclusivement à basse pression, c'est-à-dire qu'elles fonctionnaient à moins d'une atmosphère et demie de pression totale. Puis on arriva à deux, deux atmosphères et demie.

Les difficultés pratiques provenaient de ce fait qu'en augmentant la pression, on augmentait les incrustations des chaudières par l'eau de mer employée à leur alimentation. Le condenseur par surface de Hall, imaginé en 1832, et « l'alimentation monohydrique » en diminuant les incrustations permirent de marcher aux fortes pressions initiales et de pousser très loin la détente sans avoir à redouter les incrustations.

Dès lors, apparurent les machines Woolf, les machines compound à réservoir intermédiaire et à cylindres indépendants, puis le type à trois cylindres créé par le célèbre constructeur Benjamin Normand, du Havre, et appliqué à la marine militaire par Dupuy de Lôme.

Benjamin Normand, allant plus loin encore, faisait breveter en 1871 la machine à *triple expansion*, dont la détente se fait dans trois cylindres successifs. John Elder les propagea en Angleterre dès 1874, mais nos constructeurs français ne les adoptèrent guère que vers 1889. A cette époque, l'Angleterre abordait la *quadruple expansion*. Bientôt après, apparaissait le moteur nouveau dont l'avenir est considérable et que nous allons trouver dans tous les grands steamers actuels, dans les puissants « lévriers des mers », la *turbine à vapeur*, puissante, légère, de dimensions restreintes ; son fonctionnement silencieux et continu, l'extrême souplesse de son allure qui diminue les vibrations en font un moteur de navigation de premier ordre.

C'est la *turbine à vapeur Parsons*, la plus ancienne en date, — relativement, — car elle date de 1884, qui est la plus employée jusqu'à présent.

Un peu après elle, en 1889, apparaissait la *turbine à vapeur de Laval*, dont la première installation date de 1892. Cette turbine, par suite de sa grande vitesse de rotation, ne peut guère dépasser la puissance de quelques centaines de chevaux, alors que l'on construit couramment les turbines Parsons de *10 000 chevaux de puissance*.

En 1896, a été construite, en France, la turbine multicellulaire Rateau, puis sont venues les turbines Curtis, Westinghouse, Zoelly, Schulz, Riedler-Stumpf et Bréguet à disques de Laval.

C'est tout un outillage nouveau et puissant qui trouve dans la marine non moins que dans les installations sur terre les plus intéressantes applications.

Le développement, si rapide dans ces dernières années, des turbines à vapeur correspond, en effet, à des besoins réels ; mais il n'a été rendu possible que par les progrès réalisés tant dans la connaissance des lois physiques d'écoulement de la vapeur que dans celle de la thermodynamique en général ; en même temps, la métallurgie fournissait les métaux de grande résistance qui étaient nécessaires.

On peut dire que la turbine à vapeur, qui fut fort discutée à ses débuts, est venue à son heure ; car il devenait extrêmement difficile, sinon impossible, de perfectionner la machine à vapeur sous sa forme de *moteur à piston*. Le piston, avec son mouvement alternatif, ayant pris de grandes vitesses, poussé par des pressions de vapeur intenses, devenait, dans ses cylindres, un véritable et dangereux projectile. La transformation du mouvement alternatif en *mouvement circulaire continu* s'imposait donc et la rotation était indiquée. Cette transformation est, d'ailleurs, une nécessité du progrès de la mécanique que l'on retrouve dans toutes ses applications successives.

Pour en revenir à la machine à vapeur, malgré les améliorations d'économie qu'a apportées à son fonctionnement l'emploi de la condensation, des pressions de plus en plus fortes (certaines locomotives fonctionnent à 16 kilogrammes de pression), de la détente en cascade dans les cylindres multiples, de l'enveloppe de vapeur, des vitesses de rotation de plus en plus considérables et enfin de la surchauffe, la machine à vapeur présente de si nombreuses pertes mécaniques et pertes de chaleur que son utilisation est toujours relativement faible. La turbine à vapeur a un fonctionnement plus satisfaisant sous une de ses formes actuelles.

Le propulseur. — La turbine à vapeur permet tout particulièrement l'usage comme propulseurs des *hélices multiples* qui sont la réalisation la meilleure de la propulsion.

La découverte de l'hélice qui succéda aux roues à aubes est due à Smith, de Middlesex, lequel commença par encadrer horizontalement à l'arrière du navire une vis d'Archimède en bois faisant deux révolutions complètes. Un accident ayant amené la rupture d'une des révolutions de la vis, il constata que le navire n'en mar-

chait que mieux; ce fut pour lui un trait de lumière,
car il conçut immédiatement l'hélice à ailes séparées
qui est usuelle actuellement. Entre autres avantages,
l'hélice a, sur les roues à aubes, celui d'être entièrement
immergée et d'avoir son axe assez bas pour ne sortir
de l'eau que dans des conditions de tangage exception-
nelles ; elle agit mieux aussi que la roue à aubes pendant le roulis.

Les hélices se font à deux ou quatre ailes placées à
90 degrés. Divers progrès ont été réalisés depuis l'origine : la surface hélicoïdale, notamment, a subi des
réductions successives, et l'on est arrivé à des rapports
plus convenables entre le *pas* et le *diamètre*.

De plus, on a combiné les « hélices jumelles ». C'est
vers 1862 que le système des hélices jumelées a été pro-
posé en Angleterre. Ses adversaires lui reprochaient,
sans motifs plausibles, de nécessiter des mécanismes
moteurs trop compliqués; on ne l'admettait guère que
pour les navires à faible tirant d'eau et à grande
vitesse; les turbines à vapeur, venant à la rescousse des
belles machines marines, devaient montrer l'exactitude
des conceptions des précurseurs. Ce système permet, en
effet, de fractionner la force motrice et de rendre rare
le dangereux accident d'une immobilisation du navire
par avarie à la machine; il se prête à l'établissement,
suivant l'axe, d'une cloison étanche, c'est-à-dire à une
amélioration sérieuse du cloisonnement de sécurité;
enfin, il facilite l'évolution dans de petits espaces.

Désormais, nous allons trouver les hélices jumelées
et multiples dans toutes les unités navales de combat,
comme dans tous les superbes steamers à grande vitesse
qui se disputent sur les mers « le record » des traversées rapides.

Un grand transatlantique actuel. — Après avoir
donné un souvenir reconnaissant aux créateurs des pre-

miers transatlantiques, nous allons visiter un de ceux qui résument, en quelque sorte, à l'heure présente, la puissance et le progrès.

Saluons donc, tout d'abord, le *Great-Eastern*, actuellement disparu, qui fut l'ancêtre des grands lévriers des mers. Commencé au printemps de 1854, il fut lancé en 1858 ; son coût total dépassa vingt-deux millions de francs. Son constructeur fut le remarquable ingénieur français Brunel qui devait construire aussi le premier tunnel sous la Tamise.

Le *Great-Eastern* n'eut, sans doute, que le tort de venir trop tôt avant que l'on disposât des moyens mécaniques nécessaire pour mouvoir pratiquement d'aussi énormes masses ; mais il fut un superbe précurseur.

Il avait 210^m,91 de longueur et son tirant d'eau était de 7^m,90, ce qui suffisait à lui interdire l'entrée de presque tous les ports à son époque. Son déplacement « en lourd » était de 32 000 tonnes. Pour réaliser la vitesse, fort belle en 1858, de 14 nœuds 1/2, soit près de 27 kilomètres à l'heure, il avait fallu le munir d'une machine à hélice avec 6 chaudières, 72 foyers et 3 cheminées, et une machine à roues comportant 4 chaudières, 42 foyers et 2 cheminées. Cette double machinerie, qui ne représentait, seulement, que 8 000 chevaux-vapeur, tenait, dans le navire, une place énorme et consommait des monceaux de combustible pour n'arriver, en somme, qu'à un résultat assez médiocre, en raison de l'utilisation insuffisante de la chaleur. La consommation de charbon était, en effet, de *300 tonnes* par jour pour les *8 000 chevaux* du *Great-Eastern*. Or, le *Lusitania*, le transatlantique moderne dont nous allons parler, ne consomme que 1 000 tonnes de charbon par jour pour produire *70 000 chevaux* de puissance. La relation entre les chaudières et les machines a, comme on le voit, beaucoup changé.

La Métropole du charbon : Newcastle-on-Tyne.

(Cliché Pictorial Agency.)

Il y a eu, d'ailleurs, modification de cette relation, par suite des variations qui se sont produites dans la forme des machines.

Les machines *à balancier* du début, ces grands et imposants appareils, d'apparence architecturale, pesaient 700 kilogrammes par cheval et consommaient entre 2 k. 5 et 3 kilogrammes de charbon par cheval indiqué.

Vinrent ensuite les machines *à connexion directe*. Lors de leur adoption, le poids s'abaissa ; mais la dépense de charbon resta la même, car ce que l'on réalisa, ce fut l'augmentation du nombre de tours et celle de la pression.

L'adoption de l'hélice comme propulseur permit aux machines en fonctionnant à haute pression de réduire leur poids par cheval à 220 kilogrammes avec une consommation de charbon de 1 k. 8.

Avec la triple expansion, la dépense de combustible s'abaissa à 700 grammes environ par cheval.

Enfin, pour les machines à grande vitesse, les constructeurs, en portant le nombre de tours à 130 et 150 par minute et en fonctionnant à haute pression, abaissèrent le poids à 80 kilogrammes par cheval.

Montons à bord du *Lusitania*, de ce formidable paquebot de la Compagnie Cunard qui, sur le trajet de Queenstown à Sandy Hook, disputera, avec le *Mauretania* du même type, le « record de la vitesse » aux transatlantiques allemands.

C'est en 1840 que la Compagnie Cunard a commencé un service régulier de Liverpool à New-York avec le *Britannia*, paquebot à roues, qui faisait la traversée en 14 jours à la vitesse moyenne de 8 nœuds 1/2 et avec une machine de 710 chevaux indiqués.

Depuis lors, les « records » se sont établis ainsi que l'indique le tableau ci-après :

9

Date du record	NOM DU NAVIRE	TRAVERSÉE	Temps de la traversée	Vitesse moyenne (nœuds)	Plus longue distance parcourue en 24 heures (milles)
1840	Britannia	Liverpool à New-York	14 jours	8,05	—
1862	Scotia	Liverpool à New-York	8 jours 22 h.00 m.	13,00	—
1884	Servia	Queenstown à New-York	7 jours 10 h.47 m.	17,00	—
		New-York à Queenstown	6 jours 23 h.57 m.	17,05	—
1884	Orégon	Queenstown à New-York	6 jours 10 h. 9 m.	18,02	—
1884	America	New-York à Queenstown	6 jours 16 h.59 m.	18,00	—
		New-York à Queenstown	6 jours 14 h.18 m.	18,00	—
1886	Umbria, Etruria	Queenstown à New-York	6 jours 1 h.44 m.	19,03	501
		New-York à Queenstown	6 jours 3 h.12 m.	19,01	—
1889	Paris, New-York	Queenstown à New-York	5 jours 14 h.24 m.	20,07	530
		New-York à Queenstown	5 jours 19 h.57 m.	20,01	—
1904	Campania, Lucania	New-York à Queenstown	5 jours 7 h.23 m.	21,82	562
		Queenstown à New-York	5 jours 8 h.38 m.	22,01	533
1901-02	K. Wilhelm der Grosse	Cherbourg à Sandy-Hook	5 jours 15 h.20 m.	22,81	580
		Sandy-Hoook à Plymouth	5 jours 10 h.00 m.	23,00	553
1902-03	Deutschland	Cherbourg à New-York	5 jours 11 h.54 m.	23,15	—
		New-York à Plymouth	5 jours 7 h.38 m.	23,51	601
1901-02	Kronprinz Wilhelm	Cherbourg à Sandy-Hook	5 jours 11 h.57 m.	23,09	581
		Sandy-Hook à Plymouth	5 jours 8 h.18 m	23,47	561
1904-06	Kaiser Wilhelm II	Cherbourg à Sandy-Hook	5 jours 12 h.44 m.	23,12	583
		Sandy-Hook à Plymouth	5 jours 8 h.16 m.	23,58	564
1907	Lusitania	Queenstown à New-York	4 jours 19 h.52 m.	23,99	617
1907	Provence	Le Havre à New-York	6 jours 1 h.12 m.	22,08	—

COMPAGNIE CUNARD

Tableau des perfectionnements, ou, caractéristiques, apportés à sa flotte

	NOM DU NAVIRE	Date	Déplacement	Pression de vapeur	Puissance en chevaux	Vitesse en nœuds	Charbon par cheval-heure	Charbon nécessaire pour traverser l'Atlantique
				kg. gr.			kg. gr.	
A roues ⎰	Britannia	1840	1 200	0,600	710	8,5	2,300	570 tonnes
⎱	Persia	1856	2 500	2,300	3.600	13,1	1,700	1 400 —
A 1 hélice ⎰	Gallia	1879	4 000	5,250	5.000	15,5	0,850	836 —
⎱	Umbria	1884	10 500	7,750	14.500	19	0,850	1 900 —
A 2 hélices ..	Campania	1893	18 000	11,500	28.000	22	0,725	2 900 —
A 4 hélices ..	Lusitania	1907	38 000	14,000	68.000	25	0,650	5 000 —

Nous donnons dans le tableau annexé les caractéristiques des perfectionnements apportés aux paquebots de la *Cunard Line*.

Le *Lusitania* a 225 mètres de longueur et 26 mètres de largeur; sa profondeur de la quille au pont est de 24 mètres dont 12 sont encore hors de l'eau lorsque le navire est en charge.

Ses quatre machines développent, ainsi que nous l'avons dit, une puissance totale de 70 000 chevaux et ses cheminées atteignent 48 mètres de hauteur. Si l'on considère que le travail continu d'un *cheval-vapeur* équivaut pratiquement au travail dans les mêmes conditions de *trois chevaux en chair et en os*, on voit que, dans les chaudières grondantes du *Lusitania*, il y a à toute vapeur une cavalerie de *deux cent dix mille* coursiers, entraînant, dans une course folle à la vitesse de *quarante-quatre kilomètres et demi* à l'heure, la ville flottante qui s'élance sur l'Atlantique.

Le navire est divisé en dix étages dont les cinq supérieurs sont réservés aux passagers, lesquels peuvent être au nombre de 2 800 dont 550 de première classe, 500 de deuxième classe et 1 300 de troisième classe.

L'équipage comprend, en outre, 26 officiers et 874 maîtres, matelots, chauffeurs, mécaniciens, cuisiniers, garçons et femmes de service.

C'est, au total, une véritable population. Pour en faciliter les mouvements entre les étages, 11 ascenseurs, monte-charges et monte-plats mus électriquement ont été installés.

Deux d'entre les ascenseurs sont réservés aux passagers, portent une charge de 500 kilogrammes et fonctionnent à la vitesse de 75 centimètres par seconde. Deux autres, servant au transport des bagages, portent 1 000 kilogrammes et leur vitesse est de 50 centimètres par seconde ; celle des éjecteurs d'escarbilles est de

Turbine ouverte de 675 HP, de la **Compagnie Électro-Mécanique du Bourget.**

1 mètre par seconde. L'ensemble de ces appareils exige une force motrice de 33 chevaux-vapeur.

La *sécurité du navire* est assurée mécaniquement par une subdivison de la coque en 175 « compartiments étanches » qui doivent le rendre insubmersible.

Il y a, d'abord, un grand cloisonnement transversal, lequel est complété dans toute la partie centrale par les cloisons longitudinales des soutes à charbon qui règnent sur plus de la moitié de la longueur du navire et par celles qui séparent en trois compartiments la chambre des machines.

Les portes des cloisons étanches sont toutes actionnées hydrauliquement. Un collecteur d'*eau sous pression* fait le tour complet du navire; la pression y est maintenue par deux « pompes duplex à vapeur » placées dans la chambre des machines et fonctionnant constamment, sans trêve ni répit, pendant toute la traversée. De ce collecteur part un branchement, lequel aboutit à une valve placée au-dessus de la « chaufferie-avant » et qui sert à envoyer la pression dans un petit « collecteur de fermeture » lequel dessert toutes les portes des cloisons. Cette valve se manœuvre de la passerelle de commandement.

Les portes sont du système « à coincement », les unes horizontales, les autres verticales; chacune d'elles est actionnée par un cylindre hydraulique muni de deux pistons reliés par une crémaillère, laquelle engrène avec un pignon porté sur un arbre transversal; cet arbre porte lui-même un pignon qui entraîne la crémaillère fixée à la porte.

Un tableau lumineux installé dans la « chambre de veille » indique à tout instant au commandant quelles sont les portes ouvertes ou fermées.

Le *chauffage et la ventilation* d'un énorme bâtiment de ce genre sont plus difficiles encore à réaliser que lorsqu'il s'agit d'un grand édifice à terre. C'est au moyen des *thermo-tanks* ou *thermo-réservoirs* que le problème est résolu pour le *Lusitania* et pour ses congénères.

Ces appareils sont destinés à fournir à toutes les parties habitées du navire une quantité d'air pur suffisante, non seulement chauffée au degré voulu pour l'hygiène, mais encore et aussi convenablement humectée pour éviter la sécheresse.

Le *thermo-tank* consiste en un ventilateur actionné par un moteur électrique ; il prend l'air pur au dehors et il le refoule autour d'un faisceau de tubes réchauffeurs ; l'air échauffé se rend aux conduites principales de distribution. L'évacuation de l'air vicié des locaux ventilés se fait par des ouvertures spéciales rattachées à une canalisation générale. Deux valves servent à régler l'une la température, l'autre le débit de l'air. Le réchauffeur est alimenté par la vapeur des chaudières à une pression réduite qui ne dépasse pas un maximum de deux atmosphères. En ce qui concerne l'humidification, elle se fait à volonté au moyen d'une valve spéciale par un jet de vapeur qui passe dans une couronne percée de petits trous autour du réchauffeur.

Les *thermo-tanks* du *Lusitania* sont au nombre de 49, disposés de façon à pouvoir aspirer ou refouler à volonté : en *un quart d'heure,* ils donnent dans les locaux une température déterminée, au lieu qu'avec les chauffages ordinaires à la vapeur il faut compter trois heures. Par ce système, l'air est renouvelé de six à huit fois par heure et la température maintenue est de 18 degrés centigrades au minimum.

Ajoutons que les thermo-tanks sont solidarisés, de telle sorte qu'en cas d'arrêt ou d'interruption de fonctionnement de l'un d'eux, les appareils voisins peuvent le remplacer.

L'*éclairage électrique* est assuré par une « station centrale » d'électricité que bien des villes envieraient ; elle
est disposée sur une plate-forme à l'arrière de la chambre
des machines et comprend quatre « groupes électrogènes » identiques de 375 kilowatts chacun à 110 volts ;
les moteurs de ces groupes électrogènes sont des turbines à vapeur du système Parsons tournant à 1 200 tours
par minute.

Pour mettre en action toutes ces machines à vapeur
qui se prêtent à de si multiples services, un énorme
appareil évaporatoire est nécessaire.

Nous trouvons, en effet, dans « la chaufferie » du
colossal navire, vingt-trois chaudières cylindriques
doubles, et deux simples, réparties en quatre groupes que
séparent des cloisons étanches.

La chaufferie de l'avant, placée dans la partie où les
formes du steamer se rétrécissent et s'effilent, contient
les deux chaudières simples affectées aux services spéciaux et trois « corps doubles » ; les trois autres chaufferies contiennent chacune six chaudières doubles placées
transversalement par deux groupes de trois.

Les chaudières doubles ont $5^m,34$ de diamètre et $6^m,70$
de longueur ; les « corps simples » ont le même diamètre, mais avec une longueur moindre. Les enveloppes
des chaudières sont en acier de grande résistance, et les
foyers « à ondulations » pour augmenter la surface
de chauffe. Il y a 192 foyers et l'on peut penser quelle
puissance de chauffe possède cet ensemble lorsque l'on
y engouffre la houille pour lancer le navire à toute
vapeur dans son « record de vitesse ». La *surface de
grille* sur laquelle brûle la houille est de *376 mètres
carrés;* la *surface totale de chauffe* est de *14 726 mètres
carrés*, près d'*un hectare et demi* de tôles d'acier
bouillonnantes.

Chaque chaufferie a une cheminée unique à section elliptique; la hauteur du sommet des cheminées au seuil des grilles des chaudière est exactement de 39m,65. Ce sont d'énormes cheminées dont la hauteur défie la plupart des cheminées d'usines; mais ce qu'on en aperçoit au-dessus du pont du navire n'en donne qu'une insuffisante indication.

Les « collecteurs de vapeur », qui reçoivent, pour l'envoyer aux machines motrices, le produit de cette ébullition, sont au nombre de quatre : chaque chaufferie en possède un. Ils vont tous aboutir à la cloison qui sépare les chaudières des machines; sur l'avant de cette cloison sont établies des soupapes d'arrêt qui peuvent se manœuvrer soit de la chambre des machines, soit du pont en cas d'accident.

Pour brûler la masse de houille projetée dans les foyers, on a recours au *tirage forcé*, à air chaud et cendriers clos, produit par des *ventilateurs de chaufferies*. Il y a, pour le service des chaudières du *Lusitania*, seize paires de ventilateurs tournant, avec un étonnant silence et sans vibrations, à 450 tours par minute. Ils sont mus électriquement par huit moteurs électriques de 50 chevaux sous un voltage de 500 volts. L'air est pris au niveau du « pont des embarcations ». Un geste de commandement dans la chambre des machines, et voici qu'une véritable tempête de vent se déchaîne dans les foyers.

Les *machines motrices* du navire sont, comme nous l'avons dit tout d'abord, des *turbines à vapeur* du type Parsons remplaçant le mouvement alternatif des pistons de machines à vapeur par le mouvement circulaire continu. Dans un grand compartiment au centre du navire sont installées deux turbines à *basse pression* et deux turbines de « marche-arrière » avec toutes les pompes. Dans les compartiments latéraux se trouvent les turbines à *haute pression* avec les condenseurs, les pompes à eau douce.

Les termes de *haute pression* et de *basse pression* montrent que ces beaux et puissants appareils *rotatifs* sont conjugués entre eux pour l'utilisation de la puissance d'expansion de la vapeur d'une façon analogue à celle avec laquelle elle est utilisée dans les *machines à cylindres compound* où la vapeur, après avoir agi à pleine pression dans des cylindres de petit diamètre, se *détend* et épuise autant que possible son énergie dans des cylindres de diamètre plus grand.

A l'arrière des locaux de turbines dans le *Lusitania,* dans des locaux séparés, nous trouvons les bouilleurs, les appareils distillatoires qui fourniront de l'eau douce en énorme quantité aux appareils évaporatoires, de façon qu'ils ne soient pas encrassés par les dépôts salins et les incrustations. Plus en arrière encore, viennent les quatre condenseurs de vapeur principaux et la « bâche d'alimentation », le grand réservoir où s'alimentent les chaudières. Enfin, viennent les pompes des condenseurs et les pompes de circulation.

Au-dessus de toute cette importante machinerie sont installés les « groupes électrogènes », dont nous avons parlé, fournissant la lumière électrique au navire.

Au-dessous, dans quatre *tunnels* (et ce sont bien des tunnels dans lesquels on circule sans cesse pour le graissage des paliers), passent les arbres des quatre hélices.

La commande des turbines est installée sur une plateforme à l'avant de la principale chambre des machines. C'est de là que le chef-mécanicien d'un coup de manette pourra mettre en mouvement, lancer à toute vapeur le terrible colosse au travers des vagues sur la grande houle de l'Atlantique, au sein même des plus terribles tempêtes. C'est un triomphe de la mécanique, de la volonté humaine sur les éléments.

Une des difficultés de fonctionnement des gros steamers de ce genre consiste à leur fournir l'*eau d'alimentation* nécessaire aux chaudières et qui ne doit pas les encrasser par des dépôts de sel et aussi l'*eau douce* nécessaire à tous les services du bord.

Il y a, à cet effet, dans le *Lusitania*, deux installations complètes, capables chacune de produire, par vingt-quatre heures, 4 500 litres d'eau potable, 3 800 litres d'eau douce pour la toilette et les bains, et 240 tonnes d'eau d'alimentation pour les chaudières.

Les *soutes aux vivres* sont sur l'arrière et occupent environ 400 mètres cubes. On y trouve une application fort intéressante des appareils frigorifiques sous la forme de deux groupes distincts de machines frigorifiques à acide carbonique, l'un destiné à la conservation des approvisionnements du navire, l'autre pour le transport des marchandises spéciales, telles que les viandes gelées ou refroidies, les fruits, les œufs. Le refroissement de tous ces locaux spéciaux est réalisé au moyen de serpentins dans lesquels circule une « saumure », c'est-à-dire une dissolution incongelable de sels chimiques.

Le *gouvernail* de ce géant est une des choses les plus imposantes que l'on puisse imaginer ; il pèse 58 tonnes et c'est lui qui maintient dans sa route, avec docilité, la masse flottante de 40 000 tonnes. C'est une vision fantastique que de se représenter la « barre de gouvernail » qui serait nécessaire et les proportions du colosse qui la ferait agir.

Dans la pratique, cette barre existe, mais elle est courte et sa manœuvre est effectuée par une puissante *machine à gouverner*. Cette machine est constituée par une pièce d'acier forgé, reliée par deux barres robustes à une traverse qui est clavetée sur la tête du gouvernail. Un moteur à vapeur du type « servo-moteur » à deux cylindres de 335 millimètres de diamètre avec une course égale agit sur une vis sans fin et sur un pignon. Le déplacement de barre, que l'on peut produire sur un secteur de 50 degrés d'ouverture, correspond pour le gouvernail lui-même à 35 degrés de chaque bord. Une « machine de secours », exactement semblable à celle dont nous venons de parler, est établie sur une plate-forme à l'avant de la barre; elle agit sur une chaîne dont les deux extrémités sont fixées à un prolongement de la barre. Chacune de ces machines peut exercer sur la tête du gouvernail une torsion de 378 tonnes-mètres; elles sont mises en action à distance au moyen d'un appareil nommé « telemotor ».

On peut s'imaginer avec quel soin est fait le montage des gouvernails de ces gros navires. Cependant, il leur arrive parfois des accidents; la puissance de la mer est telle sur tous les obstacles, qu'elle arrache dans certains cas ces masses d'acier, en brise les pivots, et alors le géant est au péril de la mer comme le serait le plus modeste navire, pis encore, car ses proportions mêmes jettent un défi à la tempête qui se rue contre lui. Le cas est toujours critique même pour les marins les plus expérimentés. Mais l'usage des hélices multiples fournit un moyen de salut. On a vu récemment un gros transatlantique allemand, qui avait perdu son gouvernail presque en plein Océan, gouverner grâce à un habile fonctionnement de ses deux hélices et parvenir à rallier le port par ses propres moyens.

Autre circonstance particulière. Il s'agit de jeter l'ancre en rade, de « mouiller ». Cette opération met en jeu une machinerie importante.

Les chaînes principales d'ancrage pèsent 125 tonnes et le fer de leurs maillons a 95 millimètres de diamètre; les « ancres de bossoir » pèsent *dix tonnes et demi* chacune. On les relève au moyen de cabestans ou guindeaux à vapeur, lesquels sont actionnés par des machines verticales à deux cylindres. Chaque machine commande un guindeau à axe vertical pour le halage des câbles en filin qui servent à amarrer le navire à quai. Deux autres cabestans sont installés à l'avant du navire, sur l'arrière des guindeaux, et commandés par des machines moins puissantes ; enfin, un groupe de quatre cabestans est établi à l'extrême arrière.

Les *treuils*, servant à hisser les embarcations, sont à commande électrique ainsi que ceux de chargement qui plongent les marchandises et les colis dans les profondeurs des cales et qui les en retirent.

Le « confort » à bord du navire. — La recherche du « confort », du « confortable » dans ces « villes flottantes » est tout à fait remarquable. Les cabines de première classe sont au centre du navire, réparties sur les quatre ponts les plus élevés et quelques-unes exceptionnellement sur le pont principal.

Les passagers de deuxième classe sont logés à l'arrière, où ils occupent une longueur de 45 mètres environ sur les mêmes ponts.

Les passagers de troisième classe, enfin, occupent l'avant du pont inférieur et du pont principal.

Les salons de réunion, les salons de lecture et de conversation, les fumoirs, les salons de dames, permettent aux passagers d'échapper dans une très large mesure aux inconvénients que l'on redoutait dans les anciennes traversées.

En outre des cabines, le navire comprend deux appartements de luxe complets composés de deux chambres à coucher, salon, salle à manger, office et cabinet de toilette installés sur le pont-promenade, puis un certain nombre de petits appartements composés de deux chambres avec cabinet de toilette. Si le roulis n'était

Turbo-alternateur biphasé de 1 400 kw., 2800 volts, 1 600 tours.

Ce turbo-alternateur est placé à côté de deux groupes électrogènes de 800 kw. chacun, avec machine à piston.

pas là pour faire souvenir les hôtes de ces appartements qu'ils sont en pleine mer, ils pourraient se croire logés dans quelque grand hôtel d'une des capitales modernes.

L'art trouve toute satisfaction dans le grand escalier placé exactement au milieu du navire et qui, sur une hauteur de plus de 13 mètres, dessert les quatre ponts sur lesquels sont répartis les logements.

Cet escalier part du pont principal où s'ouvrent les sabords d'embarquement ; entre ses deux « volées » sont établis les ascenseurs électriques réservés au service des passagers.

Les installations annexes des installations principales sont fort curieuses.

Il y a, au centre du navire, un bureau de renseignements auquel la plupart des cabines sont reliées par téléphone. On y trouve aussi une imprimerie qui publie un bulletin journalier contenant tout ce qui peut intéresser la « population » du navire. Jusqu'à une époque assez récente, en dehors des « faits divers » proprement dits qui se produisaient entre le ciel et l'eau, le Bulletin des transatlantiques ne contenait que des nouvelles du bord, non sans intérêt assurément, mais un peu toujours les mêmes.

La « télégraphie sans fil » a changé tout cela et elle a donné une place prépondérante et appréciée aux « informations ». Le Bulletin contient maintenant, à profusion, les dépêches reçues par le télégraphe sans fil, les *marconigrams*, comme on dit dans le nouveau langage. L'invisible « fil d'Ariane » des ondes électriques tient constamment le navire en relations avec les continents et nulle distance n'interrompt la conversation. Parfois, à la vérité, des importuns s'y mêlent ; le prestigieux télégraphe enregistre des dépêches qui ne lui étaient pas destinées. C'est comme en un salon où il y a nombreuse compagnie et où, à de certains instants,

plusieurs personnes parlent en même temps. Le télégraphiste du steamer en est quitte pour faire, en bon
rédacteur en chef de son Bulletin, un intelligent triage.
A l'arrivée, lorsque les passagers débarquent, c'en est
fini des étonnements, des exclamations, des surprises
heureuses ou fâcheuses de jadis. La politique, la finance,
la diplomatie ont suivi le navire dans sa marche et l'on
n'a plus, en abordant le quai, qu'à demander où les
choses en sont.

L'estomac du paquebot. — En dépit du mal de mer
dont tout le monde heureusement n'est pas atteint, bien
loin de là, les colosses maritimes ont de gros estomacs.

Les salles à manger du *Lusitania*, pour lesquelles
toute la largeur du navire est nécessaire, sont sur le pont
supérieur et s'étendent d'un bout à l'autre, celles des
premières classes au milieu, celles des deuxièmes à
l'arrière, celles des troisièmes à l'avant. La salle à manger des premières, qui est monumentale, a par surcroît
le luxe d'un second étage entourant le grand panneau
central au niveau du pont-abri. Tous les passagers
peuvent trouver place en même temps aux tables qui
occupent ces deux étages et une *nursery* est réservée aux
jeunes enfants.

« Le véritable Amphitryon est l'Amphitryon où l'on
dîne », a dit Molière dans sa célèbre comédie. A ce
titre, les grands transatlantiques sont de véritables et
réels amphitryons.

Nous n'avons pas les chiffres d'approvisionnement du
Lusitania. Mais voici ceux pouvant servir d'indication
d'un de ses rivaux de la ligne allemande *Hamburg Amerika Line*, le steamer *Amerika*, de 22 250 tonneaux de
jauge, ayant 210 mètres de long, 23 mètres de large et
16 mètres de creux. Ce colosse peut emporter 550 passagers de première classe, 300 de deuxième, 250 de

troisième, 2 300 émigrants et 600 hommes d'équipage. Sa vitesse de 18 nœuds lui permet de faire en sept jours la traversée de Cherbourg (où il fait escale au départ de Hambourg) jusqu'à New-York.

Or donc, voici ce que l'*Amerika*, lorsqu'il va prendre la mer pour une traversée, met à son bord pour la consommation de ses passagers et de son personnel ; notons bien que nous n'enregistrons que les approvisionnements d'une certaine importance auxquels il faut ajouter le tabac, les cigares, le sel, les épices, etc...

17 500 kilos de viande; 3 800 kilos de gibier et de volailles; 1 700 kilos de poisson frais; 140 kilos de poisson fumé; 3 800 kilos de fruits; 80 caisses d'oranges; 36 000 œufs; 6 500 kilos de pain frais; 1 100 kilos de légumes frais; 5 000 kilos de conserves de viande en boîtes; 2 000 kilos de bœuf et de porc salés; 2 700 kilos de jambon et charcuterie; 1 000 kilos de lard; 2 700 kilos de beurre; 2 500 kilos de margarine; 5 200 kilos de fromage; 28 000 kilos de farine; 8 200 kilos de riz et de légumes secs; 4 000 boîtes de conserves de légumes; 2 300 kilos de café; 500 kilos de thé; 1 900 kilos de sucre en pain; 8 000 litres de lait et de crème.

Comme liquides :

15 000 litres de bière; 1 200 bouteilles de bière; 900 bouteilles de champagne; 1 300 demi-bouteilles de champagne; 1 200 bouteilles de bordeaux et de bourgogne; 1 680 bouteilles de vin blanc; 3 500 bouteilles d'eaux minérales et 6 000 demi-bouteilles ; 950 bouteilles de whisky, gin, liqueurs, etc.

On voit que les passagers ne risquent nullement de souffrir de la faim ou de la soif pendant leur traversée.

Le Pactole à bord. — Les grands paquebots ont souvent des cargaisons extraordinaires par leur curiosité ou par leur valeur.

Ainsi, au moment de la crise financière des Etats-Unis, en novembre 1907, le *Lusitania* emporta, d'un seul coup, de Liverpool à New-York, 2 millions de livres sterling d'or, soit 50 millions de francs d'or, en barres et en espèces fournis par la Banque d'Angleterre.

En y ajoutant la valeur du navire, soit 32 millions de francs, les valeurs portées par les passagers et que l'on peut évaluer à 2 millions et demi, le prix de la cargaison, soit 2 millions et demi d'après les assurances, et les 200 000 francs de charbon nécessaires au fonctionnement, c'est plus de 87 millions de francs qui flottèrent sur l'Océan pendant la traversée.

Nous parlons de 200 000 francs de charbon, et ce chiffre s'explique assez aisément si l'on considère que le navire en brûle 5 000 tonnes au moins dans un voyage.

La progression dans la consommation a été considérable

Le *Britannia*, en 1840, avait 700 chevaux de puissance et brûlait 570 tonnes de charbon par traversée; le *Persia*, en 1856, arriva à 1 400 tonnes; le *Lucania*, en 1893, à 2 900 tonnes; voici, en 1907, le *Lusitania* arrivé à 5 000 tonnes : c'est dix fois la consommation du *Britannia*. Il est vrai de dire que le *Britannia* atteignait la vitesse maxima de 9 nœuds, soit 16 kilomètres et demi à l'heure, avec 115 passagers à son bord; le *Lusitania* emporte 2 350 passagers à la vitesse de 25 nœuds, soit 46 kilomètres à l'heure; cela explique pourquoi il lui faut alimenter ses 68 000 chevaux de puissance au lieu des 700 chevaux qui suffisaient à son ancêtre des mers soixante-dix ans auparavant.

Dispositions de sécurité. — En dépit de tant de perfectionnements, lorsque la mer est en furie, elle rend le

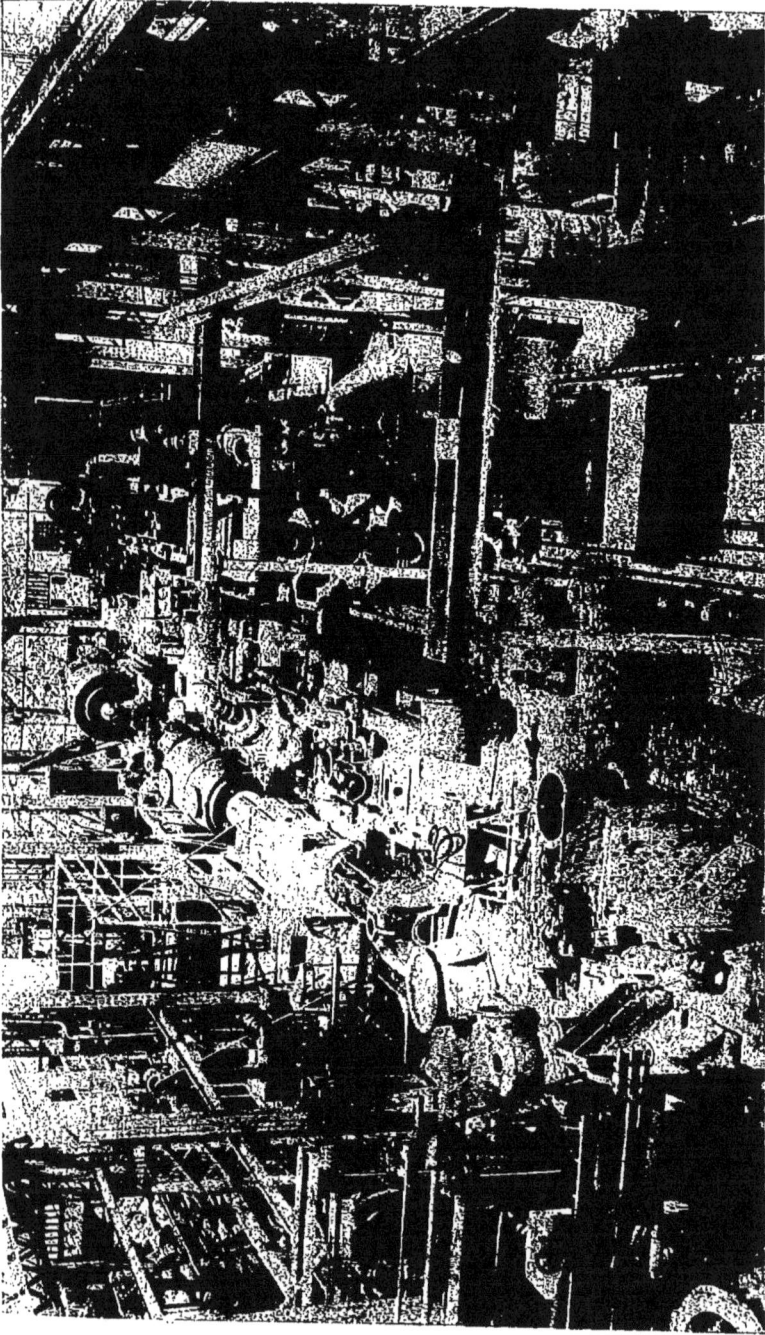

Vue de l'un des ateliers de montage à l'usine de la Compagnie électro-mécanique du Bourget.

séjour de ces beaux navires pénible et menace leur sécurité. On a pourvu à la sécurité au moyen des cloisons étanches dont nous avons, plus haut, indiqué le fonctionnement à propos du *Lusitania*.

Les inventeurs n'ont pas manqué d'exercer aussi leur imagination pour rendre les voyages moins pénibles pendant les gros temps.

Deux d'entre eux essayèrent un salon suspendu à la Cardan et pour assurer son équilibre y joignirent un mécanisme hydraulique redresseur que manœuvrait un mécanicien spécial. L'histoire, peut-être malicieuse, dit que le mécanicien, dans un moment de distraction, fit fonctionner son redresseur à contresens et mit tous les passagers du salon à l'épreuve de la « maison à l'envers ». Toujours est-il qu'il ne fut plus question du système.

Un système à double coque articulée paraissait plus pratique; néanmoins, il ne s'est pas répandu.

A l'Exposition de 1889, on vit le modèle d'un navire muni d'une « caisse à roulis » contenant de l'eau qui, lors du renversement des oscillations de la coque, devait continuer son mouvement en vertu de la puissance vive et diminuer l'amplitude des déplacements angulaires. Ce modèle n'a pas été réalisé en grand.

L'emploi du *gyroscope* aura peut-être plus de succès.

Récemment, M. Otto Schlick, ingénieur en chef du Lloyd, de Hambourg, a fait des expériences à ce sujet. Il met à profit la propriété que possède le gyroscope, gros « volant » articulé sur un axe et mis en rotation, de chercher à reprendre son « plan de rotation » horizontal lorsqu'une masse perturbatrice quelconque tend à l'en écarter. Un gyroscope de dix tonnes, d'après M. Schlick, « stabiliserait » un navire de 26 000 tonnes. Les essais pratiques diront ce qu'il faut penser finalement de ce système dont le principe mécanique est évidemment logique et intéressant.

SEPTIÈME CONFÉRENCE

Les industries
minières et métallurgiques

La houille : une mine de houille et son exploitation mécanique : fonçage des puits; transports dans la mine et hors
de la mine; extraction des produits; circulation des ouvriers; assèchement des travaux; ventilation; la préparation
mécanique des produits. — La métallurgie : comment elle
fournit à l'industrie et à la construction des machines les
fers, les aciers, les alliages, dont elles ont besoin ; le progrès
des alliages : leur rôle de plus en plus important.

Les industries minières et métallurgiques sont bien
certainement l'un des chapitres du labeur humain dans
lesquels l'art de l'ingénieur et celui du mécanicien
se sont exercés avec le plus d'activité dans la période
moderne.

Or, ces industries s'enchaînent littéralement dans leur
progrès.

En même temps que l'exploitation des mines fournissait en abondance et avec facilité le combustible, la
houille et le minerai, la métallurgie perfectionnait ses
méthodes, augmentait sans cesse la puissance de ses
moyens d'action. On ne peut voir sans admiration la

rapidité avec laquelle se sont développés les procédés de production de la fonte, du fer, de l'acier, lequel, lui-même, devait se ramifier en de nombreux alliages, possédant les qualités les plus diverses, les résistances les plus variées.

L'exploitation des mines et la métallurgie remontent aux débuts des agglomérations humaines ; elles apparaissent dès que l'homme, abandonnant ses armes et ses outils de silex, commence à se servir du bronze, puis du fer.

Le combustible végétal eût été dévoré bien vite même par les fourneaux métallurgiques du début et l'« Age du fer » eût été embarrassé de se procurer son métal, si la découverte des gisements de houille ne fût venue, à point nommé, fournir les moyens d'action nécessaires ; l'industrie minérale a donc préparé, par son outillage, le développement de l'industrie métallurgique.

Le temps n'est plus où la profession de mineur, considérée comme un châtiment, enfermait des condamnés dans de petites galeries creusées à peu de profondeur au-dessous du niveau du sol. Actuellement, c'est une profession honorable et dont vivent bien ceux qui la pratiquent. Certes, elle a ses dangers, mais quelle est la profession qui n'en présente pas ? De même que le marin, le mineur aime son métier et on ne lui en fait pas aisément changer.

L'exploitation des mines est devenue, d'ailleurs, d'une puissance et d'une beauté industrielles remarquables. C'est bien souvent à plusieurs centaines de mètres de profondeur que l'on va chercher les filons de houille. Il faut lutter contre l'invasion des eaux, assurer une énergique ventilation mécanique qui combattra le terrible grisou, installer des machines compliquées et puissantes pour introduire les mineurs dans la mine, pour les en faire sortir, et pour ramener au jour les produits de l'extraction. Dès qu'ils y sont amenés, commence toute une série d'opérations que l'on nomme la « préparation mécanique » et qui ont pour but de séparer la matière d'extraction utile et utilisable des matières stériles.

L'œuvre du mécanicien est-elle alors terminée? Non pas! Elle va recommencer dans le domaine de la métallurgie, laquelle avec la houille qui lui est fournie va extraire le métal des minerais, puis l'épurer, le façonner de telle façon qu'il réponde à tous les besoins constatés.

L'industrie minérale et métallurgique forme ainsi un ensemble complexe : elle comporte un programme qui a contribué d'une façon évidente au développement des sciences en général et de la mécanique en particulier.

C'est en vue de l'exploitation des mines que le Moyen-Age a combiné les premiers moteurs hydrauliques ; c'est dans le même ordre d'idées que les hommes de génie du XVIII° siècle contruisirent les premières machines à vapeur, lesquelles, par un merveilleux enchaînement, devaient desservir à la surface du sol, pour les transports, les voies ferrées imitant, en plus grand, les petites voies ferrées des galeries de mines.

Il a fallu extraire, entasser, préparer les minerais. Cela a fait naître et se perfectionner sans cesse les appareils de ventilation, de triage, de classement.

C'est ensuite à la métallurgie que la chimie a dû l'activité de ses efforts pour la pratique de l'analyse chimique dont devaient sortir tant de révélations.

Enfin, lorsque parut l'électricité, les mines et la métallurgie lui firent, tout aussitôt, non pas seulement bon accueil, mais encore appel : elles lui demandèrent la force motrice et la lumière. L'électrolyse des minerais et le four électrique devaient, en quelque sorte, couronner l'œuvre entreprise.

On est surpris et rempli d'admiration lorsque l'on

considère que cette évolution énorme de tant d'arts et d'industries n'a pas mis plus de soixante-dix ans à s'effectuer, et que la transformation radicale de tout cet important matériel ne date guère que de l'année 1875.

L'importance des combustibles minéraux; la production houillère. — Les combustibles minéraux se rangent en trois catégories : le *lignite*, la *houille*, l'*anthracite*. Ils sont tous d'origine végétale comme le montrent les empreintes de végétaux que l'on y découvre et ainsi que l'ont démontré des expériences *synthétiques*, lesquelles ont permis de transformer en *houille* des plantes ou du bois par l'action simultanée de la chaleur et de la pression.

L'extraction de la houille a débuté, d'une façon tout à fait élémentaire, vers le XIIIᵉ siècle. En 1800, la production britannique, qui était la seule importante, s'élevait à 10 100 000 tonnes.

Pour prendre des chiffres récents, nous trouvons comme production houillère totale du Monde :

En 1880. . . . . 325 010 000 tonnes.
En 1890. . . . . 508 745 000   —
En 1900. . . . . 763 910 000   —

Pendant cette période de vingt années, l'*augmentation proportionnelle* de l'extraction de la houille a été de :

301 pour cent aux Etats-Unis.
54   —   en Angleterre.
180   —   en Allemagne.
130   —   en Autriche-Hongrie.
72   —   en France.
38   —   en Belgique.
453   —   en Russie.

Cette progression du résultat de l'extraction caractérise, dans une très large mesure, la progression dans la perfection de l'outillage mécanique.

Arrivera-t-on, dans un avenir déterminable, à l'épuisement des richesses houillères accumulées dans le sol par l'action des siècles?

Si cette échéance doit se présenter, « les inventaires » que l'on a faits la montrent fort reculée. Vers 1860, le Parlement britannique fit procéder à une enquête nationale sous la direction de Sir Roderick Murchison, géologue notoire. En 1871, la Commission d'enquête déposa son rapport : il concluait à l'existence de *146 milliards 500 millions de tonnes* de houille dans le sous-sol de la Grande-Bretagne, ce qui, en partant d'une exploitation intensive de *250 millions de tonnes* par an, ne correspondrait qu'à une réserve de *586 ans*. A cette époque, l'extraction de la houille anglaise se trouverait ramenée à ce qu'elle était en l'an 1321.

Cela ne laisse pas de donner des préoccupations bien longtemps à l'avance, il faut en convenir.

Mais, dans la pratique, les prévisions actuelles de l'intérêt général doivent s'attacher moins à l'épuisement futur des bassins houillers qu'à un déplacement de ceux en exploitation : on en a un exemple magistral dans l'intervention de la houille américaine.

On peut aussi fonder de sérieuses espérances sur les ressources que fournira l'aménagement des chutes d'eau en vue de la production et de la transmission à grande distance de l'énergie électrique. La *houille blanche* vient, à point nommé, grâce à la science, à la rescousse de la *houille noire*.

Exploitation mécanique d'une mine de houille. — Faisons la visite d'une mine de houille et voyons par quels moyens l'art de l'ingénieur, en utilisant les ressources de la mécanique, arrache le charbon de ses filons, l'amène à des puits qui vont des profondeurs du sol jusqu'à la surface et les livre ainsi au triage qui sera suivi de l'expédition.

Les *géologues* avaient, tout d'abord, déterminé l'emplacement du gisement houiller en faisant l'étude des terrains et des couches de terrain superposées.

Puis ils ont effectué des *sondages* qui leur ont fourni des indications effectives. Les sondages vont jusqu'à 1 000 et 1 200 mètres de profondeur. Un grand travail de ce genre coûte 175 000 francs jusqu'à 1 000 mètres de profondeur, et 250 000 francs environ jusqu'à 1 200 mètres ; souvent, pour se renseigner exactement, il en faut effectuer plusieurs. Lorsque la découverte d'un beau gisement est faite, ces frais si considérables sont bien vite compensés.

Les *filons* de houille étant déterminés, on creuse, tout d'abord des puits pour les atteindre, ensuite des galeries transversales qui permettront l'*abatage* du charbon.

L'*abatage* se fait à la *pioche*, au *pic*, à la *pointerolle*, par le *feu*, par *l'eau* et par les *procédés mécaniques* que nous allons examiner.

Nous voyons intervenir les *perforatrices* par percussion et par rotation dont les *fleurets* d'acier creusent dans le filon des trous où l'on fera exploser des cartouches de poudres spéciales ou de dynamite. Ces perforatrices sont généralement *à air comprimé* ou *à vapeur*. Dans la dernière période sont intervenues les *perforatrices électriques*, munies de moteurs à courant direct qui sont à 110, 220 ou 500 volts, faisant 300 tours par minute. La puissance nécessaire est de *un demi-cheval* et l'on fore 1ᵐ,80 par minute dans le charbon d'une dureté moyenne en dépensant 1 kilowatt.

Viennent ensuite les *haveuses mécaniques* à air comprimé qui opèrent en faisant une saignée au bas de la couche de houille. Ce sont des sortes de pioches et de pics mécaniques. Une haveuse à pic, de modèle courant, coupe entre 15 à 30 mètres de filon en huit heures de travail et peut abattre 90 tonnes de charbon par jour.

Il y en a de plus puissantes. La *Sullivan*, haveuse électrique *à chaîne ripante* (c'est-à-dire déplaçable longitudinalement) et munie de griffes, découpe un *front de taille* de 50 à 60 mètres en huit heures sur une profondeur de $1^m,50$; son moteur électrique est de la force de 30 chevaux.

Lorsque l'on emploie l'*air comprimé* comme transmetteur d'énergie aux machines, il est produit au moyen de *compresseurs mécaniques* à pistons. Le rendement de la puissance transmise par l'air comprimé est de 33 p. 100 environ.

Le *soutènement* des galeries de mines, comportant le *boisage* et le *muraillement* se fait à main d'homme : « la machine » n'y intervient pas. Mais nous la trouvons dans le creusement des puits d'extraction qui sont, en somme, de gros sondages. On les garnit d'un revêtement que l'on nomme *cuvelage*.

C'est par ces puits que se fait mécaniquement l'enlèvement de la houille extraite et ce sont eux qui servent en même temps à la circulation du personnel ouvrier employé dans la mine.

Le transport à l'intérieur de la mine se fait aussi mécaniquement. La houille abattue est chargée dans des *wagonnets*, à la main s'il s'agit de gros morceaux, à la pelle lorsqu'il s'agit de morceaux moyens et de menus.

Les premières voies ferrées ont été, nous l'avons dit, établies dans les mines et elles témoignent du besoin que l'on éprouvait de transporter, d'une façon aussi peu pénible que possible, des quantités importantes de matières dans un seul trajet.

Des petits chevaux, de $0^m,90$ de hauteur au garrot, servent souvent de *tracteurs* dans des galeries qui n'ont pas plus de $1^m,10$ à $1^m,20$ de hauteur; leurs écuries sont dans la mine et lorsque le cheval y descend il n'en remonte plus que mort. Un *cheval de fond* de ce genre coûte entre 2 fr. 50 et 4 francs d'entretien, par jour, suivant les régions.

Les *chemins de fer de mines* proprement dits sont établis sur des *rails à patin* avec des traverses distantes d'environ 67 centimètres. Les courbes, de faible rayon, peuvent n'avoir que 10 à 15 mètres, et, lorsque les pentes dépassent 20 p. 100, on installe des plans inclinés sur lesquels on remorque les trains de wagonnets au moyen de câbles. Lorsque la voie s'y prête, on lui donne une pente telle que les wagons pleins, en descendant, servent à remonter les wagons vides.

D'une façon générale, les moyens mécaniques de traction sont les *locomotives*, les *machines fixes* avec *câbles* ou *chaînes*, les *câbles traînants* et les *câbles flottants*. Enfin, depuis 1882, les *locomotives électriques* ont fait leurs débuts miniers : elles peuvent remorquer à la vitesse de 14 kilomètres à l'heure des trains de 30 wagonnets contenant chacun une *demi-tonne* de houille ; le courant électrique absorbé est de 35 à 38 ampères et l'effort utile de 10 chevaux. On peut estimer le prix de revient par *tonne kilométrique* à 0 fr. 148 lorsqu'il s'agit de la traction par chevaux, et à 0 fr. 084 avec la traction par locomotion. La traction mécanique a donc d'incontestables avantages dès lors que les frais de premier établissement ont été faits.

L'*extraction de la houille* s'opère au moyen de machines qui enroulent et déroulent dans les puits des câbles portant des *bennes*. Ces câbles sont en aloès, en chanvre, en fil de fer ou d'acier ; on les fait ronds ou plats, mais le plus généralement plats et composés de plusieurs petits câbles ronds juxtaposés, avec la largeur décroissante d'une extrémité à l'autre afin d'équilibrer constamment le poids total.

Pour une extraction de 600 tonnes effectuée à la profondeur de 400 mètres dans une houillère bien installée, la dépense, par tonne élevée à 100 mètres, peut être évaluée à o fr. 0625 environ. Ce chiffre unitaire montre combien les exploitations à grande profondeur se trouvent immédiatement grevées dans leur prix de revient.

La forme et la section des *puits d'extraction* sont variables suivant le service auquel ils ont à répondre.

Pour les petites *bennes* de 1,5 à 3 hectolitres de capacité, on se contente du diamètre de $1^m,30$ à $1^m, 50$.

Les bennes de 8 à 10 hectolitres demandent un diamètre de $2^m,50$.

Pour les grandes extractions avec *cages guidées* dans lesquelles on charge les wagonnets de grosse capacité, le diamètre est généralement de 4 mètres.

Le « record du diamètre » de puits, en France, est détenu par les mines de Lens, qui ont un puits de $4^m,92$ de diamètre.

En Angleterre, on le trouve au grand puits de Navigation Colliery, près Aberdare, dont le diamètre est de $5^m,92$. Il contient deux machines d'extraction jumelles dans des compartiments séparés, une machine de service pour le personnel, et une machine d'épuisement pour les eaux.

La houille parvenue à la surface est soumise au tirage et au criblage mécaniques qui permettent de la nettoyer et de la classer.

La *circulation des ouvriers*, l'entrée et la sortie se font volontiers au moyen d'échelles mécaniques : l'ouvrier passe d'une échelle à l'autre en s'accrochant aux barreaux et il monte ou descend suivant qu'il a saisi telle ou telle période du mouvement de va-et-vient.

Mais on préfère, autant que possible, procéder à la *descente* et à la *remonte* des mineurs par les *tonneaux* ou par les *cages* d'extraction. Un *tonneau* peut recevoir de 5 à 10 mineurs et une *cage*, au lieu des wagonnets, de 6 à 24 mineurs. C'est un spectacle intéressant que de voir ces équipes de braves gens munis de leurs *lampes de sûreté* plonger dans le sol, à la descente, et en émerger ensuite, la besogne accomplie. Avec les *cages guidées*, une mine de 600 mètres de profondeur, produisant 500 tonnes par jour, avec 400 ouvriers « du fond », exige un temps total de 2 h. 30 pour la descente et la remonte de ce personnel.

L'*asséchement des mines*, l'épuisement des eaux de déversement, d'infiltration, de condensation, est un des problèmes mécaniques les plus importants de son fonctionnement, ainsi que la *ventilation*.

On peut toujours craindre la submersion des galeries et les dislocations résultant des infiltrations dans leurs supports et dans leur revêtement.

Aussi, lors du tracé des galeries, on a soin de leur donner une pente suffisante et une convergence étudiée de telle façon que les eaux se rendent à une *galerie d'écoulement* et à un *réservoir* dans lequel viennent puiser les *machines d'exhaure*. Ce sont de véritables rivières que l'on ramène ainsi à la surface.

L'épuisement se fait au moyen de *bennes* dans les petites mines. Mais dans celles qui sont importantes, on se sert de pompes à *pistons* ou *centrifuges*. Dans la pratique, l'épuisement de l'eau d'une mine ne donnant pas plus de 600 hectolitres en vingt-quatre heures, peut se faire par la machine d'extraction. Au delà, les machines spéciales s'imposent.

Les frais d'épuisement sont très variables. Pour un épuisement de 600 mètres cubes d'eau remontés de 400 mètres de profondeur, la dépense, par tonne d'eau élevée à 100 mètres, est *au minimum* de 0 fr. 05 par machine d'extraction et cages guidées, et de 0 fr. 03

avec une de ces belles machines à vapeur du type dit
« de Cornouailles » qui marchent à très grande détente
avec autant de puissance que d'économie.

L'accouplement direct des *turbines à vapeur* du système de Laval aux pompes centrifuges, a donné, dans
la récente période, de très beaux résultats. Avec des
formes et des dimensions appropriées et en utilisant les
vitesses vertigineuses des turbines, on peut obtenir, pour
une seule roue de pompe, des hauteurs d'élévation de
300 mètres et au-dessus.

La première application en France de ces pompes,
comme pompes d'épuisement, a été faite aux mines de
Lens

La turbine-pompe, pouvant élever 100 mètres cubes à
l'heure à 200 mètres, se compose d'une turbine de
150 chevaux effectifs actionnant directement une pompe
centrifuge *à haute pression* et, à l'aide d'un réducteur
de vitesse, une pompe centrifuge *à basse pression*. La
première, c'est-à-dire la pompe à haute pression, tourne
à *13 000 tours par minute;* celle à basse pression tourne
à *650 tours par minute*. La pompe à basse pression aspire
les eaux de la mine à 3 mètres environ et les refoule
avec une pression de 10 mètres environ à la pompe de
haute pression, laquelle les élève d'*un seul jet* à la surface. Ce jet d'eau formidable lancé du fond de la mine
à la hauteur de la Tour Eiffel est, en vérité, un spectacle de puissance mécanique impressionnant. On évite
ainsi, par surcroît, la complication des organes intermédiaires des pompes à pistons, complication qui se produit aux dépens du rendement final.

La *ventilation* et l'*aérage* des mines sont d'autant
plus essentiels que, dans ces atmosphères confinées,
peuvent se trouver, à un moment quelconque, des gaz
inflammables et explosifs en mélange détonant comme,
par exemple, le redoutable grisou. Le renouvellement de

l'air doit donc se faire d'une façon ininterrompue et avec une rapidité telle que la quantité d'un gaz nuisible quelconque, évacuée dans un temps donné, soit au moins égale à la quantité qui peut s'en développer dans le même temps.

On admet les chiffres suivants comme base :

Un ouvrier mineur doit disposer de 57 mètres cubes d'air frais par vingt-quatre heures ; chaque cheval dans la mine exige 170 mètres cubes d'air en vingt-quatre heures ; chaque lampe, 55 mètres cubes par vingt-quatre heures. Cela sert de base aux calculs des machines chargées de la ventilation ou ventilateurs que les mécaniciens ont fort perfectionnés.

Les procédés d'aérage des travaux souterrains sont d'origine fort ancienne, et, dès 1760, Spidding posait le principe de la subdivision du courant d'air.

Mais c'est depuis le milieu du XIXᵉ siècle que les *foyers d'aérage* primitifs ont cédé la place aux ventilateurs pour produire le courant d'air artificiel. Depuis lors, les machines d'aérage n'ont cessé de se multiplier en France, en Allemagne, en Angleterre, et l'on ne pourrait plus s'en passer dans les profondes exploitations actuelles.

En principe, toutes les machines soufflantes ou aspirantes sont susceptibles de servir à la ventilation pourvu qu'elles fassent circuler dans les galeries un volume d'air suffisant. Mais, en raison des conditions spéciales auxquelles est assujettie l'exploitation des mines, les machines utilisées dans la pratique se ramènent à un petit nombre de types et ce sont les ventilateurs à force centrifuge qui jouissent actuellement d'une faveur presque universelle.

Le ventilateur Guibal a été l'un des premiers types les plus appréciés ; puis sont venus — et nous ne citons

que les plus remarquables — le ventilateur centrifuge
Rateau et le ventilateur diamétral Mortier.

Dans les mines françaises, la ventilation générale est
complétée par des ventilateurs de petites dimensions
produisant un aérage local complémentaire. Ces appareils auxiliaires, primitivement actionnés à bras, le sont
maintenant par des moyens mécaniques; on est ainsi
prémuni contre les négligences qui pourraient se produire au cours du service.

Faut-il donner beaucoup d'air à la mine au point
de vue de la lutte contre le redoutable *grisou*? Les ingénieurs ont fort étudié et beaucoup discuté cette question.
Certains d'entre eux étaient opposés à un aérage trop
vif susceptible, disaient-ils, de véhiculer le dangereux
gaz, d'étendre la zone des explosions et d'ajouter au
péril de la teneur en gaz de l'atmosphère des galeries,
celui des fines poussières en suspension dont l'effet de
« cohérence » sur les gaz est plus connu qu'expliqué.
Finalement, c'est l'aérage intensif qui a prévalu : il
« noie les gaz » dès leur apparition; puis un arrosage
des galeries et des « fronts de taille » abat les
poussières.

Les mécaniciens ont largement répondu au programme qui leur était posé et la « formule de travail »,
d'après laquelle ils établissent leurs appareils, est la
suivante : « Le travail à développer dans les appareils
de ventilation est représenté par le chiffre du volume
d'air appelé de la mine, multiplié par la dépression
exprimée en millimètres d'eau. »

Les ventilateurs Rateau qui résolvent ce problème
sont des appareils où les molécules d'air qui les tra-
versent restent à une distance constante de l'axe. Dans
les ventilateurs diamétraux, les « trajectoires » des
molécules d'air sont successivement et alternativement
centripètes et centrifuges. Le *rendement* de ces appa-

reils est de 80 p. 100. Une précaution générale s'impose, dans tous les cas, pour la sécurité : c'est de *subdiviser le courant d'air général* en courants partiels entièrement distincts les uns des autres, aérant chacun un *quartier différent* de la mine et de *volume réglé* pour chacun d'eux au moyen de portes à guichets mobiles. Les courants partiels ne se réunissent que dans le puits de sortie d'air.

La *préparation mécanique* des charbons est une des préoccupations importantes des exploitants de mines de houille. Il s'agit d'offrir au consommateur les produits de l'extraction dans un état convenable, sous des formes commercialement convenues et même, en raison du contrôle de la chimie, avec des *teneurs* appropriées aux divers usages auxquels la houille devra se prêter.

La main-d'œuvre n'eût pu suffire à préparer ainsi les montagnes de houille que l'exploitation de plus en plus intensive apporte à la surface du sol. Mais les machines sont venues permettre l'effort continu, aussi puissant et en même temps aussi subdivisé que l'on peut le désirer.

Le *triage*, effectué au début sur des cribles fixes, se fait avec rapidité et précision sur des cribles mus mécaniquement, à barreaux mobiles ou à tôles perforées, dont les mouvements sont alternatifs, oscillatoires, ou, rotatifs sans chocs. Les charbons extraits sont séparés selon « les sortes » voulues ; souvent aussi on reconstitue pour tel ou tel usage, des mélanges de plusieurs « sortes ».

En ce qui concerne le *lavage*, la France a devancé l'Angleterre. Cela s'explique par la qualité souvent inférieure des houilles brutes extraites des gisements français ; il a donc fallu réaliser pour le consommateur une pureté de produits capable de soutenir la concurrence.

Les premiers essais de lavage furent faits à Saint-Etienne il y a une soixantaine d'années ; depuis quarante ans, l'opération est devenue courante tant pour le charbon destiné à la fabrication du *coke* que pour les *menus* même consommés en nature.

Les appareils de lavage présentent une grande variété mécanique dans leurs détails ; on y rencontre d'une façon presque générale un principe commun, celui du *crible à piston*, dans lequel la matière en traitement, sous l'action des secousses qui lui sont imprimées, se dépose en couches superposées par ordre de densité.

Le prix de revient du lavage de la houille ne dépasse pas, dans une installation convenablement agencée et traitant au moins 100 tonnes par jour, 1 franc par tonne de charbon lavé obtenu : cette dépense est compensée par la plus-value du charbon propre que l'on obtient et par la possibilité pour les vendeurs de garantir des qualités de combustibles certaines.

Ainsi, en ce qui concerne le pouvoir calorifique *réel*, voici sur quoi l'on peut calculer pour les diverses qualités de houille :

Houilles sèches à longue flamme.	8 000 à 8 500	calories.
Houilles grasses à longue flamme.	8 500 à 8 800	—
Houilles grasses ordinaires, charbons de forge.	8 800 à 9 300	—
Houilles grasses à courte flamme, charbons à coke.	9 300 à 9 600	—
Houilles anthraciteuses, maigres et demi-maigres.	9 260 »	—
Anthracites.	9 300 à 9 500	—

Une méthode industrielle, répandue maintenant, consiste à établir les ateliers de triage près de la sortie des fosses et à concentrer les ateliers de lavage à leurs environs; cet ensemble réunit un puissant outillage.

Ajoutons, comme opération mécanique, l'*agglomération des charbons*. C'est une industrie d'origine essentiellement française dont les débuts, marqués par le

COMPAGNIE ÉLECTRO-MÉCANIQUE DU BOURGET. — Arbre de turbine marine sur un tour.

brevet de la première machine, se firent à Saint-Étienne en 1833.

Si l'on supposait entassées toutes les briquettes qui ont été fabriquées depuis lors pour les usages des chemins de fer, de la navigation, de la métallurgie, et de diverses industries, on aurait une pyramide qui défierait par ses proportions la grande pyramide d'Égypte. On agglomère non seulement la houille, mais encore le coke, les lignites, et même la tourbe.

Le transport des charbons à la surface du sol, au sortir de la mine, et leur mise en tas se font de plus en plus mécaniquement au moyen des *transporteurs aériens*, consistant en des câbles tendus sur une série de supports. On rapporte ces appareils à trois types principaux : 1° câbles avec « va-et-vient », les wagonnets porteurs marchant alternativement dans les deux sens sur le même câble ; 2° câbles tracteurs et porteurs tout à la fois, les wagonnets marchant dans le même sens ; 3° câbles porteurs et câbles tracteurs séparés, à marche continue.

Ces dispositifs ont l'avantage de laisser entièrement libre la surface du terrain en même temps que de présenter des capacités de transport tout à fait remarquables. Par exemple, pour une longueur de voie de 1 350 mètres, avec l'emploi d'une force motrice de 6 chevaux et un câble en acier de 20 millimètres de diamètre fonctionnant à la vitesse de 2 mètres par seconde, le débit à l'heure est de 15 000 kilogrammes.

Les fils d'acier des câbles porteurs doivent avoir une qualité suffisante pour atteindre 130 à 140 kilogrammes de résistance à la rupture par millimètre carré ; les câbles tracteurs doivent fournir, dans les mêmes conditions, une résistance de 160 à 180 kilogrammes.

Les *machines* interviennent enfin pour *remblayer* les houillères après que le charbon en a été extrait.

11

Dans une houillère, il faut compter environ *un mètre cube* de vide par *tonne* de production, la densité de la houille étant de 1,2 et en mettant en ligne de compte les déchets d'abatage et de triage.

On compte, pour un remblayage complet, et de nature à assurer la stabilité future du terrain, 8 hectolitres de remblai par mètre cube de vide. Les matières abattues pour former le remblai foisonnent de 50 p. 100 et fournissent 15 hectolitres par mètre cube en place.

Il en résulte donc que, dans une exploitation par *remblais complets*, chaque tonne de houille extraite suppose que l'on a abattu les 8/15 de mètre cube de roche en place et que cet abatage a été introduit dans la mine pour la remblayer. Il y a encore là une besogne mécanique considérable, plus simple, à la vérité, que celle qui correspond à l'abatage de la houille, mais qui n'en absorbe pas moins une force motrice importante.

La métallurgie; la sidérurgie. — C'est la *métallurgie*, c'est surtout sa branche principale la *sidérurgie*, productrice de la fonte, du fer, et des aciers, qui va absorber pour le traitement de ses minerais une grande partie de l'énorme masse de combustible que nous venons de voir sortir des mines de houille.

Il y a là un *cycle* absolument remarquable. C'est grâce aux puissantes machines dont nous avons parlé que la houille a pu être extraite du sol, amenée aux forges où elle transformera le minerai en métal. Or, à quoi servira ce métal ? A quoi serviront les alliages qui en résultent et dont le type est l'acier ? Précisément à construire ces *machines*, à pourvoir les mines de l'outillage qui leur est nécessaire.

Le *fer* fut tout d'abord, ainsi que l'*acier*, obtenu *par réduction* du minerai dans des *bas foyers*, dans de petits foyers bas, nommés *forges catalanes* : la *réduction* était *directe* en présence d'un excès de charbon de bois.

A partir du XIIIᵉ siècle apparut le *haut-fourneau*, grand creuset à produire la *fonte,* auquel l'industrie du fer et de l'acier est redevable de sa puissance actuelle.

La méthode du haut-fourneau n'exige pas des minerais aussi riches et aussi purs qu'auparavant. Elle consiste à *réduire* le minerai et à carburer assez fortement le métal dans la même opération pour obtenir de la *fonte,* puis à décarburer partiellement la fonte au moyen d'un feu d'*affinerie.*

Au début, la hauteur du fourneau ne dépassait guère 7 à 8 mètres : le vent lui était soufflé par de grands soufflets analogues au soufflet de forge traditionnel et généralement mus par une roue hydraulique. Il y a cent ans, les plus grands hauts-fourneaux fournissaient 1 200 kilogrammes de fonte par vingt-quatre heures en brûlant à peu près, dans le même temps 2 500 kilogrammes de charbon de bois. Quelle différence avec les énormes et gigantesques hauts-fourneaux actuels chauffés au coke! Les Anglais en ont inauguré la construction et leur exemple a été suivi par les Etats-Unis. La Compagnie Carnegie possède des appareils de 30 mètres de hauteur et d'une capacité intérieure de 700 mètres cubes, soufflés par 10 tuyères d'air à 1 kilogramme de pression et chauffés à 38 degrés centigrades. En Europe, les hauts-fourneaux capables de produire 150 à 300 tonnes de fonte par heure, selon la richesse des minerais, sont déjà nombreux.

Le *four électrique* seul, lorsqu'il sera parvenu à un degré de perfection et de docilité suffisant, pourra faire plus et mieux que ces beaux appareils. Il approche chaque jour de cette perfection, mais nous ne saurions en examiner ici le remarquable progrès; nous le retrouverons dans les applications de l'électricité.

Le chargement des grands hauts-fourneaux, leur « service » se fait par de puissants moyens mécaniques.

Le « lit de fusion », c'est-à-dire le *minerai* et la *castine*, ainsi que le *coke*, sont montés dans des wagonnets par le système des monte-charges jusqu'à la partie supérieure, le *gueulard*, où ils sont déversés. Les installations de chargement automatique comportent un plan incliné servant à la circulation des bennes et un treuil de manœuvre.

La reprise des combustibles et des minerais mis en stock exige des manutentions compliquées que les métallurgistes ont simplifiées en y affectant des sortes de dragues et en organisant les dépôts de telle façon que les wagonnets et les bennes puissent utiliser la gravité pour leur chargement et leur déchargement.

L'enlèvement des *scories*, résidu de la fusion du minerai, s'opère mécaniquement au moyen de *transporteurs aériens*.

La puissance des *machines soufflantes*, qui soufflent de véritables tempêtes de vent dans ces creusets semblables à de colossales fournaises, n'a cessé de croître. Elles débitent, dans les installations récentes, jusqu'à *1 600 mètres cubes d'air par minute*, sous une pression de 80 centimètres de mercure. Un beau progrès de la mécanique a consisté à se servir des gaz perdus des hauts-fourneaux, après les avoir dépoussiérés, pour actionner ces machines. Les gros *moteurs à gaz pauvre* qui utilisent ces gaz peuvent avoir plus de 1 000 chevaux de puissance.

L'affinage du fer par le *puddlage* a été, pendant longtemps, pratiqué. Il consiste à mettre la *fonte*, additionnée de scories riches, sur la sole d'un four à réverbère où elle est soumise à l'action de la flamme. Quand la fonte commence à fondre, on la tourne, on la retourne, on la brasse, jusqu'à ce que la fusion soit complète. C'était un des plus rudes travaux des ouvriers métallurgistes soumis à des températures brûlantes et obligés de déployer des efforts musculaires exténuants : le puddlage mécanique a apporté une certaine atténuation.

Du four à puddler, le fer passe au *marteau-frontal* ou marteau-pilon qui le travaille à la façon dont le forgeron travaille une barre de fer avec son marteau. Un marteau frontal de « forge anglaise » dessert 10 à 12 fours et exige une force motrice de 25 à 30 chevaux. De là, le fer se rend aux *trains de laminoirs* qui lui donnent sa forme, aux *cisailles* qui le rectifient et aux *fours à réchauffer*. Un *train-ébaucheur* dessert un *marteau-frontal* et exige 40 à 50 chevaux de force motrice.

La consommation de houille pour les pièces spéciales qui exigent plusieurs réchauffements successifs, plusieurs *chaudes*, et beaucoup de force motrice, peut atteindre deux à trois fois le poids de la fonte traitée. C'est pourquoi les forges doivent se placer plus près des houillères que des hauts-fourneaux.

La fabrication de l'acier, dont la construction métallique en général et celle des machines en particulier, fait une si grande consommation, s'opère par diverses méthodes usuelles.

En 1855, Henry Bessemer indiqua le procédé qui porte son nom. Il montra la conversion directe de la fonte en acier fondu par le passage au travers de la masse en fusion de jets d'air fortement comprimé; ces jets accomplissent simultanément l'*oxydation* et le *brassage*.

Le procédé Siemens-Martin, imaginé par P. Martin, de Sireuil, en 1865, permet d'obtenir de l'acier fondu par le traitement de riblons mélangés avec la quantité de fonte nécessaire pour en limiter l'oxydation. Un autre procédé, l'*ore process*, expérimenté par C. W. Siemens, à Landore, dans le pays de Galles, consiste à affiner la fonte par le minerai; l'introduction de la sole basique put seule le rendre industriel.

Parmi les divers avantages du four Martin-Siemens, il faut citer, en premier lieu, la facilité de mélanger des fers et des fontes à divers dosages de matières étrangères. C'est l'origine des aciers à dose variable de carbone, de manganèse, de phosphore, et des *aciers sans soufflures* obtenus par l'addition des alliages fer-manganèse-silicium.

Le procédé basique de déphosphoration des fontes au *convertisseur Bessemer* a illustré les noms des métallurgistes Thomas et Gilchrist qui reprirent et rendirent industriellement pratiques les recherches faites par Emile Muller, en 1869, et par Grüner, en 1875. Ce traitement des fontes phosphoreuses a été une véritable révolution dans la métallurgie.

Le procédé Bessemer emploie le *convertisseur*, grosse cornue en tôle garnie de matière réfractaire à son intérieur et qui bascule autour de ses tourillons en déversant des torrents d'acier incandescent. C'est là un des plus beaux appareils de l'industrie actuelle. Il y a des convertisseurs de 3 mètres de hauteur, de 2^m,50 de diamètre extérieur. Un appareil de ce genre fait dix opérations en douze heures et déverse 45 000 kilogrammes d'acier brut.

La méthode Thomas-Gilchrist consiste dans le garnissage du convertisseur en *dolomie* frittée (la dolomie est un carbonate de chaux et de magnésie) qui résiste à la désagrégation et à l'attaque de la scorie basique. Une forte addition de chaux assure la basicité de la scorie. Enfin le soufflage *au-delà du départ du carbone* de la fonte élimine le phosphore.

On peut ainsi utiliser des fontes pour ainsi dire quelconques et en faire non seulement des aciers, mais encore de l'acier doux et soudable lequel, dans des cas nombreux, peut remplacer le fer puddlé.

C'est ainsi que l'acier, carbure de fer autrefois presque unique à quelques dosages près, a pris des formes très diverses et fournit des variétés qui permettent aux mécaniciens et aux constructeurs de réaliser avec certitude des problèmes de résistance et de légèreté des machines qu'ils ne pouvaient précédemment envisager.

En plus des ferro-chromes et des ferro-tungstènes s'est constituée toute la série d'alliages ou *aciers spéciaux* caractérisés, soit par l'introduction isolée du nickel, du molybdène, du vanadium, etc., soit par l'intervention simultanée de plusieurs de ces corps, seuls, ou associés avec le carbone, le manganèse et le silicium.

Les *aciers spéciaux* constituent une branche importante de la métallurgie.

Additionnés de *silicium*, les aciers doux continuent à se forger assez aisément jusqu'à la teneur de 4 p. 100. Au delà, leur travail à chaud devient difficile, mais cette difficulté s'atténue par l'augmentation de la proportion de carbone. Pour une résistance donnée, les aciers au silicium ont une limite élastique et un allongement supérieurs à ceux des aciers au carbone.

Les *aciers au manganèse* se forgent sans peine jusqu'à la teneur de 18 p. 100, mais ils deviennent très durs et impossibles à percer au-dessus de 8 à 9 p. 100. Allié à l'acier dans la proportion de 3 à 4 p. 100 au plus, le manganèse relève notablement la limite d'élasticité et la résistance à la rupture.

Réunis, le *silicium* et le *manganèse* fournissent des aciers moins fragiles que ceux au silicium, moins durs et plus faciles à forger que ceux au manganèse.

En ajoutant du *chrome* aux aciers peu carburés, on obtient un métal facile à forger et à travailler.

Depuis environ vingt ans, l'industrie emploie des aciers au chrome et au carbone. Ils sont durs, tenaces ; néanmoins, leur allongement assez fort permet de les utiliser dans les applications exigeant une haute *résistance au choc.*

La résistance au choc ! C'est-à-dire, pour aller au fond des choses, la résistance de la cuirasse du navire au choc du redoutable obus de rupture lancé à de terribles vitesses par les gros canons des navires de guerre modernes. Il est impossible de méconnaître que c'est à cette recherche des cuirasses résistant à l'obus, à la « lutte entre la cuirasse et le canon » que la métallurgie a dû les remarquables progrès de la fabrication de ces aciers. On pourrait s'en affliger au point de vue philosophique si l'on ne songeait que ç'a été, en quelque sorte, la rançon du progrès de l'outillage des forges et des mines métallurgiques. Or, c'est là aussi que les arts de la paix, c'est là que les admirables machines de toute espèce ont été chercher leurs matériaux. Il y a eu un enchaînement inéluctable.

Pour en revenir aux aciers spéciaux, les aciers à faible teneur en *tungstène* présentent des propriétés analogues à celles d'une teneur moyenne en carbone ; cependant, leur limite d'élasticité est plus élevée. La trempe à l'eau et le recuit au rouge sombre relèvent tout à la fois leur résistance et leur limite élastique en même temps qu'ils leur laissent un allongement de rupture de 8 à 12 p. 100. Avec 6 p. 100 de *tungstène* et 10 p. 100 de *manganèse*, on obtient un acier que l'on appelle l'*acier infernal.* Il est, en vérité, bien nommé ; sa dureté s'intercale entre celle du feldspath et celle du quartz !

Combien on eût parlé jadis sur tous ces points de « secrets de fabrication » ! Actuellement, on peut dire qu'il n'y en a plus. Toutes ces formules si efficaces sont connues, brevetées. Dans une concurrence ardente, aussitôt que l'on connaît la formule du voisin, lequel est tout le premier, en général, à s'en vanter et à la publier, on imagine quelque chose d'autre, de plus efficace encore : c'est une incroyable émulation.

Le *molybdène* produit des effets semblables à ceux du *tungstène*, mais plus accentués encore. Après la trempe et le recuit, les aciers au molybdène acquièrent une résistance à la rupture pouvant atteindre et même dépasser *170 kilogrammes par millimètre carré.*

Les *aciers au nickel*, depuis une douzaine d'années, sont entrés dans la pratique industrielle : il y en a une admirable et utile série dont on n'a pas pu encore étudier toutes les propriétés tant elles sont nombreuses et variées. En faisant varier la proportion de nickel, on obtient les résultats de résistance et d'élasticité les plus divers. Le métal à 20 ou 25 p. 100 de nickel, 0,5 à 0,6 de chrome et 0,6 à 0,9 de manganèse est d'un usage fréquent pour les pièces mécaniques de grande résistance; les aciers à 20 ou 25 p. 100 de nickel et 2 à 3 p. 100 de chrome sont aussi usités et se distinguent par leur allongement.

Les *alliages d'aluminium* ont pris aussi une place importante dans l'industrie. La carrosserie automobile leur est redevable de l'alliage que l'on désigne sous le nom de *partinium*, formé d'aluminium et de tungstène. On a dit que, grâce à cet emploi, l'allègement de poids de la caisse d'une voiture automobile pouvait être de 60 p. 100. C'est peut-être aller un peu loin; mais il suffit de s'en rapprocher pour réaliser, du même coup, plus de solidité, plus de résistance à la trépidation, plus de facilité dans les opérations de nettoyage du véhicule, qualités diverses qui méritent d'être appréciées à leur valeur.

L'emploi du four électrique permettra sans doute, comme nous l'avons déjà fait entrevoir, de trouver d'autres formules de ce genre répondant aux « desiderata » les plus divers des constructeurs de machines, permettant d'établir des projets dont la résistance, l'élasticité et les conditions « de travail » des matériaux anciennement connus eussent rendu la réalisation illusoire.

C'est en 1893 seulement que la « Société d'encouragement pour l'industrie nationale », cette belle et utile Société qui a toujours si bien justifié son titre dans l'évolution du progrès, mit la question des alliages à l'ordre du jour, en fondant un prix pour récompenser la meilleure étude sur leurs propriétés. Puis elle institua une commission spéciale chargée de suivre leur préparation et de contrôler leur réalisation. Le prix fut décerné à deux savants métallurgistes : MM. Osmond et Robert Austen.

Depuis lors, les progrès ont été incessants et rapides. Les belles recherches de MM. Charpy, Le Chatelier, Guillaume, Carnot, Goutal, Léon Guillet ont apporté constamment des élucidations nouvelles. Elles ont montré que « le tout petit peu » d'un métal ou d'une substance, que l'on ajoute à un métal pour constituer un alliage, joue souvent un rôle considérable.

Désormais, les alliages métalliques sont, en quelque sorte, catalogués industriellement; les qualités particulières qui les distinguent en ce qui concerne la dureté, la malléabilité, la fusibilité, et l'inaltérabilité, les font et les feront, en bien des cas, comme nous l'avons vu pour le partinium, alliage d'aluminium, employer de préférence aux métaux purs. L'influence de la « constitution physique » ou, en d'autres termes, de « la structure » des alliages sur les propriétés d'ensemble des corps constituants est très marquée; l'examen des *cassures* permet de serrer de près les propriétés mécaniques et la malléabilité. Les laboratoires de recherches spéciaux en tiennent un grand compte expérimental, car l'expérience paraît démontrer d'une façon nette que, pour ce qui concerne les métaux purs, il y a entre le *grain de la cassure* et l'*allongement de rupture* une relation caractéristique : le *frottement* d'un alliage paraît être également sous la dépendance de la structure. On a été conduit ainsi à étudier non plus seulement des cas particuliers d'alliage, mais des « séries complètes d'alliages » et à pratiquer systématiquement les essais à la traction, à la rupture par compression, et à la rupture par flexion.

Pendant une certaine période aussi, on prenait en considération dans les recherches *tout l'ensemble des proportions*, de 0 à 100 p. 100, dans lesquelles les métaux alliés peuvent être mêlés entre eux, et cela sans accorder *a priori* aucune attention particulière à l'une quelconque de ces proportions. On a dû reconnaître, par la suite, qu'il est très intéressant et utile, au contraire, de considérer séparément le cas des alliages où l'un des éléments que l'on nommait parfois « impureté » entrait en très faible proportion, bien au-desous de 1 p. 100 Ces soi-disant impuretés peuvent exercer une grande et favorable influence sur certaines propriétés des métaux et de leurs alliages, particulièrement sur leur structure et sur leur malléabilité.

En somme, dans la construction actuelle des machines les plus diverses et de certaines pièces de machines entrant dans les ensembles constructifs, un grand avenir s'ouvre aux alliages bien étudiés et pratiquement expérimentés dans des essais méthodiques.

Electricité dynamique

Générateurs. — Transformateurs : transformation sous haute tension. — Récepteurs. — Moteurs. — Applications diverses. — Eclairage électrique. — Transport de l'énergie. — Les hautes températures : le four électrique et ses applications. — La houille blanche.

On groupe volontiers sous la rubrique « électricité dynamique » les divers modes de production et d'utilisation mécaniques de cette science appliquée nouvelle, l'Électricité, qui devait être la modification la plus colossale de notre époque après la découverte et la mise en pratique de la machine à vapeur.

En quoi consiste l'organe fondamental de cette production du courant électrique apte aux utilisations mécaniques?

C'est la *dynamo*, la machine dynamo-électrique basée sur le développement de *courants d'induction* dans un *induit* tournant à travers un *champ inducteur*.

Nous nous bornerons, dans l'étude de cet organisme, aux notions essentielles.

Qu'est-ce que l'*induction?*

Lorsque l'on met en mouvement près d'un conducteur, d'un fil conducteur formant un *circuit fermé*, soit un *aimant*, soit un autre conducteur *que parcourt un courant*, ils agissent *par influence* sur toute partie voisine du circuit fermé et ils y développent des courants pendant tout le temps que dure le mouvement.

C'est Faraday qui en fit l'observation, et, en 1832, Pixii, d'après les conseils d'Ampère, établit une petite machine électrique fournissant soit du courant alternatif, soit des courants ramenés à la même direction par un commutateur. Saxton et Clarke, en 1833-1834, apportèrent d'ingénieuses modifications : le générateur mécanique d'électricité était trouvé.

On était maître, en effet, des *courants d'induction* ou *courants induits* dus aux variations du flux d'induction.

L'*inducteur*, c'est l'organe-circuit parcouru par le courant.

L'*induit*, c'est le circuit dans lequel se manifestent les courants d'induction; on l'appelle aussi « circuit secondaire ».

Le *champ magnétique*, le *champ inducteur*, c'est la portion de l'espace dans laquelle se produisent les phénomènes d'induction, et l'on nomme *lignes de force* l'ensemble des directions dans lesquelles ces phénomènes se manifestent.

Nous ne saurions faire ici l'historique de la *machine électrique*. Retenons-en seulement les points principaux.

En 1864, Pacinotti construisit un petit moteur électrique où l'organe mobile était composé d'un certain nombre de *bobines* enroulées autour d'un *anneau* denté en *fer doux* et recevant par un commutateur à touches le courant d'une pile électrique. Avec cet appareil élémentaire, il montra qu'en le plaçant entre les pôles d'un aimant et en lui imprimant un mouvement de rotation, la petite machine devenait *génératrice de courant con-*

tinu et fonctionnait comme une pile. Cela démontrait la réversibilité des appareils de cette espèce, la possibilité de produire un courant électrique par une *dépense de travail* dans toute machine apte à se mouvoir sous l'action d'un courant.

En 1869, Gramme donna au principe de la machine de Pacinotti sa forme pratique en employant un *anneau lisse* et en munissant l'appareil de *balais collecteurs* de courant.

La *dynamo industrielle* était dès lors créée : elle allait se faire connaître tout d'abord en faisant rayonner des arcs voltaïques et en faisant prévoir l'électrolyse future par la pratique artistique de la galvanoplastie.

Peu après, en 1873, MM. Siemens et Halske construisaient un type de machine à courant continu différant du type Gramme par l'enroulement de l'induit en *tambour* presque toujours employé aujourd'hui. Dans ce système, le fil est entièrement à la surface de l'armature et chaque bobine induite embrasse tout le flux inducteur.

A dater de cette époque, les modèles de machines à courant continu se multiplièrent; leur diversité s'affirma surtout dans le perfectionnement des inducteurs. Les travaux du savant Marcel Deprez aboutirent, en 1882, à l'*enroulement compound*, lequel utilise tout à la fois pour l'excitation le courant direct et une excitation de ce courant.

Il y avait à peine cinquante ans que Pixii avait établi sa petite machine qui paraissait être une simple curiosité de laboratoire, et déjà ingénieurs et électriciens faisaient un « projet de nouvelle dynamo » comme ils eussent fait quelques années auparavant un « projet de machine à vapeur ».

L'Exposition universelle de 1889 montra des dyna-

s *à courant continu* de formes très variées. En Europe,
préoccupation dominante était d'accroître le *rendement* et la *puissance* sous un poids déterminé; certains
types de machines rendaient au delà de 90 p. 100 avec
des poids compris entre 100 et 40 kilogrammes par
kilowatt. Or, *1 cheval-vapeur* de 75 kilogrammètres correspond à 0,736 kilowatt : le résultat obtenu est donc
fort satisfaisant au point de vue mécanique.

Cette question du rendement est importante en ce qui
concerne la dépense de force motrice.

Prenons un exemple :

Supposons que nous disposions d'un moteur de
30 chevaux de puissance pour actionner une dynamo
et que nous ayons à choisir entre deux dynamos, l'une
de 85 p. 100 de rendement, l'autre de 90 p. 100. La première nous fournira 25,5 chevaux, la seconde 27 chevaux de puissance, soit 1,5 cheval en plus.

En admettant que l'installation d'énergie fonctionne
pendant deux mille cinq cents heures par an, la seconde
dynamo (à 90 p. 100 de rendement) aura fourni un
excédent de 3 750 *chevaux-heures*. Enfin, en supposant
que la dynamo soit actionnée par une machine à vapeur
consommant 1^{kg},500 de houille par cheval-heure, nous
aurons économisé 5 625 kilogrammes de charbon : au
prix de 33 francs la tonne de charbon, c'est une économie de 185 fr. 62 que l'on aura réalisée.

De plus, une dynamo à rendement élevé fonctionne
toujours mieux qu'une dynamo à rendement plus faible,
et, à l'économie réalisée sur le combustible, vient s'ajouter une économie appréciable sur les frais d'entretien
et de réparations.

Ces considérations élémentaires font comprendre la
valeur du progrès réalisé il y a une vingtaine d'années
par les électriciens dans l'augmentation du rendement
des dynamos par rapport à leur poids.

Pendant que se développaient ainsi les générat. la de *courant continu* aptes aux besognes les plus diverté commande des moteurs, éclairage, charge des batterie d'accumulateurs, galvanoplastie, les machines à *courant alternatif*, bien qu'étudiées, elles aussi, restaient au second plan. En dehors de la dynamo de Méritens qui avait remplacé celle de l'Alliance et qui s'était montrée si remarquable pour l'éclairage électrique des phares de la Hève, près du Havre, les applications en étaient rares. Elles devaient cependant prendre une grande importance par la suite.

Rappelons brièvement quel est leur principe.

Une *spire de fil* sur l'anneau de Gramme en mouvement est le siège d'une *force électromotrice alternative*, laquelle donne naissance à un courant alternatif dans un circuit fermé. L'*intensité* de ce courant part de zéro, augmente progressivement dans un sens jusqu'à un certain maximum, puis diminue de nouveau progressivement jusqu'à zéro. Le courant *change ensuite de sens* et, dans ce sens inverse du premier, part de zéro et revient à zéro. Il parcourt ainsi un *cycle complet* de variations pendant un tour de l'anneau. Au deuxième tour, l'intensité variera de la même façon et repassera exactement par les mêmes valeurs dans un sens et dans l'autre : il se produira donc un deuxième cycle, puis un troisième au troisième tour et ainsi de suite. On nomme *périodes* ces variations qui se reproduisent indéfiniment et identiquement à chaque tour. La *fréquence* d'un courant alternatif est le nombre des périodes par seconde. Si un anneau fait 1 800 tours par minute, la fréquence du courant qu'il engendre est de 30. L'intensité efficace d'un courant alternatif est l'intensité d'un courant continu qui produit la même quantité de chaleur dans une même résistance.

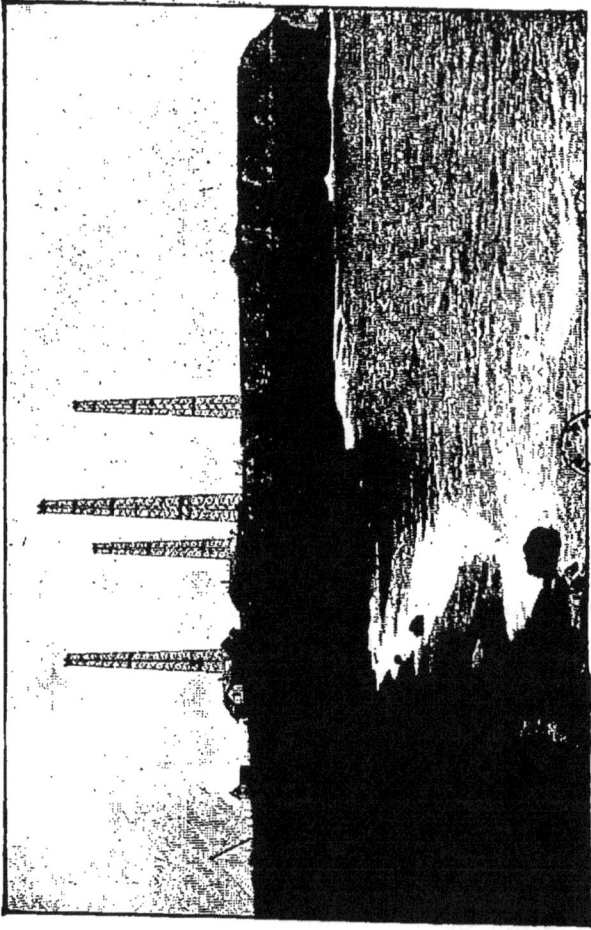

La Station « Marconi » au cap Breton.

(Cliché L. G. SPENCER, cap Breton.)

Empressons-nous de dire que des appareils spéciaux permettent maintenant de transformer le *courant alternatif* en *courant continu* et qu'il s'est produit, de ce fait, une unification remarquable et féconde dans l'utilisation de l'énergie électrique.

C'est en 1883, lors de l'Exposition de Turin, que se produisit le revirement en faveur du courant alternatif, grâce à l'apparition du *transformateur* de Gaulard et Gibbs et à la suite du succès de la belle expérience de Lanzo où des lampes électriques fonctionnèrent dans des conditions industrielles à 43 kilomètres du générateur d'électricité. C'était la possibilité future de la transmission à grande distance de l'énergie électrique provenant de la fusion des glaciers de montagne ainsi que du déversement des eaux dans les fleuves à gros débit et à fort courant d'eau.

Le transformateur de Gaulard et Gibbs, appareil simple, agissant sans aucune pièce mobile, inquiéta par sa simplicité même les gens ennemis du progrès et attachés aux anciennes formules dont l'absolutisme leur permettait de s'abstenir de tout effort. C'était cependant une adaptation admirable de la bobine de Ruhmkorff. Il permettait, en effet, de modifier, et en particulier, de réduire à volonté la force électromotrice et de profiter, dès lors, des hautes tensions facilement réalisables avec les alternateurs pour le transport économique de l'énergie à grande distance, sauf à diminuer ces tensions dans la mesure voulue sur le lieu d'emploi et à en supprimer les dangers dans les parties accessibles du circuit.

Le *transformateur à courant continu* usuel le plus simple se compose pratiquement d'une dynamo et d'un moteur électrique dont les arbres sont reliés l'un à l'autre par un manchon d'accouplement. De cette façon, le courant à haute tension ou *courant primaire*, en faisant tourner le moteur, entraîne la dynamo, laquelle débite un courant à basse tension ou courant secondaire. On construit des appareils de ce genre qui ont jusqu'à 85 p. 100 de rendement, mais il est prudent de ne prendre que 80 p. 100 de rendement comme base lorsque l'on veut se rendre compte des circonstances de fonctionnement d'une installation.

De 1889 jusqu'à la présente époque, une véritable révolution s'est produite en électricité par l'accroissement de puissance des unités et par la création des *courants polyphasés*.

Nous avons dit quel est le principe des *phases* ou *périodes*. Les courants polyphasés sont obtenus à l'aide d'un système de courants alternatifs simples, lesquels, avec des différences de phases également réparties *dans la période*, développent un *champ magnétique tournant* dans les dynamos réceptrices. Aux avantages fondamentaux des courants alternatifs, avantages qui sont la simplicité des génératrices *sans collecteurs ni balais*, l'aptitude à produire de *hautes tensions* et la facilité de *transformation*, ces courants joignent la qualité spéciale de comporter des réceptrices *à champ tournant* qui peuvent être *asynchrones* et *démarrer en charge*; ces dynamos supportent les tensions élevées de 5 000 volts. On les doit aux recherches théoriques et pratiques des savants électriciens Marcel Deprez, Ferraris et Tesla. Elles firent leurs preuves à l'Exposition de Francfort, en 1891, par un transport de force sur un trajet de *175 kilomètres de développement*, au moyen de courants triphasés à 8 000 volts. On porta la tension jusqu'à 28 000 volts dans quelques essais spéciaux; depuis lors, ces très hautes tensions sont devenues industrielles et pratiques; on les a même dépassées; des *transformateurs* augmentent la tension au départ et la réduisent à l'arrivée; des *commutatrices rotatives* changent, à volonté, le courant alternatif en courant continu. C'est donc la possibilité du transport de l'énergie aux plus grandes distances : des applications en ont été faites et se continuent aux chutes du Niagara devenues une sorte d'énorme station naturelle productrice d'énergie électrique.

Les *transformateurs* appliqués à ces distributions se rangent en deux catégories : les *transformateurs homomorphiques*, qui modifient les éléments d'un courant électrique, *intensité et tension*, sans en changer la forme ; les *transformateurs hétéromorphiques*, qui modifient la forme du courant et éventuellement ses éléments.

Ces termes sont encore peu connus même du public instruit : ils le seront bientôt au même titre que les différentes catégories de machines à vapeur, pilon, compound, Corliss, etc...

La transformation homomorphique du courant continu se fait à l'aide de moteurs générateurs ; une dynamo, remplissant l'office de moteur, reçoit le *courant primaire* et actionne une seconde dynamo de laquelle sort le *courant secondaire* ; des *survolteurs* et des *dévolteurs* en règlent le fonctionnement.

Les transformateurs homomorphiques de courants alternatifs simples sont constitués par un circuit magnétique en feuilles de tôle et par deux circuits électriques ordinairement en cuivre, l'un inducteur, l'autre induit, entourant le circuit magnétique. Quelques chiffres en caractérisent l'importante fonction. On établit ces transformateurs avec des puissances qui atteignent 2 500 kilowatts et des tensions de 20 000 à 30 000 volts pour les applications industrielles. Pour les essais de câbles et d'isolateurs, les tensions atteignent 50 000 et 100 000 volts.

Deux transformateurs à courants alternatifs simples

réalisent la transformation homomorphique des cou-rants *diphasés*.

Pour le *triphasé*, les appareils se composent, en principe, de trois noyaux magnétiques à axes parallèles, réunis par des culasses, sur lesquels sont disposées les bobines inductrices et induites.

Malgré le développement d'emploi des *courants polyphasés, les courants continus* demeurent souvent préférables et conservent leurs partisans en mainte circonstance. On ne saurait se montrer, en cette matière, ni systématique, ni surtout exclusif. Les avantages des courants continus consistent dans la facilité plus grande d'*isolement* de leurs conducteurs, dans le danger moindre de leur maniement, dans la souplesse des dynamos réceptrices, dans les variations de puissance et de vitesse qu'admettent ces machines par suite des divers modes possibles d'excitation et par l'aisance avec laquelle elles démarrent.

Les moteurs électriques. — Au point de vue mécanique, le développement considérable des *moteurs électriques* et de leurs applications est remarquable.

Les générateurs mécaniques d'électricité jouissent de cette admirable propriété d'être réversibles. Hippolyte Fontaine savant électricien français, l'a démontré pratiquement à l'Exposition de Vienne en 1873.

La *réversibilité* des dynamos consiste en ceci. Lorsqu'elles sont actionnées par une machine motrice, par exemple par une machine à vapeur, elles *produisent de l'électricité.* Vient-on, au contraire, à leur envoyer du courant électrique, *elles tournent;* l'énergie électrique qu'on leur fournit se transforme en énergie mécanique utilisable sur la poulie, et l'on a l'*électromoteur.* Le rendement industriel d'un électromoteur est « le rapport entre la puissance disponible sur sa poulie et la puissance qui lui est transmise ».

Ainsi, un électromoteur alimenté par un courant de 10 ampères à la pression de 100 volts absorbe une puissance de 1 000 watts, soit 102 kilogrammètres par seconde; s'il produit un travail de 70 kilogrammètres dans ce même temps d'une seconde, son rendement industriel est de 68,6 p. 100.

Prenons un autre exemple :

Une dynamo génératrice, actionnée par un électromoteur, donne, à sa vitesse normale, un courant de 50 ampères à 115 volts. L'électromoteur est alimenté par un courant de 82 ampères à 110 ohms, et, à ce régime, son rendement est de 81 p. 100. Le rendement de la génératrice sera de 78,7 p. 100.

Les moteurs électriques reçoivent de très nombreuses applications. Ils sont largement employés pour la traction des tramways et déjà pour la traction sur les voies ferrées, comme on le voit, sur les réseaux métropolitains des grandes villes, de Paris entre autres. Ils servent fréquemment à la manœuvre des aiguillages, des signaux, des plaques tournantes, des appareils de levage.

L'outillage d'exploitation des ports maritimes a recours à ces moteurs pour les grues, les bigues, les cabestans, les ponts-roulants. Ils fournissent des servo-moteurs aux navires, et l'artillerie navale leur demande le fonctionnement mécanique de ses tourelles et de ses canons. Les ports fluviaux et le touage, sur les voies navigables, canaux et autres, leur offrent aussi des débouchés.

De plus en plus, ils envahissent les ateliers de construction mécanique, soit comme moteurs fixes, soit comme moteurs transportables. La tendance actuelle, ainsi que nous l'avons fait ressortir en parlant des machines-outils et de l'outillage des ateliers, est de donner un moteur spécial à chaque outil et de l'y incorporer sans transmission par courroie : le moteur électrique est venu, à point nommé, pour répondre à ce « desideratum ».

Il concourt également et utilement à l'exploitation des mines pour la ventilation, le fonctionnement des perforatrices spéciales et les transports souterrains.

Nous le voyons commander les métiers de filature et de tissage et réaliser avec aisance leur démarrage et leur marche régulière. La puissance utilisée de ce fait dépasse actuellement *28 000 chevaux* de force aux Etats-Unis et au Canada.

Enfin, le moteur électrique a pris sa place pour actionner les ascenseurs et les monte-charges.

Bornons ici ce coup d'œil d'ensemble. Dans les applications mécaniques les plus diverses, nous trouvons et nous verrons se multiplier « le moteur électrique ».

L'éclairage électrique. — C'est par l'éclairage, par l'éclairage brillant, incandescent et à profusion, c'est par cette transformation directe de « l'énergie mécanique » en « énergie lumineuse », en lumière, que l'électricité devait tout d'abord non seulement manifester sa puissance, mais encore donner la notion de tous les services que, par la suite, elle était appelée à rendre.

Nous ne ferons que rappeler son historique pour arriver, tout de suite, aux applications les plus immédiates et les plus actuelles.

L'illustre Davy, en 1813, avait produit l'arc voltaïque entre deux pointes de charbon de bois. Cet éclair de génie ne fut qu'une curiosité scientifique, et il faut aller jusqu'en 1842 pour trouver dans les expériences de Deleuil et d'Archereau la possibilité de l'application de l'électricité à l'éclairage public. A cette époque, une autre difficulté d'origine se présentait. On ne pouvait ou, plutôt, on ne savait produire l'électricité qu'au moyen des batteries de piles électriques qui coûtaient fort cher de fonctionnement, tenaient une place considérable et exigeaient des manipulations aussi nombreuses que désagréables : les moyens de régulariser la lumière étaient aussi des plus primitifs.

On ne put entrer vraiment dans la voie des applications pratiques que lorsque Foucault eut l'idée de substituer pour la formation de l'arc voltaïque le charbon de cornue au charbon de bois, puis lorsque Staite, en 1846, eut combiné son régulateur, premier type qui en fit naître tant d'autres, dans lequel les charbons se rapprochaient automatiquement au fur et à mesure de leur combustion. Enfin, pour compléter à point nommé ses progrès, la machine magnéto-électrique de l'Alliance, dont nous avons déjà parlé, combinée par Nollet, ouvrait, en 1850, l'ère des machines industrielles à lumière.

Des expériences faites à Lyon par Lacassagne et Thiers en 1856 aboutirent, pour la première fois, à la possibilité de division de la lumière électrique. Faut-il dire que l'on y fit à peine attention! Les précurseurs ne sont trop souvent payés que de dédain et d'ingratitude.

La bougie Jablochkoff, inventée en 1876 pour fonctionner à l'aide de courants alternatifs, doit être considérée comme ayant la priorité parmi les appareils mis en pratique dans le but d'employer à l'illumination *de plusieurs foyers* le courant produit par une *machine unique*. En même temps, Carré indiquait la substitution au charbon de cornue dur, difficile à travailler, et de composition inégale, d'un charbon artificiel préparé à la filière.

Cependant, l'arc voltaïque, surtout alors qu'il n'existait pas encore de régulateur fonctionnant avec des courants très faibles, donnait à chaque foyer une intensité, un éclat qui le rendait inadmissible pour l'éclairage privé. C'est la *lampe à incandescence*, électrique, la jolie ampoule lumineuse, qui a résolu ce problème utilitaire de grande vulgarisation. Elle trouva vraiment sa forme pratique et s'adapta à sa destination en 1880 lorsque Edison, le célèbre inventeur, en fit la base d'un système général dans lequel des « stations centrales », telles qu'on les voit fonctionner maintenant, distribuent le courant électrique à leurs abonnés comme d'autres usines spéciales leur distribuent l'eau ou le gaz d'éclairage. En même temps qu'il créait sa lampe à incandescence et qu'il en montrait le large emploi, Edison créait l'outillage nécessaire pour la fourniture et la vente de la lumière à des quartiers, à des villes entières; il combinait notamment un organe essentiel et fort difficile à imaginer, le « compteur d'électricité ». Bientôt, des systèmes nombreux de lampes à incandescence se montrèrent brevetées par Swan, par Maxim, par Lane-Fox.

La lampe à arc se piqua d'émulation s'il est permis de s'exprimer ainsi. En 1881, on vit une seule dynamo du système Brush alimenter en un circuit unique jusqu'à 40 lampes à arc; cette machine ayant une force électromotrice de 2 000 volts, les arcs pouvaient être éloignés d'elle de plusieurs kilomètres et ce genre d'éclairage était disposé à répondre aux nécessités et aux convenances les plus diverses.

Actuellement, la lampe à arc et la lampe à incandescence électrique réalisent simultanément les éclairages publics ou privés.

Au point de vue *cinématique*, les *lampes à arc* se répartissent en quatre catégories : les lampes à moteur, excellentes, sont peu employées en raison de la cherté du moteur; les lampes à mouvement d'horlogerie et à déclenchement, très répandues et qui offrent une grande sûreté de fonctionnement; les lampes à frein, dont la sensibilité de réglage est parfaite et qui conviennent particulièrement pour les éclairages fixes et réguliers; enfin, les lampes équilibrées, sans mécanisme aucun.

Au point de vue *électrique*, on distingue les lampes en série, les lampes en dérivation et les lampes différentielles.

L'ancien système d'unité de lampe par machine ne subsiste plus que pour les phares et les projecteurs; dans tous les autres cas, le même moteur doit alimenter des foyers multiples.

On est revenu d'une façon intéressante à la lampe à arc *en vase clos* dont Staite avait eu l'idée, ainsi que nous l'avons dit, en 1846. Mais on lui a donné des formes pratiques variées : cette lampe peut fournir, sans remplacement des charbons, une durée d'allumage dix à douze fois supérieure à celle des lampes ordinaires; elle donne une lumière violette; une tension de courant élevée et des rentrées d'air légères assurent la combustion complète des vapeurs de charbon et empêchent l'obscurcissement du globe par dépôt d'un nuage charbonneux.

La fabrication des charbons pour les lampes à arc a été l'objet de nombreux perfectionnements et elle est particulièrement soignée, car, selon la qualité des charbons, le *flux spécifique* éprouve des variations de 25 à 30 p. 100.

Les matières premières, employées pour la fabrication des charbons de première qualité, sont le goudron et le noir de fumée. Pour la deuxième et la troisième qualité, on remplace une partie du noir de fumée par du charbon de cornue ou par le coke de pétrole qui reste dans les chaudières de distillation du pétrole après que tous les produits volatils, essences, huiles lampantes et huiles lourdes en ont été extraits.

Les phases de préparation des charbons électriques sont le broyage, l'enlèvement des parcelles de fer au moyen de séparateurs magnétiques, la pulvérisation, l'incorporation du goudron, le tréfilage à chaud au moyen de presses hydrauliques développant des pressions qui varient entre 200 et 1 100 atmosphères, enfin la cuisson méthodique et progressive dans des fours continus à récupération de chaleur.

Ces opérations mettent en œuvre un outillage mécanique compliqué et qui a nécessité de remarquables études.

Récemment, on a installé la fabrication de charbons creux qui reçoivent une mèche formée d'un aggloméré de silicate de potasse et de noir de fumée.

Nous avons dit que la *lampe à incandescence* inventée par Edison avait pris des formes très variées. Nous ne saurions les examiner ici. Donnons seulement quelques indications sur leur fabrication.

Les filaments, qui furent au début en bambou ou en carton bristol carbonisé, sont presque partout formés de cellulose dissoute dans l'éther ou dans le chlorure de méthyle. On obtient ainsi une pâte que l'on tréfile et que l'on calcine dans des fours spéciaux à l'abri de l'air.

Les fils métalliques qui leur servent de support se composent de trois tronçons : un fil de nickel, un fil de platine, qui a l'heureuse propriété de pouvoir se souder au verre, et un fil de cuivre.

Le fil de nickel présente à son extrémité inférieure une gouttière cylindrique où le filament est engagé et soudé par un dépôt de carbone très résistant que l'on obtient au moyen de la décomposition d'un hydrocarbure liquide.

Le fil de platine se soude, comme nous venons de le dire, au sommet d'un tube de verre dont la base a été évasée en forme de collerette.

Le fil de cuivre, enfin, traverse la *douille* de la lampe; il est soudé à la pièce de contact d'un *culot* à vis ou à baïonnette. Avant son introduction dans l'ampoule, le filament doit être porté au rouge, par le passage du courant, dans une atmosphère de gaz carburé qui le revêt d'une couche de carbone pur, sorte de poudre de diamant noir, qui en augmentera la ténacité et la durée. Une fois le filament introduit, on soude au chalumeau la collerette et l'on fait le vide dans l'ampoule au moyen d'une pompe à mercure; puis on fait passer le courant dans le filament pour le chauffer et pour chasser les derniers gaz; après cela, l'ampoule est fermée au chalumeau; la voilà prête pour sa brève existence lumineuse. Les dernières opérations consistent à munir la lampe de son culot, à souder les fils de cuivre aux pièces de contact et à effectuer l'opération de « l'étalonnage » qui détermine la valeur éclairante de la lampe. Une lampe à incandescence ordinaire de 110 volts consomme en moyenne 3 watts 85 par bougie et peut fonctionner plus de cinq cents heures avant de subir un déchet de 25 p. 100 dans son flux lumineux.

On utilise des lampes à 220 volts comportant, soit un filament unique, soit deux filaments de 110 volts en série. A l'inverse, on établit des petites lampes à très faible tension de 20 à 25 volts pour des usages spéciaux tels, par exemple, que l'éclairage des wagons de chemins de fer.

Il y a quelques années, sont apparues les lampes Nernst dont l'incandescence se produit non pas dans le vide, mais dans l'air. Leur filament, à base de magnésie, est *mauvais conducteur à froid* et il doit être chauffé pour que le courant puisse y passer et produire l'incandescence. Ces lampes sont à allumage automatique ou non. Toutes ont, *en série*, dans le circuit du filament, une *résistance de réglage* faite d'un fil de fer, lequel est enroulé autour d'un petit tube de porcelaine et enfermé dans une ampoule hermétiquement close.

Les lampes de ce genre à allumage *non automatique* ont une durée assez faible et l'allumage les expose à des ruptures de filament ; le courant continu paraît surtout leur convenir.

Dans les lampes à allumage *automatique*, le filament, qui est rectiligne, est enveloppé d'une hélice en matière isolante autour de laquelle un fil métallique court en spirale. Pour allumer, on lance le courant dans le fil et on porte au rouge l'hélice isolante dont le rayonnement élève la température du filament, le rend apte à recevoir le courant et le fait passer à l'incandescence ; en même temps, un interrupteur automatique du circuit d'allumage entre en fonction.

L'*appareillage* des divers systèmes de lampes à incandescence a réalisé de grands progrès : les réducteurs automatiques destinés aux batteries d'accumulateurs, les interrupteurs, les rhéostats, les coupe-circuits permettent de faire, avec autant de précision que de sécurité, les installations les plus diverses.

L'énergie électrique ; transport et transmission. — Dans les petites installations de faible étendue, l'énergie électrique est distribuée directement sous forme de *courant continu* à potentiel constant de 110 à 220 volts. Un *tableau de distribution*, en marbre blanc, reçoit les canalisations et comporte les instruments de mesure ainsi que les interrupteurs, les commutateurs, les coupe-circuits. Les connexions sont faites sur la face postérieure du tableau, de façon à empêcher tout accident de personnes en même temps que tout contact des conducteurs, bien isolés d'ailleurs, duquel pourraient résulter des allumages intempestifs ou des dangers d'incendie.

Lorsque la distance entre l'usine génératrice d'électricité et les appareils où l'on utilise le courant augmente, sans être encore cependant très considérable, on transmet l'énergie *à haute tension*, sous forme de *courants alternatifs* le plus généralement; puis on le fait passer par des transformateurs isolés ou groupés, suivant les circonstances; ces transformateurs réduisent la tension dans un *réseau secondaire* de distribution.

Il est d'usage d'établir les réseaux secondaires à 110 volts ou 220 volts, parfois à deux fois 110 volts ou deux fois 220 volts.

Dans les grandes applications industrielles que multipliera de plus en plus l'utilisation des chutes d'eau, la mise en exploitation de la *houille blanche* des glaciers de montagne, l'énergie électrique est transportée à de très grandes distances. Les initiateurs de ces grands transports d'énergie ont été M. Marcel Deprez, lequel, en 1886, fit des expériences sur un trajet de 50 kilomètres entre Paris et Creil, et M. Hippolyte Fontaine qui transmit, avec un rendement total de 52 p. 100, une puissance de 60 chevaux à travers un fil dont la résistance égalait celle de ce circuit.

Les longs transports s'effectuent, soit par *courants alternatifs polyphasés à potentiel constant ;* soit par *courant continu à intensité constante ;* dans l'un ou l'autre cas, le courant arrive dans des *sous-stations* où il est *transformé* et *détendu.*

A égalité de puissance et de tension *entre fils*, le *courant triphasé* économise 25 p. 100 du cuivre qu'exigerait le *courant diphasé* pour la canalisation de transport d'énergie; mais la supériorité du triphasé ne se maintient pas lorsque l'on considère la tension *entre fils et terre.*

Peu à peu, la tension a été élevée *jusqu'à 50 000 volts;* bien que les générateurs de courant électrique puissent fournir jusqu'à 15 000 volts, on ne leur en demande ordinairement que 5 000 environ et l'on réalise la tension élevée nécessaire pour le transport à grande distance au moyen de *transformateurs élévateurs de tension* installés dans l'usine génératrice.

Les deux *fréquences* de courant normales sont de 25 à 50 périodes par seconde.

Chaque « groupe électrogène » est relié au « tableau de distribution » par un « kiosque de commande » avec instruments de mesure, interrupteur, et volant qui agit sur l'excitation.

M. Thury, de Genève, a inauguré, en 1890, un intéressant système de transport *par courant continu* sur un circuit de 48 kilomètres et pour une puissance de 110 kilowatts. Dans ce système, lorsque les moteurs, actionnant les dynamos génératrices, fonctionnent à vitesse courante, le réglage de l'intensité constante du courant primaire se fait par variations du champ; dans le cas contraire, les rhéostats et les excitatrices sont supprimés et les génératrices-série subsistent seules sans autre appareil qu'un interrupteur de court-circuit; le réglage s'opère, soit à la main, soit automatiquement, et l'on maintient l'uniformité de vitesse des moteurs par diverses dispositions, notamment par décalage des balais.

En ce qui concerne les canalisations pour le transport de l'énergie à grande distance et à haute tension, les métaux employés ont été surtout le cuivre dur et le bronze phosphoreux ou silicieux. Mais, dans la récente période, on a eu recours à l'aluminium surtout aux Etats-Unis, et l'on s'en est bien trouvé.

Dans les canalisations aériennes, les poteaux reçoivent les conducteurs, lesquels sont supportés par des isolateurs en verre et en porcelaine. Les lignes sont protégées au moyen de parafoudres distants les uns des autres de 2 kilomètres environ et que des « interrupteurs » divisent en sections dans le double but de faciliter le contrôle et de permettre l'isolement des tronçons sur lesquels se produirait un accident.

Les canalisations souterraines sont recouvertes d'une enveloppe isolante en caoutchouc ou simplement en papier comprimé.

D'une façon générale, les câbles sont armés à plusieurs conducteurs; ces conducteurs, isolés avec du jute et toronnés, sont recouverts d'une gaine de plomb, d'un matelas de filin et d'une armature métallique constituée elle-même par deux rubans de fer en hélice; des boîtes de jonction, de branchement, de coupure et d'interversion lorsqu'il y a plusieurs câbles sont réparties sur les canalisations souterraines.

Les hautes températures; le four électrique. — Dans le four électrique, la chaleur joue un rôle prépondérant, bien qu'il soit le siège de phénomènes d'électrolyse.

Il remonte à l'origine des recherches électriques.

Lorsque Davy, en 1813, obtint, pour la première fois, l'arc électrique entre deux pointes de charbon, il constata que les matières les plus réfractaires entraient en fusion à la température de cet arc. La grande indication était donnée.

En 1847, Jacquelain y observa la transformation du diamant en coke et identifia, par le fait, le carbone avec le diamant.

De 1849 à 1850, Desprez fit de remarquables expériences. Il convertit en graphite les diverses variétés de charbon de même que le diamant, et exprima l'opinion que la seule action de la chaleur intense ne devait pas suffire à la formation du diamant.

Ces recherches furent continuées par Fizeau, Foucault et Berthelot, lequel réalisa la mémorable synthèse du gaz acétylène.

Du laboratoire, l'arc passa dans le domaine indus-triel comme source calorifique pour la fabrication de l'aluminium.

Puis vinrent les admirables travaux du regretté Mois-san, lesquels provoquèrent le magnifique essor de l'in-dustrie électro-chimique en même temps qu'ils accrois-saient le champ de la chimie minérale. Il reçut la haute récompense du prix Nobel en décembre 1906, peu de temps avant qu'une mort prématurée vînt l'enlever à l'admiration et à la reconnaissance de ses contempo-rains.

Voici ce que nous disait ce grand savant lui-même le jour où il apprit que le prix Nobel lui était décerné :

Le four électrique m'a permis d'étudier un nouveau cha-pitre de la science, celui de la « chimie des hautes températu-res ». J'ai démontré, en effet, grâce à cet appareil, que telle réaction qui était incomplète faute d'une température suffisam-ment élevée pouvait être conduite jusqu'à ses dernières limites.

C'est ainsi que les oxydes irréductibles par le charbon, comme la silice, l'alumine, l'oxyde d'uranium, pouvaient être réduits à la température du four électrique et fournir soit le corps simple, soit sa combinaison avec le carbone. Nous avons préparé, dès lors, des séries nouvelles de composés définis et cristallisés, tels que les carbures, les siliciures, les borures et les azotures. Un certain nombre de composés, regardés jusqu'ici comme réfractaires, comme très stables aux températures de 1 800 degrés centigrades, ont été volatilisés ou dissociés.

Le four électrique se compose de deux blocs superposés de carbonate de chaux. Au milieu du bloc inférieur se trouve une cavité dans laquelle le creuset sera disposé. Deux rainures permettent le passage des électrodes, dont le diamètre variera avec l'intensité du courant. Le couvercle forme, au-dessus de l'arc, une cavité ellipsoïdale pour réfléchir la chaleur sur le creuset. En réalité, nous avons un arc intense renfermé dans une petite cavité au-dessus d'un creuset de charbon ; l'arc est

Four électrique Héroult. — La Coulée de l'acier.

donc complètement séparé de la matière sur laquelle il doit réagir.

Aussitôt que l'arc est établi à l'intérieur du four, des gaz se dégagent en abondance. Leur analyse permet de reconnaître qu'ils sont formés, en grande partie, d'hydrogène et d'oxyde de carbone. Ce fait est important, parce que ces gaz forment un *milieu réducteur* dans lequel un grand nombre d'expériences nouvelles seront possibles. Lorsqu'on utilisait, en effet, la combustion de l'hydrogène au moyen de l'oxygène avec le chalumeau oxhydrique, on produisait une atmosphère de vapeur d'eau et l'on formait ainsi un *milieu oxydant* qui ne permettait pas d'obtenir des métaux plus ou moins oxydables.

Tel est l'appareil avec lequel M. Moissan a pu réaliser la distillation du cuivre, de l'or, des alliages d'or et de cuivre, des métaux de la famille du fer.

Il a ainsi démontré qu'il n'existe pas de corps réfractaires : tous les métaux, par une élévation de température suffisante, sont d'abord liquides, puis prennent l'état gazeux avec facilité.

Une conséquence remarquable de ces recherches, c'est que la température du Soleil, lequel est formé de la plupart des corps simples terrestres, ne doit guère s'élever au-dessus de 6 590 degrés centigrades. Sans quoi cet astre ne pourrait avoir aucun noyau liquide ou solide : il serait volatilisé. Or, les récentes observations faites à l'observatoire du Mont-Blanc ont, en effet, démontré que cette température solaire est de 5 920 degrés.

C'est au moyen de ce four électrique obéissant, de cette sorte de « corne d'abondance » fulgurante, que M. Moissan a obtenu le diamant artificiel.

Pour l'obtenir, il saturait du fer avec du carbone à une température qui varie entre 1 100 et 3 000 degrés centigrades. Le carbone fond en quelque sorte dans le fer en fusion comme un morceau de sucre fond dans

13

l'eau bouillante. Vers 3 000 degrés le carbone est devenu
du *graphite*, et dans ce graphite il y a de petits diamants; en dissolvant le fer par un acide, on les met en
évidence. M. Moissan a obtenu ainsi non seulement des
diamants noirs, mais encore du diamant transparent,
en très petites parcelles, à la vérité, mais indéniables.
La voie est ouverte aux découvertes successives qui en
découleront. Déjà d'autres méthodes sont à l'essai avec
intervention du soufre et du siliciure de carbone. Ce
sont les pierres tombant du ciel, les *météorites*, dont
la composition donne à ceux qui font fonctionner le
four électrique de précieuses indications. Ces indications
viennent de haut et mèneront loin, on n'en peut douter.

L'étude du *fluor*, isolé et liquifié par M. Moissan,
ainsi que l'étude de ses composés étaient un des plus
beaux chapitres de l'illustre savant. Ces recherches ne
sont guère connues que des chimistes et des électriciens;
leur avenir est cependant énorme et le fluor intéresse
tout particulièrement le progrès.

C'est un « corps simple », disaient les bons chimistes
d'antan, qui attaque l'eau à froid et qui ronge tous les
métaux, même le platine; sous forme d'acide fluorhy-
drique, il sert à dépolir le verre.

M. Moissan l'a pris, étudié, et l'a mis en évidence
comme étant « élément » de la Chimie des plus importants, venant, avec une puissance physique et chimique
spéciale, en tête de la famille chimique : chlore, brome
et iode. C'est bien « le radical des fluorures », pressenti
par Ampère et par sir Humphry Davy, qui doit sans
doute rénover toute une partie des méthodes de l'ancienne
chimie.

La grande découverte qu'il y aurait à réaliser maintenant serait non pas d'accroître d'une unité le nombre
de nos « éléments », mais, au contraire, de le diminuer,

en passant d'une façon méthodique d'un corps simple
à un autre corps simple.

Resterons-nous toujours en présence des mêmes éléments, augmentés encore par les découvertes futures,
sans jamais pouvoir passer des uns aux autres? Au
contraire, arriverons-nous enfin à cette transformation
des corps simples les uns dans les autres qui jouerait
en chimie un rôle aussi important que l'idée de combustion saisie par l'esprit pénétrant de Lavoisier?

Que ces différents corps élémentaires dérivent d'une
matière primordiale unique ou de la combinaison de
deux substances, peu importe encore aujourd'hui ! Le
point essentiel serait de pouvoir transformer les corps
simples d'une même famille naturelle, comme nous le
faisons maintenant pour les variétés allotropiques d'un
même élément. L'ensemble des recherches entreprises
depuis un siècle sur « la chimie du carbone » prouve
l'importance de la polymérisation et le rôle immense
qu'elle peut jouer.

Actuellement, les *fours électriques industriels* se
rattachent à trois catégories : fours à arc, fours à résistance, fours à incandescence, c'est-à-dire à « résistance
superficielle ».

Les *fours à arc* sont des systèmes Moissan ou Siemens. Ils comportent soit un seul arc et deux électrodes
mobiles, soit un seul arc et une seule électrode mobile,
soit des arcs multiples; la tension y varie de 50 à
60 volts.

Les *fours à résistance* du système du savant électricien Héroult sont constitués comme les précédents, mais
disposés pour un fonctionnement à basse tension de
20 à 25 volts; l'électrode verticale plonge dans la
matière.

Les *fours à incandescence* ou à résistance superficielle
se rattachent au système Cowles : les électrodes, qui,

à elles seules, ne permettent pas le passage du courant, sont reliées entre elles par des morceaux de charbon juxtaposés formant un « lit de fusion » sur lequel on place les matières à traiter. Ces fours se prêtent aux plus forts voltages de 80 à 100 volts et sont d'une grande puissance.

On classe aussi les fours d'après la nature et d'après le mode d'action du courant en *fours électrolytiques* et *fours électro-thermiques* généralement alimentés par des courants dont l'intensité varie de. 5 000 à 10 000 ampères et la puissance de 250 à 1 000 kilowatts.

Le *four électrique*, sous ses diverses formes, est un des principaux organes de progrès actuel des applications industrielles. Les fabrications, auxquelles il se prête ou dont il a été le point de départ pratique, sont très nombreuses. On peut citer les suivantes : carbure de calcium producteur de l'acétylène, aluminium, cuivre, carborundum, phosphore, vanadium, graphite, silicium, corindon, ferro-chrome, ferro-bore, ferro-titane, ferro-silicium, nickelo-bore, mangano-silicium, monox. La production directe du fer et de l'acier par les fours électriques Héroult et Stassano paraît remplie d'avenir.

L'aluminium s'obtient, grâce aux travaux de MM. Minet, Héroult et Hall, par l'électrolyse d'un bain de cryolithe fondue, c'est-à-dire d'un fluorure double d'aluminium et de sodium. Ce métal qui coûtait 300 francs le kilogramme, en 1857, obtenu par la méthode, fort intéressante d'ailleurs, de Sainte-Claire-Deville, vaut aujourd'hui environ 2 fr. 60 le kilogramme.

On étudie, depuis quelque temps, le *four électrique de verrerie*, qui serait un moyen d'action utile et profitable pour cette importante industrie. Les résultats obtenus donnent lieu de penser que l'on obtiendra bientôt des résultats définitifs.

Citons enfin, parmi les produits principaux réalisés

grâce au four électrique, le *carborundum* ou *siliciure de carbone cristallisé*, corps extrêmement dur qui peut servir aux mêmes emplois que l'émeri. M. Acheson l'a obtenu aux Etats-Unis en chauffant au four électrique un mélange de silice, de coke, d'alumine, et de chlorure de calcium. La matière produite est pulvérisée au sortir du four et employée soit en poudre, soit sous forme d'agglomérés.

La houille blanche. — Pour actionner les mécanismes dont nous avons parlé, pour produire les hautes températures qui volatilisent, qui dissolvent et qui recombinent entre elles les substances, il faut recourir à des sources de force motrice puissantes.

On les trouve dans le charbon extrait des mines, dans la *houille noire.*

On les trouve aussi et de plus en plus d'une façon abondante et économique dans l'inépuisable approvisionnement de la glace et de la neige des glaciers que le précurseur Aristide Bergès, de Lancey, dans l'Isère, sorti de l'Ecole centrale des arts et manufactures en 1852, mort en 1904, appela d'une façon originale et frappante la *houille blanche.*

Ne voyons, en effet, que le but : il est de produire de la force motrice utilisable, de développer de l'énergie ; le bloc de houille qui brûle en donnant ses calories sur la grille de la chaudière à vapeur et le bloc de glace qui laisse couler son eau de fusion dans une turbine hydraulique arrivent par des voies différentes au même résultat.

L'utilisation de la houille blanche, c'est donc la mise à profit des forces hydrauliques constituées par les glaces des glaciers de montagnes et par les chutes d'eau qui en sont le perpétuel déversement. On en retrouve l'énergie dans le courant des torrents, des rivières et des fleuves qui vont finalement se perdre dans le vaste réservoir commun de la mer.

C'est « un cycle » ininterrompu puisque l'évaporation sous toutes ses formes reportera sur le sommet des montagnes ce que le ruissellement en a emporté.

L'utilisation de « la houille blanche » est devenue possible, et son immense succès était certain, dès lors que furent combinés par les mécaniciens et par les électriciens les deux engins tournants nécessaires, la *turbine hydraulique* et l'*alternateur électrique* dont nous avons déjà parlé plus haut. Nous avons vu que l'on peut ainsi réaliser les transports d'énergie à de très grandes distances : les unités génératrices de force motrice atteignent jusqu'à 10 000 kilowatts, soit 15 000 chevaux de puissance sur l'axe des turbines en donnant un rendement global de plus de 75 p. 100. Des progrès considérables ont été réalisés pour le réglage et dans les projets que nos constructeurs établissent, rien n'est laissé au hasard.

De quelle puissance dispose-t-on ainsi ?

L'inventaire total n'en est guère facile à établir. Les nations qui viennent en tête, par leur configuration géographique, sont, en ce qui concerne les *chutes d'eau actuellement aménagées :* les Etats-Unis avec 1 500 000 chevaux de puissance ; la France avec 800 000 chevaux ; l'Italie et la Suisse avec 300 000 chevaux ; puis la Norvège, la Suède, l'Allemagne.

Le mouvement général d'utilisation est seulement commencé.

En ce qui concerne les *disponibilités*, nous nous bornerons à indiquer ici ce qui apartient à la France.

Les études faites dans la régions des Alpes conduisent à admettre des disponibilités *en eaux moyennes* de 4 à 5 millions de chevaux pour les départements alpins et de 10 millions de chevaux pour l'ensemble de la France.

Comme terme de comparaison, les statistiques récentes du ministère des travaux publics évaluent à 1 790 000 chevaux environ la puissance des appareils à vapeur employés par l'agriculture et par l'industrie, et à 5 470 000 chevaux celle des locomotives. La « houille blanche » à elle seule suffirait donc largement à faire toute la besogne de la « houille noire ». Mais il ne faut pas pousser ainsi les choses à l'excès : on brûlera encore beaucoup de charbon, n'en doutons pas, lorsque les disponibilités de houille blanche auront été mises à profit. Les deux moyens de production de la force motrice se concilieront dans une large mesure d'abord parce que la quantité de force motrice consommée ira sans cesse en augmentant, ensuite parce que la machine à vapeur reste indispensable à côté du moteur hydraulique pour remédier aux sécheresses et aux congélations d'eau des rudes hivers.

Parmi les bienfaits de l'électricité, l'un des plus grands, en permettant l'utilisation de la houille blanche, aura été de rompre le lien qui maintenait en contact étroit la production et l'emploi de la force : le transport de l'énergie est la grande conquête. En apportant aux forces hydrauliques cette faculté de transport à d'énormes distances, l'électricité lui ouvrait le plus bel avenir.

L'emmagasinement de la puissance de la houille blanche se fait, d'ailleurs, avec une très grande souplesse dans des lacs ou des réservoirs que l'on nomme compensateurs. Prenons-en un exemple.

Voici le lac artificiel de Jonage, sur le Rhône. Il est placé vers le milieu du canal d'amenée aboutissant à l'usine électrique de Cusset, près de Villeurbanne, et sa superficie est de 160 hectares. Les eaux s'y accumulent en dehors de la consommation journalière de façon à faire face aux besoins pour les heures où la consommation d'énergie est à son maximum.

Or, ce lac avec son barrage permet de porter la puissance de l'usine pour les « coups de collier » de 16 000 à 20 000 chevaux. En supposant que ces 4 000 chevaux soient produits pendant quatre heures, l'abaissement du plan d'eau dans le lac n'est que de *trente centimètres* : c'est dire ce qu'il est possible de faire avec une pareille puissance aussi docilement asservie.

Rappelons, pour terminer, les noms des grands ingénieurs qui ont combiné les instruments d'utilisation de « la houille blanche » : la *turbine* et la *dynamo*.

Pour la *turbine hydraulique*, ce sont Euler, Fontaine, Girard, Fourneyron.

Pour la *dynamo*, ce sont : Paccinotti, Gramme, Siemens. Munis de cet outillage, ainsi que nous l'avons indiqué, Marcel Deprez, Hippolyte Fontaine, Gaulard, Zipernowski, Ferraris, Tesla, Brown, Thury, Aristide Bergès ont pu réaliser le transport de l'énergie par l'électricité et pratiquer ses transformations successives.

Un jour viendra peut-être où, grâce à de nouveaux progrès mécaniques et électriques, on pourra aller demander à la mer elle-même, à l'immense réservoir, la force motrice empruntée au mouvement éternel et incoercible de ses marées. Là encore, on verra se réaliser bien des rêves de précurseurs et bien des utopies devenir des réalités.

En attendant, une autre productrice de force motrice est venue s'adjoindre à « la houille blanche », c'est la *houille verte*. Sous cette dénomination pittoresque, un précurseur savant et désintéressé, M. Henri Bresson, ingénieur, a mis en évidence l'utilité de capter par de petites turbines ou autres récepteurs hydrauliques tels que les roues à cuillers par exemple, la force motrice par trop négligée et inutilisée du déversement des eaux dans les petits cours d'eau et rivières non navigables ni flottables. Il y a là une disponibilité de force motrice très considérable et si intéressante que nous lui consacrerons un de nos chapitres entiers sous le titre de « la houille verte ». Un recensement des forces hydrauliques françaises datant de 1899 signale 49 000 chutes d'eau sur les cours d'eau non navigables et 1 600 seulement sur les canaux et les rivières navigables. On voit qu'il y a pour l'ingénieur et pour l'électricien un vaste terrain d'utilisation. Il ne peut assurément entrer en parallèle avec celui de « la houille blanche » qui est véritablement colossal ; mais, néanmoins, on y voit, en perspective, un bel appoint de force motrice ; on peut l'évaluer à 575 000 chevaux-vapeur dont une partie seulement est utilisée. Les dispositifs simples et pratiques créés par nos constructeurs pour l'appareillage et la distribution de l'énergie électrique petite ou grande lui permettront de plus en plus une utile vulgarisation sous forme de force et de lumière.

NEUVIÈME CONFÉRENCE

Electricité galvanique
Les Ondes

On ne prononce plus guère, actuellement, le terme
d' « électricité galvanique » que pour rendre hommage
à Galvani, l'illustre physicien de Bologne, émule de
Volta, et des précurseurs des études sur l'électricité. De
cette belle époque d'initiation, il reste la *pile électrique*
et l'*accumulateur électrique* qui lui a succédé; le
XVIIIe siècle finissait lorsque fut imaginée par Volta la
première pile, dite *à colonne*, formée de rondelles en
cuivre, en zinc et en drap imbibé d'eau légèrement
acidulée.

A. C. Becquerel, dans une série de remarquables travaux, modifia et fit évoluer la théorie que l'on avait faite
de la pile de Volta; il expliqua le phénomène de la *polarisation* qui consiste en ceci :

Lorsqu'une pile au zinc et à l'acide sulfurique, par

exemple, fonctionne, le courant qu'elle fournit diminue rapidement d'intensité. On dit qu'elle se *polarise*.

Voici l'explication :

L'hydrogène que la réaction chimique met en liberté est entraîné par le courant sur l'électrode de cuivre qu'il entoure d'une petite gaine gazeuse. Or, les gaz étant mauvais conducteurs de l'électricité, la *résistance* à l'intérieur de la pile se trouve de ce fait augmentée. Il en résulte une diminution dans l'intensité du courant.

En 1829, Becquerel créait les piles à courant constant formées de deux métaux plongeant dans deux liquides séparés par un diaphragme poreux, disposition que Daniell utilisa dans sa pile classique en 1836.

En 1835, Becquerel indiqua encore l'emploi de l'acide nitrique au pôle positif d'une pile ne comprenant qu'un métal, du platine et deux liquides. Grove et Bunsen devaient tirer un parti important de cette disposition, et Grove, partant des expériences sur la polarisation, devait imaginer la *pile à gaz*, curieux accumulateur électro-gazeux qui sera peut-être par la suite le principe ou la formule de l'accumulateur électrique à gaz, léger, chimique, dont on poursuit avec ardeur la découverte.

Mais passons sur l'historique des piles, tout instructif qu'il soit ; on le trouve dans les traités spéciaux.

Signalons seulement, dans notre examen essentiellement pratique, les piles au peroxyde de manganèse qui, grâce à leur simplicité et à leur absence d'émanations acides, jouirent d'une légitime faveur dès que M. Leclanché leur eut donné leur véritable forme en combinant l'action dépolarisante du peroxyde de manganèse avec l'action du chlorhydrate d'ammoniaque.

Les piles Leclanché se composent d'un zinc amalgamé plongeant dans une solution de chlorhydrate d'ammoniaque ou chlorure d'ammonium. L'électrode positive est en charbon et on l'enfonce dans un *mélange dépolarisant* formé de bioxyde de manganèse et de charbon de cornue concassés. Chaque *ampère-heure* débité exige environ 2 grammes de chlorhydrate et 1 gr. 5 de zinc. La force *électromotrice* d'un des bons éléments Leclanché actuels est de 1,48 volt et la *résistance intérieure* de 3 à 10 ohms dans les éléments à vase poreux. On fixe souvent le liquide des piles au moyen de cellulose ou de gélose extraite de certaines algues marines et que l'on nomme agar-agar.

Un élément de pile Daniell se compose d'un zinc plongeant dans l'eau acidulée d'acide sulfurique. L'électrode positive est en cuivre, immergée dans une solution dépolarisante de sulfate de cuivre contenue dans un vase poreux. La force électromotrice d'un élément de ce genre est de 1,08 volt. Callaud a modifié l'élément Daniell en supprimant le vase poreux et en utilisant la simple différence de densité des liquides pour les maintenir séparés.

L'élément Bunsen comporte un zinc amalgamé plongeant dans l'eau acidulée et une électrode positive en charbon plongeant dans l'acide azotique utilisé comme dépolarisant et contenu dans un vase poreux. La force électromotrice initiale atteint 2,2 volts.

Le *rendement* d'une pile est le rapport entre la puissance extérieure disponible et la puissance totale produite. Les éléments de pile peuvent être couplés, suivant l'effet que l'on veut obtenir, *en tension*, et alors les forces électromotrices des éléments s'ajoutent ainsi que les résistances intérieures ; ou bien *en quantité*, et alors, dans ce mode de montage, la force électromotrice totale est égale à celle d'un élément, mais la résistance intérieure est la résistance réduite de toutes les résistances intérieures des éléments.

Les *accumulateurs électriques*, sur lesquels nous ne pouvons jeter qu'un rapide coup d'œil, sont, ainsi que leur nom l'indique, des appareils susceptibles d'emmagasiner l'énergie électrique. Ils se rapprochent des piles en ce qu'ils sont fondés sur le principe de la réversibilité des actions chimiques dont le plus frappant témoignage est, ainsi que nous l'avons dit, la pile de Grove ou pile à gaz.

Pratiquement, on entend par accumulateur électrique un accumulateur *au plomb* tel que le découvrit Planté et dont les modèles courants varient *en capacité* de 10 à 10 000 ampères et *en débit* de 1 à 3 000 ampères; les durées normales de décharge ne descendent guère au-dessous de une à cinq heures.

Il y a de nombreux systèmes d'accumulateurs du genre Planté, Faure, Faure-Planté : quelques systèmes spéciaux emploient pour leurs plaques un métal autre que le plomb, ou un alliage.

Le liquide des accumulateurs au plomb ordinaire est composé d'acide sulfurique à 66° Baumé et d'eau pure, distillée ou de pluie.

La *charge* se fait le plus souvent à courant constant, à raison de 0, 75 ou 1 ampère par kilogramme de plaques; on arrête la charge quand la différence de potentiel aux bornes de chaque accumulateur atteint 2,5 volts.

La *décharge* se fait à raison de 1 à 2 ampères par kilogramme de plaques.

La *capacité utile* dans les projets peut être prise de 10 ampères-heure par kilogramme de *matière active* des plaques.

Le *rendement des accumulateurs* est assez variable suivant les systèmes. Pour les bons accumulateurs usuels, on compte 0,85 à 0,90 pour le *rendement en quantité* et 0,60 à 0,70 pour le *rendement en énergie*. Dans une

installation industrielle qui se sert constamment d'accumulateurs, on doit compter sur un rendement de 0,40 à
0,45 du travail fourni à la poulie de la dynamo.

Quelle que soit d'ailleurs l'installation électrique,
qu'il s'agisse d'utiliser l'énergie sous forme de force ou
sous forme de lumière, l'adjonction d'une *batterie
d'accumulateurs* est indispensable. Elle seule peut parer
aux accidents de fonctionnement et aux arrêts des
machines. Petite ou grande, la batterie d'accumulateurs
est facile à faire fonctionner.

Les piles ont généralement cédé la place aux accumulateurs pour la production des courants de quelque
puissance. Cependant, l'usage s'en est maintenu dans
la *télégraphie* et la *téléphonie*. Nous allons examiner
la façon dont leur courant y est utilisé.

La *télégraphie électrique* succéda, d'une façon tout à
fait inattendue, à la *télégraphie aérienne* des frères
Chappe, seul moyen de communication à grande distance connu au début du laborieux XIX⁰ siècle. C'était
déjà, — chose curieuse à considérer, — de la « télégraphie sans fil », et cela peut donner à penser au point de
vue philosophique ; mais les moyens d'action de cette télégraphie et de celle que l'on pratique actuellement et
dont nous parlerons plus loin sont prodigieusement
différents.

Le système de télégraphe aérien des frères Chappe
était bien loin d'être sans mérite et l'on ne peut s'y
reporter sans respect pour un glorieux passé. Il devint
populaire dès le lendemain de sa mise en pratique par
une de ces bonnes chances qui échoient parfois aux
choses comme aux gens. La Convention nationale
l'adopta en 1793, et ce fut lui qui annonça un succès
militaire patriotique de haute importance, la reprise
du Quesnoy, près d'Avesnes, sur les Autrichiens, le
15 août 1794.

Ses postes de transmission étaient situés à une distance moyenne de 10 kilomètres les uns des autres ; l'emploi de fortes lunettes permettait de suivre avec exactitude les gestes cabalistiques des bras mobiles de l'appareil. De Paris à Lille, avec 20 postes de relais, on échangeait une communication en deux minutes.

Le grave défaut du système était d'être fréquemment interrompu par les vicissitudes atmosphériques, notamment par le brouillard et de ne pas pouvoir fonctionner pendant la nuit. La *télégraphie optique* avec ses projecteurs lumineux eût résolu le problème, mais elle arriva trop tard après la télégraphie électrique triomphante. Elle devait elle-même s'effacer par la suite devant la *télégraphie hertzienne sans fil.*

Quoi qu'il en soit et malgré ses imperfections natives, la *télégraphie aérienne* des frères Chappe resta sans rivale en France et fut un modèle pour l'étranger jusqu'en 1839.

Ampère, en 1820, avait bien entrevu la possibilité de signaux fondée sur la déviation d'aiguilles aimantées par un courant. La mise en pratique était réservée à Wheatstone, en Angleterre, et à Steinheil, en Bavière, vers 1837.

Steinheil eut un trait de génie, ce fut la suppression du fil de retour dans le circuit ; il indiqua le *retour par la terre* du courant émis par le transmetteur.

L'année suivante, en 1838, Morse faisait breveter son système, admirable de simplicité, consistant à envoyer et à imprimer des *brèves* et des *longues* sur une bande de papier qui se déroule. Cet appareil avec tous ses rouages de fonctionnement est sorti si parfait du cerveau de Morse que l'on n'a jamais rien imaginé de meilleur dans ce genre. Certes, les admirables télégraphes actuels, à formidable débit, sont de bien autres instruments de communication, mais l'appareil Morse reste le propagateur de la télégraphie partout où elle accompagne la nécessité de communiquer à distance, qui est le gage de la civilisation.

Vinrent ensuite des *télégraphes à aiguilles* de nombreux systèmes étudiés avec une extrême ingéniosité : toujours fort délicats et fort compliqués, ils ne présentent qu'un intérêt scientifique ; au point de vue pratique, ceux qui s'y exerçaient entraient dans une mauvaise voie.

En 1840, Wheatstone créa le *télégraphe à cadran* dont devaient dériver les systèmes de Bréguet, de Froment, de Digney et de Dujardin. Les lettres de l'alphabet, marquées sur un cadran, vont désigner, au moyen d'une aiguille, leurs « identiques » inscrites à distance sur un autre cadran. Ce système exige une concordance parfaite entre les deux appareils, un synchronisme complet que l'on obtient, d'ailleurs, assez aisément par un réglage élémentaire. Ces télégraphes rendent encore maintenant d'excellents services entre les mains d'agents d'une instruction professionnelle limitée. Le système Dujardin a l'avantage sur les autres d'être imprimeur et de fournir, au départ et à l'arrivée, une reproduction typographique des dépêches.

Venons aux télégraphes imprimeurs proprement dits et fort vulgarisés à l'heure actuelle. Leur invention date de 1837 à 1840 et est attribuée à Vail et à Wheatstone : ils ne sont vraiment entrés dans le domaine de la pratique qu'avec l'appareil Hugues. A la suite d'essais effectués aux Etats-Unis, cet appareil fut présenté au gouvernement français en 1860, son *récepteur* porte une *roue des types* sur laquelle sont gravées en relief les lettres de l'alphabet qui vont s'imprimer à l'encre grasse sur une bande. La transmission, plus rapide qu'avec le Morse, atteint 1 800 ou 2 000 mots par heure. De nombreux appareils similaires ont été combinés.

Stearns, en 1868, poursuivant une idée émise par

Camion de livraison Peugeot.

(Cliché *Industrie Moderne*.)

Gintl en 1853, fit aboutir le principe de *transmission* duplex, dans lequel deux dépêches sont transmises simultanément par un même fil, et en sens inverse l'une de l'autre.

Afin de mieux tirer parti du fil, Rouvier, en 1860, eut l'idée de lui faire desservir plusieurs appareils récepteurs, et Meyer, en 1872, perfectionna le système au point de lui faire fournir 3 000 mots à l'heure sur les cinq cents kilomètres de la ligne Paris-Lyon.

Le télégraphe Baudot, de 1874, fort employé en Europe, a un principe analogue à celui de Meyer : de plus il a l'avantage de donner des lettres comme dans l'appareil Hugues.

Un système fort ingénieux et tout récent, celui de M. Rowland, aux Etats-Unis, utilise des courants industriels alternatifs; quatre claviers donnent 7 200 et 9 600 mots à l'heure et ce rendement peut être doublé en transmettant les dépêches des deux extrémités de la ligne à la fois.

Nous ne pouvons omettre, parmi les plus curieux systèmes de télégraphie intensive, celui de MM. Mercadier et Pierquin, lesquels, reprenant le *télégraphe harmonique* d'Elisha Gray, se servent de diapasons, au départ, lançant des courants ondulatoires, et de téléphones microphoniques, à l'arrivée, pour recevoir les dépêches qui sont, en quelque sorte, *chantées* sur des tons musicaux différents. Ce sont des signaux Morse, des longues et des brèves que chante ainsi l'appareil, lequel peut donner un débit de 18 000 mots par heure.

Les savants ne se sont pas contentés d'utiliser le *son*, et ils ont combiné récemment quelque chose de plus remarquable encore, tout en étant parfaitement pratique. MM. Virag et Pollak, inventeurs autrichiens, ont fait un télégraphe automatique *écrivant à distance* et utilisant pour cela la *lumière* : c'est une sorte de combi-

14

naison raffinée du télégraphe électrique et de la télégraphie optique dont le rayon lumineux est le conducteur.

Dans ces curieux appareils qui fonctionnent irréprochablement, le *récepteur* consiste en un miroir oscillant actionné par des membranes de téléphone et *réfléchissant un rayon lumineux*, lequel trace sur un papier *photographique* « des crochets » à droite et à gauche : les crochets en s'entre-croisant forment véritablement de l'*écriture*, écrite à des centaines de kilomètres de distance. Sur une longueur de ligne de 400 kilomètres, on a obtenu *60 000 mots à l'heure*, avec deux fils.

On retrouve cette disposition du miroir oscillant sous la forme de l'*oscillographe* du savant Blondel dans les appareils de *téléphotographie*, c'est-à-dire, de transmission à grande distance, d'une photographie de sujet ou de paysage. C'est ainsi que les progrès s'enchaînent, en quelque sorte, les uns avec les autres.

Avant de quitter les appareils enregistreurs, citons encore le télégraphe Ader destiné aux *lignes sous-marines*. Un fil fin et flexible, disposé transversalement aux « lignes de force » d'un champ magnétique, est traversé par le courant et entraîné vers l'un ou l'autre des côtés du champ ; ses mouvements, amplifiés par un procédé optique, s'inscrivent sur du papier sensible. Tel est aussi le principe du *siphon-recorder*, dans lequel le galvanomètre à miroir a été remplacé par un appareil inscripteur d'après les recherches du savant sir William Thomson (Lord Kelvin).

Nous ne parlerons que pour mémoire des *appareils télégraphiques autographiques*, dont le premier fut combiné par l'Anglais Backwell, en 1851. L'abbé Caselli perfectionna cette invention et créa un modèle que l'Administration française mit en service en 1863. D'Arlincourt, en 1872, Lenoir et Meyer, présentèrent des combinaisons analogues fondées sur le synchronisme et dont diverses dispositions présentent de l'intérêt en ce sens qu'elles font partie aussi des dispositifs mécaniques récents de *téléphotographie*.

Venons à la conquête récente et la plus merveilleuse, à la *télégraphie sans fil* fondée sur l'emploi des ondes de Hertz : on utilise par ce prestigieux moyen les décharges électriques brusques de l'étincelle électrique, décharges oscillatoires dont « la période » est de *un cinquante millionième de seconde* ; c'est presque la vibration elle-même dont on tend à se rendre maître.

L'historique de la télégraphie sans fil remplit déjà des volumes. Nous pouvons pourtant le résumer brièvement et le condenser en quelques noms qui sont, dans l'ordre expérimental : Popoff, un Russe ; Lodge, un Anglais ; Branly, un Français ; Marconi, un Italien. Toutes les recherches pratiques de ces savants ont, d'ailleurs, pour base commune, les belles expériences de laboratoire du professeur Hertz sur les *oscillations électriques*. Il montra, en 1887, que ces oscillations, extrêmement rapides, se chiffrent par *une dizaine de millions par seconde* et se transmettent avec *la vitesse même de propagation de la lumière*, soit *trois cent mille kilomètres par seconde* ; elles produisent, de plus, des actions à distance sur des appareils spéciaux que l'on appelle *résonnateurs*. On en conclut, avec raison, que l'on pourrait les utiliser pour transmettre des signaux et par conséquent des télégrammes.

L'oscillation hertzienne est bien, nous l'avons vu, une vibration qui se propage à la façon de la vibration lumineuse et avec la même vitesse. On ne peut pas communiquer aisément à de grandes distances et d'une façon permanente grâce au rayon lumineux parce que cette vibration est absorbée par l'atmosphère, amortie, éteinte.

Par contre, l'oscillation électrique hertzienne à haute fréquence, jouissant de son privilège d'être invisible, se prolonge et peut être perçue à des milliers de kilomètres de distance.

C'est ainsi, d'ailleurs, comme Roëntgen l'a démontré, que les rayons lumineux sont arrêtés par les obstacles matériels, au lieu que leurs frères invisibles, les fameux rayons X, passent au travers avec la plus grande facilité.

Donc, au premier début, Hertz s'est emparé scientifiquement des oscillations électriques.

Popoff a eu ensuite l'idée fort juste que les orages atmosphériques sont de grands producteurs d'ondes électriques et que l'on peut les constater à grande distance en recueillant ces ondes sur un mât, sur un paratonnerre; il planta donc son mât, n'obtint pas de grands résultats, mais il avait créé l'*antenne* de la télégraphie sans fil.

Lodge imagina alors ce que l'on nomme son *système syntonisé* qui permet d'obtenir, de fabriquer des ondes électriques de grande longueur. Son dispositif comporte deux *bobines* entre lesquelles se produisent des phénomènes d'*induction électrique;* ces bobines sont reliées à des *condensateurs*, de façon à produire de longues ondes.

Voilà les ondes produites et lancées dans l'espace au hasard. Elles y seraient à tout jamais restées si le savant français Branly n'avait pas, à ce moment, combiné son admirable *cohéreur*. Le « cohéreur » est un petit tube rempli de limaille métallique ou de boules de charbon. Les fragments des limailles ou les boules ont la propriété de présenter des *contacts imparfaits*, lesquels arrêtent ou retardent, dans les conditions ordinaires, le passage du courant électrique; mais, si les ondes électriques viennent frapper le cohéreur, le courant électrique traversera un fragment de fil sur lesquels se trouve intercalé le cohéreur. C'est donc le moyen d'avoir des signaux à distance par les ondes, puisqu'un *récepteur télégra-phique Morse* très ordinaire ne s'animera et ne tracera des points et des traits sur la bande bleue traditionnelle que lorsqu'il recevra le choc des ondes.

On en était là lorsque intervint le jeune savant italien Marconi. Electricien remarquable et inventeur d'une grande ingéniosité, il aperçut avec une rare intuition tout l'avenir de ce qui allait devenir, grâce à ses expériences persuasives, « la télégraphie sans fil ». Il sut tenir tête aux dénégations, ne pas se laisser décourager par les objections les plus diverses. Il relia par son système de signaux sans fil l'Europe et les Etats-Unis.

Depuis lors, grâce à la belle *antenne* que constitue la Tour Eiffel, on a pu établir des communications directes entre Paris et divers postes de l'Algérie et de la Tunisie.

Voici en quoi consiste une installation usuelle de télégraphie sans fil :

Elle comporte deux postes placés aux points que l'on veut mettre en communication.

Chaque poste comprend : 1° les organes, machines électriques et autres, nécessaires à la production des oscillations, des ondes électriques; 2° le petit appareil, tout ordinaire, qui sert à traduire les oscillations passant par le cohéreur, en signes ou signaux perceptibles du système Morse, des brèves et des longues avec lesquelles on peut écrire tout l'alphabet et tous les chiffres; 3° une antenne, sorte de grand mât haubané qui servira à volonté pour la transmission ou pour la réception des télégrammes.

Supposons le mât planté; un conducteur électrique part du bureau placé à son pied et aboutit au sommet. Dans ce conducteur, on lance les oscillations produites par l'oscillateur, c'est-à-dire que l'on y envoie du cou-

rant électrique haché, pulvérisé, réduit à l'état de vibrations. Les vibrations arrivent au sommet du mât : elles
s'en échappent invisibles, s'épanouissent, comme le
feraient les étincelles d'une énorme fusée.

Le télégraphiste, dans son bureau, au moyen du petit
levier que constitue la *clé Morse*, interrompt et rétablit,
par intervalles inégaux, les projections d'ondes : il fait
des *brèves* et des *longues*, des signaux, des mots, des
phrases.

Les signaux s'envolent dans l'espace. S'ils rencontrent
une autre *antenne* dans un poste *récepteur*, ils descendent
par le fil conducteur qui court le long de cette antenne ;
ils trouvent au bas un *cohéreur* auquel ils donnent des
secousses longues ou brèves ; le cohéreur laisse passer,
à chaque fois, le petit courant électrique long ou bref
d'une pile locale et l'appareil récepteur Morse se met
en mouvement tout seul ; il déroule sa bande en y inscri-
vant les signaux. Lorsque les oscillations s'arrêtent, le
récepteur s'arrête également.

Il y a un inconvénient évident *a priori*. Il consiste en
ce que l'antenne peut recevoir, en même temps que tous
les signaux qui lui sont destinés, tous ceux des postes
transmetteurs quelconques qui ne lui sont pas destinés.
Ce peut être et c'est parfois la « confusion des langues » ;
le poste de la Tour Eiffel, par exemple, pourrait prendre
des allures de poste de la Tour de Babel des légendes.
On y obvie par un procédé que l'on nomme la *syntonisation* et qui, imaginé en principe par M. Slaby, est
soumis constamment à des perfectionnements nouveaux.
L'étymologie du terme syntonisation est claire ; cela
veut dire : « Donner une même tonalité » ou bien
« accorder le ton ». Les choses auxquelles on donne
cette même totalité, ce sont le « *circuit oscillatoire* »
des deux postes et leurs deux *cohéreurs*.

La télégraphie sans fil fera-t-elle disparaître les

moyens de communication existants ? Ne verra-t-on plus,
dans une perspective plus ou moins rapprochée, ni
poteaux de télégraphe, ni câbles sous-marins ? Nous ne le
pensons pas. Car les conditions d'intercommunication,
auxquelles il faut se prêter, sont très diverses, et, dans
bien des circonstances, telle ou telle organisation puissante voudra posséder son câble spécial ou son fil spécial ; le fil qui court sur les poteaux est un « canalisa-
teur » de vibrations électriques d'une discrétion rare.

Les relations humaines, en général, ont trouvé, surtout dans la télégraphie sans fil, un auxiliaire précieux ;
elle permettra d'établir des contacts rapides auxquels
on ne pouvait songer avant elle ; il en résultera une
sérieuse solidarité. Déjà le téléphone nous mettait à
l'abri, dans une large mesure, des fausses nouvelles ten-
dancieuses et des avis commerciaux malhonnêtement
intéressés. La nouvelle télégraphie s'opposera encore
plus et encore mieux à l'envolée des dangereux ou cou-
pables « canards », qui troublaient la paix ou l'économie du Monde ; elle nous apparaît, à ce titre, comme un
très remarquable progrès. Elle contribuera enfin dans
une large mesure à assurer la sécurité de la navigation.

La *téléphonie*. — Ce n'est plus seulement le signal,
c'est le son lui-même que transmet le téléphone, c'est la
voix qu'il transporte à distance, avec sa valeur, ses modu-
lations, ses intonations. On a dit et l'on a eu raison de
dire que lorsque le problème de la *vision à distance* aura
été résolu — et l'on en approche — au moyen d'un
appareil analogue à ceux dont on se sert en téléphotographie, il suffira d'y adjoindre le téléphone pour réaliser à travers l'espace un véritable « transport de la per-
sonnalité humaine ». Ajoutons que cette voix transmise
peut être enregistrée, inscrite sur un cylindre de *phono-
graphe* et conservée à travers les siècles : c'est dès lors
une sorte de pérennité.

L'honneur d'avoir pressenti la téléphonie revient à un télégraphiste français, M. Bourseul. En 1854, dans une note technique sur le problème de la transmission du son, il prévoyait que l'electricité fournirait un jour la solution avec des appareils simples, et que ce serait non seulement le son, mais encore la parole que l'on transmettrait.

En 1860, Reiss parvint à transmettre des sons musicaux, en ne leur conservant que la hauteur.

Le 14 février 1876, Graham Bell, de Boston, et Elisha Gray, de Chicago, prirent simultanément des brevets : la téléphonie entrait dans la période pratique.

En 1877, Bell donnait la forme définitive de son téléphone articulant, comportant un *transmetteur* et un *récepteur* reliés par un circuit. Chaque appareil était formé d'une plaque en fer mince, d'un barreau aimanté, et d'une bobine de fil fin entourant l'extrémité de ce barreau ; les vibrations communiquées à la plaque *par la parole* modifiaient l'*aimantation* du barreau correspondant, faisaient varier le *flux* traversant la petite *bobine*, et les mêmes phénomènes se reproduisaient en sens inverse dans le récepteur, imprimant à la plaque de ce second appareil, par un délicat synchronisme, des vibrations identiques à celles du premier.

Les courant électriques utilisés par Bell étaient de faible intensité, ce qui réduisait la possibilité de correspondre à de très grandes distances. Edison, le grand inventeur américain, eut l'idée d'emprunter l'énergie électrique à une pile et de transformer cette énergie en *courants ondulatoires* de haute tension à l'aide de la *bobine d'induction;* il assura la modification d'intensité du courant en interposant une pastille de charbon, laquelle comprimait plus ou moins la membrane vibrante du transmetteur. Hughes, en 1878, améliora le téléphone d'Edison en recourant à des contacts multiples de charbon.

Depuis lors, à la suite de perfectionnements ininterrompus dont beaucoup ont été des simplifications, on a abandonné les transmetteurs « à crayons » pour les transmetteurs à poudre ou à granules, lesquels se prêtent mieux à la conservation du « volume de la voix » sur les grands parcours.

Désormais, le téléphone fait partie de ce que l'on peut nommer l'outillage des villes grandes ou moyennes. Les lignes mises à la disposition des abonnés convergent vers des bureaux centraux chargés d'établir entre eux les liaisons nécessaires. Dans une même ville, il y a intérêt à réduire le nombre de ces bureaux ou mieux à n'en avoir qu'un seul.

L'installation du bureau se présente sous forme de *tableaux* affectés à des groupes d'abonnés et desservis chacun par un téléphoniste ou par une dame téléphoniste. Sur ce tableau, les *appels* des abonnés sont signalés par des *annonciateurs* que déclenche un électroaimant. Un commutateur en cuivre est spécial à chaque abonné : on le nomme le *jack* ; il est fait de deux blocs en cuivre entre lesquels est une rainure dans laquelle sont introduites des *fiches*. Le jack permet au bureau central de répondre au *poste appelant* et d'en recevoir la désignation du correspondant qui a été demandé, puis de le relier par un conducteur souple au jack du *poste appelé* et de prévenir ce dernier au moyen d'un simple bouton.

Pour les bureaux qui ne reçoivent pas plus de deux cents ou trois cents fils, on se borne à relier deux tableaux lorsque les correspondants appartiennent à deux groupes différents. Quand le nombre des lignes devient considérable, il faut rassembler sous la main de l'opérateur les moyens de satisfaire directement aux

demandes des abonnés du groupe, même si le poste
appelé fait partie d'un autre groupe; à cet effet, chaque
tableau est muni de prises de contact pour toutes les
lignes. Au delà de 6 000 et 7 000 lignes, cela ne va pas
sans de grosses difficultés; cependant, on a été jusqu'à
14 000 lignes.

Le fonctionnement des bureaux téléphoniques nécessite l'emploi d'un nombreux personnel de téléphonistes,
hommes ou dames; la profession de « demoiselle du
téléphone » est une des professions que le progrès actuel
a créées. Elle est pénible, comme toutes les professions
en général, malgré les soins dont l'Administration
entoure autant qu'elle le peut son personnel; car la
« demoiselle du téléphone » doit être bien au courant
de son tableau, conserver son attention toujours tendue,
ne pas converser, pendant le longues heures, avec d'autres
personnes qu'avec les abonnés, toujours pressés, toujours
impatients. L'abonné a essentiellement le droit, qu'il a
acheté, d'être pressé et de vouloir obtenir sa communication sans délai; la téléphoniste a le devoir, souvent
rigoureux, de ne pas perdre, elle aussi, patience. On ne
se fait pas toujours, de part et d'autre, les concessions
que l'on devait se faire.

Aussi, les ingénieurs électriciens ont-ils cherché à combiner le bureau téléphonique automatique, fonctionnant
tout seul et ils ont trouvé diverses solutions satisfai-
santes de ce problème. Quelques-unes sont déjà prati-
quées aux Etats-Unis et en Suède et ont été essayées en
Allemagne. En France, on s'est borné à d'intéressantes
expériences suffisamment nettes pour que l'on puisse
penser et dire que le téléphone mécanique automatique
est la formule d'un très prochain avenir.

L'un des meilleurs systèmes, sinon le meilleur, et c'est
celui que nous décrirons brièvement, à titre d'exemple,

est le système Lorimer qui fonctionne à Peterburu, au Canada.

Voici en quoi il consiste :

Un *autocommutateur tournant* analogue au commutateur des machines dynamos tourne constamment autour d'un axe vertical ; il se compose de douze rangées circulaires de contacts métalliques noyés dans du plâtre. Ce commutateur réalise la *demoiselle du téléphone mécanique*.

En effet, prenons un exemple.

Vous voulez appeler le numéro 11-22. Vous formez ce numéro sur un petit cylindre analogue aux *cadenas à chiffres* que tout le monde connaît ; puis vous pressez sur un bouton qui *ferme le circuit* des piles téléphoniques.

Dès que *l'autocommutateur tournant* passe devant le secteur dont vous faites partie, le courant est lancé dans la ligne et la sonnerie appelle chez lui l'abonné 11-22.

On parle ; on a parlé ; la communication est terminée. Alors l'un des deux interlocuteurs remet son récepteur au crochet ; le circuit des piles est de nouveau ouvert et la communication cesse.

Les abonnés sont groupés par secteurs de *cent abonnés* dont les câbles aboutissent à un cylindre commun, de telle sorte que, dans un local très restreint, on peut établir un poste mécanique et automatique de *trois mille abonnés*. Un seul homme suffit à surveiller ce poste et à remédier à quelque accident mécanique s'il s'en produit, ce qui est, d'ailleurs, extrêmement rare. Une fois l'installation réglée, elle marche avec une régularité d'énorme horloge bien remontée.

L'appareil se prête à toutes les combinaisons de service et de taxes pour les villes et pour leurs banlieues. Il serait certainement déjà adopté sur bien des points

si sa mise en pratique ne nécessitait pas la réforme de
tout un matériel coûteux, né avec le téléphone et qui a
grandi avec lui. Ce matériel fort usé ne demande,
d'ailleurs, qu'à disparaître et c'est lui-même, n'en doutons pas, qui contribuera le plus à se faire éliminer.

Que deviendront les « demoiselles du téléphone »
lorsque triomphera le téléphone automatique?

Elles feront autre chose, tout simplement, et les hygiénistes s'en féliciteront, car leur métier, nous l'avons dit,
est très fatigant pour des santés féminines. Les hommes
y résistent à peine et c'est une cruauté que de soumettre
des organismes délicats à l'énervement perpétuel, au
séjour dans des locaux où l'air est forcément confiné,
et à la corvée du casque téléphonique dont le serre-tête
porte les récepteurs de la téléphoniste afin de lui laisser,
pour son travail, la liberté de ses mains. La mécanique
cette fois encore, lorsque ce progrès aboutira, aura été
émancipatrice.

Signalons pour terminer un appareil téléphonique,
le *télégraphone Paulsen*, qui fut une des curiosités de
l'Exposition universelle de 1900 où il apparut pour la
première fois. Depuis lors, il a reçu des perfectionnements sans être cependant entré dans la véritable pratique; mais rien ne dit qu'il n'y entrera pas.

Dans un circuit téléphonique est disposé un petit
électro-aimant entre les pôles duquel se déroule à grande
vitesse un fil ou ruban d'acier; les *influences magnétiques* variables, correspondant à la succession rapide
des *courants ondulatoires* de transmission, sont enre-
gistrées par ce fil ou ce ruban qui les restitue et qui
reproduit la parole avec une extrême pureté si on l'emploie ensuite *comme transmetteur* en le faisant passer
entre les pôles d'un électro-aimant semblable au premier et appartenant à un second circuit téléphonique. Le
fil impressionné peut, d'ailleurs, servir à déterminer des

enregistrements identiques dans d'autres fils, et l'utilisation simultanée de ces divers fils pour une même transmission amplifie les sons.

La téléphonie sans fil. — La téléphonie sans fil devait prendre sa place après la téléphonie ordinaire, de même que la télégraphie sans fil est brillamment survenue après la télégraphie électrique. Il y a là un enchaînement du progrès inéluctable. D'ores et déjà, en effet, la téléphonie sans fil existe.

Mais il y a des différences techniques essentielles.

Pour la télégraphie, la « période » des oscillations électriques est indifférente; au contraire, en téléphonie sans fil, il faut pouvoir reproduire l'énorme quantité de petites oscillations dont la superposition constitue la *voix humaine.*

Déjà de nombreux systèmes ont été combinés.

Les premières expériences bien définies ont été effectuées par MM. Gavey et Preece. M. Gavey expérimentait sur une distance de 2 kilomètres au travers du lac Ness, en Ecosse, pendant l'année 1894. M. Preece reprit ces expériences en 1899, en Angleterre, entre le phare des îlots Skerries et la station garde-côtes de Cemlin sur 4 kilomètres et demi de distance.

Peu après, M. Gavey, entre l'île Rathlin et l'Irlande, sur 13 kilomètres, établissait la communication téléphonique sans fil.

En 1902, M. Ducretet, le constructeur bien connu d'appareils scientifiques à Paris et qui a été, comme nous l'avons dit, dans les premiers qui s'occupèrent de la télégraphie sans fil, fit une installation de téléphonie sans fil avec communication par la terre à 1 kilomètre de distance. M. Maiche, en 1903, envoya, avec une installation analogue, des communications téléphoniques à 7 kilomètres.

M. Ruhmer, en 1902, perfectionnant un système dû
à MM. Simon et Reich, fit aussi de la téléphonie sans
fil sur le lac Wansee, près de Berlin, à 7 kilomètres de
distance. Il dirigeait, au moyen d'un projecteur de
35 centimètres de diamètre, les vibrations émanant d'un
arc électrique de 10 ampères.

Comme les appareils téléphoniques n'admettent pas
l'emploi des puissantes décharges, on est conduit généralement à chercher un « milieu » qui se prête mieux
que l'air à la transmission des vibrations et par analogie avec ce fait acoustique que les solides et les
liquides conduisent mieux le son que ne le font les gaz;
on s'adresse volontiers à l'eau et au sol.

D'ailleurs, c'est peut-être la vérité fondamentale même
en « télégraphie sans fil » sans que l'on y ait prêté une
suffisante attention. On admet, en effet, que les *antennes*
de deux postes de télégraphie sans fil communiquent
par leur sommet. Rien ne dit qu'elles ne communiquent
pas, tout au contraire, par leur pied et que l'atmosphère
ne joue pas seulement le rôle de chemin de retour.
Lorsque Steinheil, au début de la télégraphie électrique,
eut l'idée originale et admirable d'introduire la *terre*
dans le circuit et de supprimer le *fil de retour*, on fut, à
juste titre, fort surpris; c'était cependant la véritable
formule de fonctionnement pratique. Très probablement,
la télégraphie et la téléphonie sans fil nous donneront
des surprises analogues.

Nous ne pouvons que nommer ici les systèmes de
téléphonie sans fil de Plécher, de Léonardi, de Collins,
de Russo d'Asar. Même avant les travaux de Marconi,
le professeur Russo d'Asar avait tenté, dans les golfes
de Naples et de Gênes, des communications acoustiques
par l'eau entre la côte et les navires : c'était assurément,
en principe, de la téléphonie sans fil.

Signalons encore les systèmes Capeder-Telesca, à

transmission aérienne, le système Pansa, qui utilise les ondes hertziennes elles-mêmes, le système Campos, qui se sert d'un microphone en dérivation, le système Majorana, qui fait intervenir la lampe Cooper-Hewitt à vapeur de mercure pour obtenir la mise en vibration.

En avril 1907, un savant américain, M. Reginald Fessenden, a établi la téléphonie sans fil entre deux stations éloignées de 16 kilomètres, au moyen des ondes hertziennes.

La source d'ondes employée par M. Fessenden au poste transmetteur est un alternateur, une dynamo à très haute fréquence, pouvant tourner à 10 000 tours par minute en fournissant un courant alternatif de 60 000 périodes à la seconde. Ce courant est envoyé directement dans l'antenne transmettrice, laquelle se trouve ainsi soumise à des variations périodiques de tension électrique, lesquelles constituent les oscillations dont naissent les ondes projetées à travers l'espace. La réception des ondes se fait sur une antenne, qui les transmet à un appareil magnétique du même principe que le récepteur téléphonique habituel.

En juillet 1907, un autre système a été expérimenté aux Etats-Unis : c'est l'appareil de Forest, destiné surtout à la marine et à permettre aux navires en escadre de téléphoner entre eux.

L'appareil émetteur est fondé sur le principe de l'arc de Paulsen et produit des ondes d'une fréquence de 40 000 périodes par seconde ; les vibrations de la voix, reçues et transmises par un microphone, font subir à ces ondes des variations d'intensité et de période qui, au poste de réception, agissent sur l'organe récepteur.

Au poste transmetteur de Forest, il y a une petite dynamo à courant continu de 220 volts reliée aux deux pôles de l'arc électrique, lequel se forme dans la flamme d'une petite lampe à alcool. L'arc est en dérivation sur

un circuit renfermant un condensateur. Un transformateur transmet les ondes à une antenne qui les rayonne
dans l'espace.

Au poste récepteur, les ondes sont reçues par une
antenne et elle les dirige sur un organe récepteur que
M. de Forest appelle un *audion*. L'*audion* est une
ampoule vide d'air et qui contient un *filament de tan-
tale* rendu incandescent par une petite batterie d'accumulateurs. Le filament est placé entre deux feuilles de
platine relativement froides par rapport à lui, et il se
trouve inséré dans le circuit oscillant relié à l'antenne
par un transformateur ; le circuit contient un téléphone
et une batterie de piles. Les ondes électriques développent dans ce circuit des courants oscillants, lesquels
sont redressés par l'ampoule.

Si aucun changement ne survient dans le régime des
ondes, l'*audion* laissera donc passer un courant continu
qui viendra s'ajouter au courant de la pile locale et
passera à travers le téléphone sans y reproduire aucun
effet sonore. Mais, par contre, si l'on parle au *poste
transmetteur* devant le microphone, les modifications
qui seront apportées, de ce fait, *à la période*, c'est-à-dire
à l'intensité des ondes, se manifesteront par des variations correspondantes du courant que laisse passer l'audion, et ces variations agissant sur le téléphone repro-
duiront la voix.

Finalement, avec une antenne et un audion sur chaque
navire, on arrivera à communiquer par téléphone d'un
navire à l'autre, peut-être probablement même, à de très
grandes distances ; l'officier de quart, en tournant une
simple clé de commutateur, mettra en communication
avec l'antenne le microphone transmetteur ou l'appareil récepteur.

Télémécanique; possibilité d'actionner à distance. —

Vue générale de l'aéroplane Wright.

(Cliché Jacques Boyer.)

La *radiotélégraphie* est, par le fait, un procédé de transmission de l'énergie. Il est donc vraisemblable que l'on trouvera moyen de l'utiliser pour obtenir des effets mécaniques à distance, des effets *télémécaniques*.

Certes, l'énergie reçue par le *cohéreur* est très faible actuellement ; mais, si faible qu'elle soit, elle peut servir à mettre en action, par déclenchement, des forces considérables. N'est-ce pas, dans un ordre d'idées analogue, en tournant une simple valve qu'un mécanicien met en mouvement une machine à vapeur de plusieurs milliers de chevaux de puissance ?

Le cohéreur perfectionné ne pourra-t-il pas aussi transmettre à distance, par les ondes électriques, des quantités d'énergie suffisantes pour fournir un travail mécanique utilisable ?

On peut le penser, et ce problème est à l'étude. Lors de l'Exposition universelle de Saint-Louis, aux Etats-Unis, un prix fut institué pour être attribué à l'inventeur qui parviendrait à transmettre sans fil l'énergie de *un dixième de cheval* à une distance d'au moins 300 mètres de la source électrique. Ce prix n'a pas eu de gagnant.

L'application de ce nouveau progrès serait indiquée pour alimenter d'énergie puisée à une source fixe, la locomotive roulant sur des rails, le ballon dirigeable évoluant dans l'espace, et le navire quittant le port. C'est l'utopie d'aujourd'hui : ce sera peut-être, probablement même, la réalité de demain.

Pour le moment, la transmission au loin des minimes énergies par le cohéreur peut servir, comme nous l'avons dit, à déclencher des mécanismes et, par conséquent, à commander à distance des appareils.

Il est facile de comprendre que le *relai*, qui, dans les appareils de télégraphie ordinaire, ferme le circuit local d'un appareil « Morse », peut servir à ouvrir ou à fermer le circuit d'un moteur, à envoyer dans une machine électrique le courant d'une batterie d'accumulateurs et, par conséquent, à actionner un ou plusieurs moteurs électriques. D'ailleurs, on a pu non seulement actionner, d'un poste placé sur le rivage, le gouvernail d'une petite embarcation, mais encore faire fonctionner le moteur de l'embarcation elle-même ; on a aussi mis en mouvement et dirigé par ce procédé des torpilles automotrices.

M. Branly, en France, M. Torrès, en Espagne, MM. Armstrong et Orling, en Angleterre, ont fait de fort intéressantes études sur la commande à distance des mécanismes en général, et des torpilles en particulier, par les ondes. M. Gabet, MM. Lalande et Devaux ont combiné des appareils de commande à distance : l'appareil de M. Gabet, qui est un « distributeur à palettes », a été présenté en 1907 à l'Académie des sciences.

Il n'est pas douteux qu'une combinaison de ce genre mettra prochainement en accord immédiat, à grande distance, la mécanique et l'électricité.

C'est avec admiration que l'on voit, dans les ateliers de constructions mécaniques, chaque machine-outil, munie d'un moteur électrique dissimulé dans son socle, s'animer, sans arbre ni courroie de transmission, dès qu'en tournant un commutateur on lui procure le courant électrique amené par un fil presque invisible. La machine-outil de l'avenir telle que l'on peut la concevoir sera plus merveilleuse encore, puisqu'elle ne comportera qu'un « cohéreur », un petite tube à limaille, sur lequel il suffira de faire tomber les ondes électriques pour la mettre en mouvement.

Nous ne sommes pas encore dans cette période d'évolution télémécanique ; mais ce que nous connaissons déjà des progrès de la radiotélégraphie nous permet de l'envisager, et cela sans céder à aucune considération purement imaginative.

DIXIÈME CONFÉRENCE

Automobilisme

Anatomie mécanique de la voiture automobile et de la motocyclette. — Etude des organes : construction du châssis ;
carrosserie ; conseils sur l'usage et l'entretien ; choix à faire
au point de vue de la force en raison du service que l'on
attend de l'automobile. — Le canot automobile : son anatomie
mécanique ; sa construction ; le moteur ; la coque ; son emploi. — Le ballon dirigeable et son moteur : les essais récents. — Les aéroplanes et l'aviation : un grand progrès
à ses débuts. — La bicyclette : ses origines, ses perfectionnements ; son rôle considérable en automobilisme et en mécanique.

·

Il est impossible de parler du progrès actuel et du
rôle prépondérant que « la machine » a joué dans sa
remarquable évolution, sans que, tout aussitôt, vienne à
l'esprit cette forme spéciale du progrès qui se résume
par le terme général : Automobilisme.

Toutes les formes de traction mécanique, tous les
appareils propres à réaliser le transport sous les aspects
les plus variés, sur terre, sur l'eau, et jusque dans les
airs, rentrent dans les diverses acceptions de ce terme.

On peut dire que l'automobilisme était né dès 1769,
du jour où Cugnot, ingénieur militaire français, eut
construit son « cabriot à vapeur » à roue d'avant motrice

et directrice dont on conserve le modèle dans les collections du Conservatoire national des arts et métiers.

Plus d'un siècle de recherches et d'efforts devait cependant s'écouler entre les premières tentatives de Cugnot et l'avènement définitif, prestigieux, de l'automobilisme.

Nous ne pouvons en faire ici même le bref historique.

Rendons un hommage aux principaux de ceux dont les efforts ont préparé, puis assuré cette grande conquête mécanique française, Delamarre-Deboutteville, Stapfer, Bollée, de Dion et Bouton, Serpollet, Panhard et Levassor.

Le marquis de Dion doit être considéré non seulement comme un précurseur, mais encore comme le fondateur de l'industrie automobile. Sans sa conviction inébranlable dans le succès de l'automobilisme, sans ses efforts désintéressés et ininterrompus pendant plus de vingt années, sans la véritable vaillance qu'il apporta à soutenir cette cause, il est vraisemblable que la voiture automobile fût restée à l'état de rêverie. Le marquis de Dion compléta son œuvre en fondant avec le baron de Zuylen de Nyevelt, avec M. Henri Menier et quelques autres personnalités marquantes, l'Automobile-Club de France, lequel, par le groupement qu'il produisit, par les concours qu'il organisa, rendit à cette nouvelle branche de l'activité humaine les plus grands services.

Les automobiles se classent, d'une façon générale, en *voiturettes* pesant de 250 à 400 kilogrammes, *voitures* pesant de 400 à 1 000 kilogrammes, et *grosses voitures* au-dessus de 1 000 kilogrammes que l'on nomme, par une singulière expression, « les poids lourds ».

L'*automobile*, c'est la voiture qui se déplace par ses propres moyens ; lorsqu'elle remorque quelque chose par surcroît, elle devient l'*automotrice*.

Le mouvement est obtenu au moyen d'un *moteur* à *vapeur, électrique*, à *pétrole*, ou, à *alcool* ; peut-être arrivera-t-on à utiliser des *moteurs à gaz* proprement dits, mais la chose est encore à l'étude.

Examinons rapidement « l'anatomie » d'une automobile à pétrole, ce qui est le type le plus répandu.

L'organe principal, celui qui produit le mouvement en actionnant les roues, c'est le *moteur*.

On dit moteur à pétrole et il faut bien s'entendre sur ce sujet.

Le pétrole est employé pour l'automobilisme soit à l'état d'*essence de pétrole* provenant de la distillation du pétrole brut, soit à l'état d'*huile de pétrole*, telle qu'on la brûle dans les lampes. Mais, dans l'un ou l'autre cas, cette essence ou cette huile sont pulvérisées dans un appareil que l'on nomme le *carburateur*; ils y imprègnent de l'air et forment avec lui un mélange explosif détonant. Ce mélange se rend au moteur; une étincelle électrique l'enflamme dans un cylindre qui contient un *piston*. L'explosion produit un mouvement du piston; ce mouvement est transmis à un *arbre moteur* par la tige du piston et par une manivelle; comme les roues sont solidaires de l'arbre, les voilà qui tournent, il faut que la voiture avance.

Dans le moteur à vapeur, on peut modérer la puissance et la vitesse en introduisant plus ou moins de vapeur à plus ou moins forte pression dans les cylindres de la machine; avec le moteur à explosion, cela n'est pas possible : le mélange détone d'un seul coup et sa composition est sensiblement toujours la même lorsque la *carburation* a été bien faite. On modifie donc la force et la vitesse par une combinaison d'engrenages que l'on nomme le *changement de vitesse*. Entre le *moteur* et la *boîte des vitesses* ainsi constituée, il y a l'*embrayage*.

La voiture doit pouvoir tourner sur elle-même, virer. Pour cela, la roue extérieure, qui est plus éloignée du centre de rotation, doit tourner plus vite que la roue intérieure. Il est donc nécessaire que les deux roues motrices, tout en concourant simultanément à la propulsion, soient indépendantes l'une de l'autre. Cette indépendance est assurée au moyen du *différentiel*, combinaison de quatre engrenages coniques placés au milieu de l'essieu moteur, lesquels transmettent le mouvement tout en permettant aux deux parties de l'arbre sectionné de prendre des orientations différentes. Grâce au différentiel, la voiture peut tourner dans un cercle de rayon aussi petit que le permet le *braquage*, c'est-à-dire le déplacement angulaire par rapport à l'essieu du plan des roues avant.

Les différents organes que nous venons d'examiner sont fixés à un cadre désigné sous le nom de châssis, lequel est supporté par des ressorts placés sur les essieux.

Le « chauffeur » met en marche la voiture au moyen de *manettes*, de *pédales* et de *leviers;* il la guide en agissant sur le *volant de direction* qui joue pour l'automobile le rôle que le gouvernail joue pour le navire; il l'arrête enfin en agissant sur des *freins* qui, en empêchant les roues de tourner, remplacent le frottement de roulement sur le sol par le frottement de glissement infiniment plus énergique.

La force motrice parvient du changement de vitesse aux roues par l'un des deux procédés suivants : soit au moyen d'un arbre articulé par des joints de Cardan, soit au moyen de chaînes Galle. Le joint de Cardan, articulé sur deux axes, permet les oscillations dans tous les sens; la chaîne Galle est une chaîne métallique à maillons articulés. Nous ne parlerons pas des transmissions de force motrice par courroies; elles tendent de plus en plus à être abandonnées en raison de la difficulté qu'il y a à maintenir les courroies au degré de tension voulu pour la propulsion.

Voilà de quoi se compose une voiture automobile au point de vue mécanique. Il va sans dire que la variété des dispositions des divers organes est extrême; les perfectionnements sont incessants. Ressorts, roues, pneumatiques, roulements à billes, appareils de graissage ont donné lieu et donnent lieu aux études les plus intéressantes. L'allumage électrique des mélanges détonants a été aussi très bien étudié.

Les principaux *desiderata* actuels seraient la suppression des pneumatiques garnissant les roues, dont l'usure est rapide et le déplacement fort onéreux; puis la construction de roues élastiques tout à fait résistantes et pratiques. Ces deux recherches préoccupent beaucoup d'esprits ingénieux, et l'on a tout lieu de croire qu'en cela comme en tant d'autres choses, à force de chercher, on trouvera. Le vieux précepte est toujours vrai : *Quære et invenies !* Cherchez, et vous trouverez !

Voyons quelles sont les caractéristiques de la carrosserie automobile.

Ordinairement, le cadre du châssis est rectangulaire et il se compose de deux longerons réunis par des entretoises; ces pièces peuvent être constituées soit par des tubes d'acier, soit par des fers en U avec ou sans âme en bois ou encore par du bois armé de tôle d'acier emboutie.

Dans le but de réaliser la sécurité et la stabilité, on donne aux automobiles un fort *empattement*, c'est-à-dire que la distance entre les essieux atteint $1^m,60$ à $2^m,25$ et la distance entre les roues d'un même essieu $1^m,18$ à $1^m,35$. Pour combattre le *roulis*, fort désagréable en automobile, les constructeurs ont eu l'ingénieuse idée de recourir aux essieux coudés qui leur permettent d'abaisser le centre de gravité sans réduire outre mesure le diamètre des roues qui est de $0^m,75$ à $1^m,06$. Récemment, on a établi des types de voitures à trois essieux et à six roues qui présentent une grande stabilité : c'est l'essieu du milieu qui est essieu-moteur dans ce système.

Les roues sont, en général, égales entre elles afin de diminuer les complications d'approvisionnement des *bandages*, des *pneus* de rechange ; il convient que le pneu, dès qu'il est mis hors de service en cours de route, puisse être tout aussitôt remplacé. Pour les voiturettes ou les voitures très légères, les roues sont parfois entièrement métalliques ; mais on leur reproche alors le manque d'élasticité. Le type usuel et préféré est le type « artillerie » comportant des roues à moyeu métallique, à rais et à jante en bois.

Suivant le poids des voitures, les *bandages* consistent en *pneumatiques*, bandage de *caoutchouc plein* ou bandages *métalliques*.

Les systèmes de suspension du cadre au-dessus des essieux varient suivant les tendances techniques personnelles des constructeurs. Sur l'avant de la voiture, le ressort le plus ordinairement employé est le ressort plat, fixé à son extrémité antérieure par un *boulon* et à son extrémité postérieure par une *jumelle ;* cependant, les *ressorts à pincettes*, fort anciens d'invention, ont encore des partisans. Pour l'arrière, la préférence va aux ressorts plats, fixés à leurs deux extrémités par des jumelles. Certains véhicules lourds, ayant à répondre à des efforts spéciaux, sont munis de suspensions à quatre ressorts, dont deux, transversaux, sont liés à l'aide de menottes ou doubles jumelles.

En raison de la grande vitesse que prennent souvent les automobiles, l'avant-train à *cheville ouvrière* des voitures ordinaires ne peut pas leur convenir. On adopte, pour les roues directrices d'avant, la disposition de l'*essieu brisé*. Dans cette disposition, la partie médiane de l'essieu antérieur reste constamment parallèle à l'essieu arrière; les roues seules se déplacent autour d'un pivot vertical porté par une chape à l'extrémité de l'essieu; les prolongements de leurs fusées se coupent sur la ligne de l'essieu arrière. Dans la pratique, on se borne à réaliser d'une façon approximative cette dernière condition au moyen d'une barre d'attelage qui relie des bras fixés sur les fusées. Une tige horizontale, avec articulations à rotule et ressorts, rattache l'un de ces bras à un arc dans la denture hélicoïdale duquel s'engage une vis sans fin terminant la tige du volant-directeur; la direction est ainsi irréversible tout en gardant quelque souplesse.

Divers types pratiques de carrosserie. — Après quelques incertitudes du début, les divers types d'automobiles, bien que différant les uns des autres par leurs moteurs et par leurs détails de construction, se sont classés en certaines catégories rappelant par leurs noms les 'anciennes carrosseries des voitures attelées. Nous y trouvons le phaéton, le break, la charrette anglaise, le duc, le coupé, le landau, le landaulet, le cab, la victoria. Nous y trouvons aussi l'omnibus de famille et le vis-à-vis.

La puissance des moteurs est très variable : elle est pour les types de 3 chevaux et demi à 40 chevaux, en passant par 5, 8, 14, 16, 18 chevaux. Il y en a, comme on dit, pour tous les goûts.

Comment choisir entre ces variétés automobiles?

Cela dépend de l'usage auquel on destine la voiture, et la chose mérite beaucoup de réflexion lorsque l'on considère que l'on va engager une dépense de 8 à 20 000 francs et que l'entretien futur avec ses frais divers dépendra de l'importance de la voiture adoptée.

Généralement, et par simple entraînement psycholo-

gique, on commence par la petite voiture pour arriver
à la grande.

Ecartons, bien entendu, le cas des « voitures de
course » avec lesquelles on 'gagne des concours. C'est
l'affaire des constructeurs de les mettre en service en
vue de faire à leurs maisons une juste et flatteuse
réclame. Mais ces voitures remarquables, qui ont des
moteurs très puissants donnant jusqu'à 100 chevaux
de force, sont non seulement inutiles pour le simple
particulier même s'il veut faire du tourisme ; elles sont
dangereuses.

Il est nécessaire et suffisant, comme le dit le principe
mathématique, de prendre une voiture qui sera bien établie, un châssis pouvant monter les plus fortes pentes
de la région où l'on se trouve et qui ne commence pas
par vous induire en frais d'achat exagérés.

Pour remplacer le bon cheval en chair et en os traditionnel attelé à une bonne voiture, les anciens modèles
de Panhard ou de Peugeot, à moteur Daimler de 2 chevaux 1/2 ou 3 chevaux 1/4, coûtant environ 2 500 francs,
permettent à 4 personnes de faire 60 à 80 kilomètres par
jour en montant sagement les côtes. Cela peut servir de
base. Rien n'empêchera de prendre quelque autre modèle
d'un de nos constructeurs, une 8, une 12 ou une 16 chevaux si l'on veut faire plus ; alors, certainement, une
automobile fournira, dans les conditions dont nous
venons de parler, au moins trois fois plus de service qu'un
cheval. Une voiture qui fait sagement du 30 kilomètres
à l'heure sans défaillance et sans coûter trop de réparations est la voiture pratique.

Il n'est pas excessif de désirer faire « du 40 à l'heure »
en terrain plat, et, en moyenne, du 25 à 30 kilomètres
à l'heure y compris les côtes et de vouloir couvrir
300 kilomètres en 10 heures ; on entrera de cette façon,
dans le tourisme proprement dit et il faudra s'apprêter à

payer de plusieurs billets de mille francs en plus cette vitesse et cette endurance.

Une belle voiture neuve qui n'aura jamais servi qu'à vous est assurément une chose flatteuse. Mais il y aura souvent avantage, lorsque l'on s'adresse à un vendeur consciencieux, à acheter une voiture ayant déjà du service. Elle est mise au point, son moteur est bien équilibré et les quelques mois de roulement qu'elle a eus l'ont certainement améliorée; il en est de cela comme d'un cheval bien dressé. Ecartons, bien entendu, les occasions de bon marché invraisemblables présentées par des inconnus; les automobiles, comme les chevaux, ont des maquignons dont il convient de se défier.

L'entretien de la voiture automobile demande des soins qui ont une certaine analogie avec ceux que demande le cheval. A moins que l'on ait un conducteur dans lequel on puisse mettre toute confiance, il faut s'occuper soi-même de la machine, s'y intéresser tout au moins. Beaucoup de personnes, d'ailleurs, se réservent le soin du mécanisme de leur voiture en ne laissant au conducteur que le nettoyage et la mise en état.

La voiture rentrant de course doit être bien remisée et examinée avec attention. Si quelque chose, en cours de route, a paru mal fonctionner, il convient de procéder au démontage de l'organe s'il y a lieu.

Le nettoyage se fait comme celui d'une voiture attelée avec une lance, une éponge et des peaux; le mécanisme qui est toujours bien enfermé n'a rien à redouter de cette douche de propreté. Les dessous de carters et les arbres de direction peuvent être nettoyés au pétrole.

D'une façon générale, lorsque l'on abandonne au repos l'automobile avec laquelle on est rentré de course ou de promenade, elle doit être complètement en état de service pour repartir.

Lorsque la voiture sert d'une façon courante, les

roues doivent être démontées à peu près tous les trois mois et nettoyées à fond avec des chiffons très propres et de l'huile d'excellente qualité, car le grippage de la roue d'automobile n'est pas seulement un accident désagréable, il est grave dans ses conséquences. Lorsque l'on remonte la roue, il convient d'huiler abondamment toutes les pièces.

Les *chaînes* demandent aussi beaucoup d'attention : on peut considérer une chaîne comme bien tendue lorsque, vers son milieu, le brin inférieur peut s'élever à la main, sans effort excessif, de 3 à 4 centimètres. Le graissage à l'huile, en cours de route, n'est pas à recommander ; la bonne formule consiste, tous les 500 à 600 kilomètres, à bien immerger la chaîne dans un bassin rempli de pétrole ; ensuite on l'essuie à fond, puis on la plonge, pendant trois heures environ, dans de la graisse chaude qui pénètre toutes les articulations. Finalement, on essuie en laissant une petite couche grasse et l'on procède au remontage.

La voiture à pétrole craint beaucoup le froid et surtout les chutes brusques de température qui détériorent ses pneus, modifient la viscosité de son graissage et peuvent briser ses réservoirs si l'on n'a pas eu soin de les vider.

Si l'automobile sert constamment, il suffira de la tenir dans une remise bien abritée et chauffée après avoir vidé ses réservoirs ; au dehors, dans les arrêts, on tâchera de la mettre à l'abri et de réduire ces arrêts au strict nécessaire. L'eau devra être additionnée de 20 p. 100 de glycérine avec un peu de carbonate de soude pour neutraliser l'acidité possible de la glycérine telle qu'elle est vendue dans le commerce.

Si l'on se résout à la formule radicalement prudente qui consiste à ne pas faire usage de la voiture pendant les trois ou quatre mois les plus rudes de l'hiver, il

conviendra alors de démonter les pneus, de les enve-
lopper et de les suspendre dans la remise; les réservoirs
seront vidés à fond, puis la voiture, posée sur des tré-
teaux, sera recouverte d'une bâche et, dans son hivernage
à la remise, placée à l'abri des courants d'air.

Nous ne pouvons donner ici que l'indication de ces
quelques précautions d'entretien principales : lorsque
l'on possède une automobile, on acquiert bientôt, ne
fût-ce qu'en causant de chauffeur à chauffeur, l'expérience d'une foule d'autres petits détails utiles.

Motocycles et voiturettes. — Donnons une mention à
une petite variété de l'automobile qui est fort intéressante par les services qu'elle rend, par son identification
avec l'automobiliste qui la rapproche, à bien des points
de vue, de la bicyclette : c'est le *motocycle*. On donne
ce nom à toute une série de bicyclettes, de tricycles à
pétrole et même de quadricycles, dont le poids mort, que
l'on limitait au début à 150 kilogrammes environ, a augmenté, mais sans dépasser 200 à 250 kilogrammes. Ce
sont bien des automobiles de dimensions restreintes ;
pour nombre de chauffeurs, elles ont été le commencement de la passion pour l'automobilisme, car elles font
subir à celui qui en fait usage, une initiation mécanique,
en même temps qu'elles le mettent en présence des difficultés de la route. Des pédales permettent souvent de
mettre le moteur en marche et de l'aider en rampe, et par
là le motocyle se relie intimement à la bicyclette.

Dans le type connu de motocyclette Werner, le
moteur est fixé à la fourche et au guidon sur la roue
avant, laquelle est directrice et motrice; le mouvement
est transmis au moyen de poulies à gorge et d'une corde.
La puissance du moteur à *quatre temps* qui fait
1 200 tours par minute est de 3/4 de cheval, ce qui
permet de rouler à la vitesse de 35 kilomètres à l'heure;
ce moteur ne pèse que 10 kilogrammes. Le carburateur,

d'une contenance de 2 litres 1/2, assure un parcours de
120 kilomètres. Les pédales peuvent entraîner la roue
arrière sans pouvoir être entraînées par elle et
deviennent, dès lors, des « repose-pieds ».

Le tricycle de Dion-Bouton est universellement connu
et apprécié. Il a la forme ordinaire des tricycles, c'est-à-
dire que la roue d'avant est directrice et que les deux
roues d'arrière sont actionnées par le moteur; un péda-
lier permet de mouvoir, au moyen d'une chaîne, l'essieu
moteur, mais une roue à rochets lui permet de rester en
repos pendant que le moteur fonctionne à la volonté du
touriste. La vitesse du moteur peut atteindre 1 800 tours
par minute et les vitesses de marche qui en résultent
sont de 25, 30 et 35 kilomètres à l'heure : c'est une
agréable utilisation des excellents moteurs de Dion-
Bouton qui ont joué un si grand rôle dans le progrès
de l'automobilisme.

Le motocycle a tout naturellement conduit à la voi-
turette simple et élégante dont il existe plusieurs types
très pratiques, le type de Dion-Bouton, le type Gladia-
tor, le type Bollée, le type Decauville.

La construction des moteurs extra-légers à essence a
suscité une intéressante émulation de la part des constructeurs, lesquels sont arrivés à des résultats tout à
fait remarquables. L'emploi des radiateurs à ailettes
pour le refroidissement des moteurs a été un progrès
important.

Nous dirons, d'ailleurs, du motocycle ce que nous
avons dit de l'automobile au point de vue des usages
courants : il ne doit pas sortir d'un poids modéré ni
viser à atteindre des vitesses excessives. Les facilités de
conduite, de remisage, et d'entretien, doivent être les qualités prépondérantes ; il faut que le vaillant petit véhicule et son conducteur puissent, comme on dit, « passer
partout ». Cela ne signifie pas que l'un et l'autre doi-

vent rechercher les difficultés, se livrer à des excursions dans des terrains particulièrement mouvementés et affronter des obstacles pour le seul plaisir de les surmonter. De même que le bon cavalier qui ménage sa monture, le bon motocycliste devra ménager sa machine et ne lui demander que par force majeure des efforts exceptionnels. Dans ces conditions, il disposera certainement d'un moyen de locomotion qui lui procurera du plaisir et aura son utilité.

Le canot automobile. — Le canot automobile, disons plutôt le bateau automobile, car il y en a d'assez fortes dimensions, a beaucoup emprunté et beaucoup apporté au progrès de l'automobilisme.

En effet, sans les moteurs à pétrole combinés en vue de l'automobilisme sur terre, on n'aurait pu songer à construire les admirables canots automobiles actuels à très grande vitesse ; et, d'autre part, ces moteurs n'eussent pas trouvé le moyen d'étude précieux des conditions nécessaires pour se perfectionner. Il y a eu là, en même temps qu'un concours mutuel, un véritable et profitable enchaînement.

Malgré tous les progrès de la machine à vapeur, elle ne se fût pas prêtée à la construction du canot automobile à grande vitesse et à grand parcours ; elle est trop lourde, trop encombrante et exige des approvisionnements de combustible considérables et salissants. Il était logique de penser à appliquer à la navigation le *moteur à explosion*, le moteur à pétrole ou à essence. La réalisation devait être lente et probablement, si l'automobilisme n'était pas intervenu, les tentatives des précurseurs fussent restées sans effet.

C'est Lenoir, l'inventeur du moteur à explosion ou moteur à gaz, qui fit les premiers essais en bateau sur la Seine. Mais ce n'était pas du tout dans le but de naviguer : il se proposait simplement de faire, dans de bonnes conditions expérimentales, des essais de son *moteur à deux temps* qui joue un si grand rôle dans l'historique du moteur à gaz. Volumineux, relativement lourd, ne pouvant dépasser guère la force de trois chevaux, ce moteur n'était pour ainsi pas apte à la navigation; néanmoins, les expériences auxquelles il servit attirèrent l'attention et les chercheurs se mirent à l'œuvre.

En 1872, l'Américain Brayton inventa le moteur à combustion et à pétrole, et, vers 1880, il tenta de l'appliquer à la navigation; on dit même qu'il en projetait, avec une véritable prescience pour l'époque, l'application aux bateaux sous-marins.

Mais, en 1884, le canot automobile n'existait pas encore en France; la lutte entre les petits moteurs à gaz et les petits moteurs à vapeur se passait à terre.

A cette époque, M. François Forest fut chargé d'étudier et de construire un moteur à essence destiné à un tramway; il songea tout aussitôt, en sa qualité de chercheur et de créateur d'excellents types de moteurs, à deux pistons s'équilibrant dans le même cylindre : il les appliqua à la navigation dès 1885.

Ce fut le début du canot automobile à pétrole en France; il fut suivi en Allemagne par Daimler en 1886, puis de nouveau en France par Lenoir en 1887, en Allemagne par Buttler en 1888, et en France par Lalbin en 1889.

Le mouvement était donné et ne devait plus s'arrêter; chaque pays a créé ses types de moteurs. Des concours, des meetings, à Arcachon, à Argenteuil, à Monaco, à Evian, à Trouville, à Maisons-Laffite, ont poussé au progrès des petites embarcations rapides; elles sont devenues de plus en plus parfaites. Les moteurs Forest, Antoinette, Fiat, Mercédès, de Dion-Bouton, Gobron-

Type d'ascenseur Edoux.

Brillié, Richard-Brasier, Panhard-Levassor, Delahaye, Thornycroft, Itala, etc..., à 1, 2, 4, 5, 6, 8 cylindres rivalisent de puissance et de légèreté avec le minimum d'encombrement. On voit les bateaux automobiles évoluer dans tous les grands ports et la marine de guerre tend à remplacer bien souvent ses canots à vapeur par des vedettes à pétrole.

Nous sommes loin des vitesses réalisées par les premiers canots automobiles.

Le *Dubonnet*, avec un moteur Delahaye, a obtenu le « record du Monde » en eau douce, avec une vitesse moyenne à l'heure de $54^{km},380$ (plus de 54 kilomètres), et le *Seasick*, racer de 8 mètres, avec une coque de Tellier et Gérard et un moteur Itala, a obtenu le record du monde en mer avec une moyenne de $50^{km},500$ à l'heure. A moins de glisser sur l'eau comme tentent de le faire, non sans succès, d'intéressants hydroplanes, il semble difficile d'obtenir des résultats de beaucoup supérieurs à ceux que nous venons d'indiquer ; ils dépassent les vitesses que l'on permettait aux trains de chemin de fer les plus rapides au début des voies ferrées. « L'anatomie » du bateau automobile est simple. Elle comprend : la *coque*, le *moteur*, le *propulseur*.

La construction de la *coque*, tout en conservant les gabarits élégants de l'embarcation à voile, doit atteindre la plus grande résistance possible dans l'embarcation à vapeur, et cela avec une certaine élasticité.

Le canot à vapeur de mer des diverses régions a toujours sensiblement les mêmes formes : il faut compter avec l'encombrement de la chaudière. Le moteur à explosion permet plus de grâce. Le poids du moteur à vapeur, qui était de 20 à 25 kilogrammes par cheval, est descendu en moyenne à 5 kilogrammes pour le moteur à explosion, et l'on voit des moteurs polycylindriques du type « Antoinette » qui descendent à 2 kilogrammes par cheval; ils sont alors réservés, à la vérité, aux formes glissantes, aux hydroplanes.

Pour naviguer en mer et pouvoir, en plus du moteur, « porter un peu de toile » pour se donner, suivant l'expression consacrée, un « bon pied dans l'eau », il ne faut pas hésiter à prendre des bateaux *marins*. Cela n'exclura ni leur élégance réelle, ni leur vitesse. D'ailleurs, il ne suffit pas qu'une embarcation soit solide, résistante, il faut qu'elle soit rassurante pour les yeux, qu'elle se lève bien à la lame, qu'elle puisse recevoir sans soubresauts « le paquet de mer ». Sans recommander spécialement tel ou tel de nos excellents constructeurs de canots automobiles et de yachts, ce qui serait sortir de notre cadre, signalons les excellents bateaux de MM. Cœuille et Griset, dont les chantiers sont sur la Liane, à Boulogne-sur-Mer, et pour les aménagements intérieurs de la coque, les installations étudiées avec soin et art de M. J. Raygasse aux ateliers d'Asnières-sur-Seine.

Le *moteur* a sa place en quelque sorte déterminée à l'avance par la forme même et par l'importance du bateau.

Tous les moteurs ont leur utilisation dans les bateaux ; mais cependant il y a des préférences à avoir pour certains moteurs plus marins que d'autres, par exemple pour les Forest, les Antoinette, les Daimler : ils se comporteront mieux à la mer que le premier moteur d'automobile venu.

L'emploi de l'aluminium, en raison de sa légèreté, est très bon à terre pour les automobiles; en mer, il faut craindre la corrosion par l'eau salée. Les carters des bateaux doivent être en bronze et les bâtis des moteurs ouverts en acier coulé. Ne craignons pas ce petit alourdissement : il servira *ipso facto* de lest à l'embarcation.

Les moteurs de marine fatiguent beaucoup plus que

les moteurs de voitures qui se reposent en tournant à vide dans les descentes, travaillent régulièrement en terrain plat, et donnent le coup de collier à pleine charge seulement dans les côtes. Le moteur de bateau est en constant effort. Il lui faut des organes robustes, des têtes de bielles et des portées de coussinets longues pour assurer le bon graissage même lorsque le mauvais temps le rend intermittent et difficile. Il n'est pas intéressant de gagner sur le mécanisme quelques kilogrammes de poids dont l'économie compromettra, dans une certaine mesure, sa sécurité, et que l'on sera obligé de remplacer par du lest inerte afin de ne pas compromettre aussi la stabilité de l'embarcation.

En résumé, les qualités que devra posséder avant tout le moteur marin sont : la souplesse parfaite, l'absence de trépidation, la facilité de marche avant et arrière, et le départ immédiat, le démarrage sans hésitation.

On n'a fait pendant quelque temps que des moteurs à essence; on en fait maintenant à pétrole lampant qui fonctionnent fort bien et qui présentent des facilités spéciales de ravitaillement en combustible, ainsi que moins de risques d'accidents par inflammation.

La puissance des moteurs est très variable : on les fait volontiers de 15, 30, 60 chevaux; on peut aller à 100, 200, 450 chevaux avec 4, 8 et 16 cylindres. La machine marine à gaz proposée par M. Capitaine a 2 500 chevaux de puissance.

C'est, dans l'ordre d'idées qui nous préoccupe, aux petits moteurs relativement, aux 15 à 30 chevaux et aux moyennes embarcations que nous donnerons sans hésiter la préférence pour la vulgarisation du bateau automobile et pour tirer de lui tous les agréments que l'on peut et que l'on veut en attendre. Si l'on tombe dans le grand bateau, dans le yacht de plaisance proprement dit, considérable de proportions et de fort tonnage, nous sortons de l'automobilisme nautique, de même que les chauffeurs, qui équipent des automobiles de 120 chevaux en dehors des courses de vitesse, font sortir l'automobile de son rôle. Pour les gros yachts, la machine à vapeur conserve ses qualités et la turbine à vapeur vient lui faire une concurrence heureuse, dans bien des cas, pour la stabilité du navire.

Nous ne parlerons pas spécialement de la *carburation* et de l'*allumage* en ce qui concerne les moteurs. Ces deux questions ont été si bien étudiées pour les automobiles que le bateau les a trouvées parfaitement élucidées; leur fonctionnement n'a rien de spécial. Il est à peine besoin de conseiller de tenir ces organes, si l'on va en mer, à l'abri du brouillard, des intempéries et des coups de mer par une bonne disposition sous le capot et un graissage complet sans qu'il soit surabondant. On ne doit jamais « appareiller » sans avoir fait une visite minutieuse de tous les organes. Enfin, la voilure, si l'on est mâté, et les avirons, si on ne l'est pas, doivent vous permettre, dans tous les cas, sauf une surprise absolue de gros temps, d'éviter « la panne » qui est fâcheuse et ridicule et de permettre au bateau de rallier le port par ses propres moyens.

Nous terminerons ce rapide examen « anatomique » du bateau automobile par le *propulseur*, par l'*hélice*.

L'*hélice* est l'organe de propulsion le plus simple, le plus facile à actionner, le seul propulseur pratique jusqu'à nouvel ordre pour le bateau automobile. Les divers systèmes employés dans ce cas sont ceux de Forest et Gallice, Mac-Glasson, Krebs et Simplex; autant que possible, elles doivent être *réversibles*, c'est-à-dire permettre la marche en avant ou en arrière à volonté par orientation de leurs ailes sans que l'on ait recours à un appareil de « changement de marche » nécessité par les moteurs tournant toujours dans le même sens comme le sont, en général, les moteurs à pétrole.

L'eau sert d'*écrou* à l'hélice, mais c'est un écrou contre lequel il y a une adhérence fluide. Le tracé d'une hélice, bien que l'on puisse le réaliser d'après des règles géométriques et cinématiques assez simples dépend, pour chaque cas ou pour chaque « série de cas », des conditions dans lesquelles devra travailler le propulseur du bateau que l'on projette. Il n'y a pas d'hélice convenant à toutes les solutions ; pour chaque construction nouvelle, il faudrait, dans la réalité des faits, une hélice spéciale. Les constructeurs de bateaux automobiles disposent déjà d'une assez grande variété de propulseurs qui ont été étudiés et expérimentés en vue de répondre à des besoins déterminés ; ils peuvent donc choisir avec une approximation pratique suffisante ce qui conviendra le mieux d'après la résistance du bateau dont on a tracé les plans et dont le programme d'évolution a été défini dans ses grandes lignes.

Le fonctionnement des « hélices réversibles » est, nous l'avons dit, parfaitement étudié à l'heure présente et leur adaptation ne laisse pas d'incertitude. Leur rendement est satisfaisant lorsque l'on donne aux ailes le « pas approximatif » qu'elles devront prendre sur le moyeu quand elles seront orientées en vue de réaliser la vitesse maxima de l'embarcation.

Avant de quitter ce sujet, disons deux mots de la *motogodille*, petit propulseur *amovible*, dont la puissance est évidemment restreinte, mais qui est bien un organe de canot, car il permet de transformer instantanément toutes les embarcations ordinaires en embarcations automobiles, sans rien changer à leur structure. Une simple douille fixée au « tableau arrière » par quatre vis ou boulons suffit : la *motogodille* y passe comme passe, à l'arrière du bateau, l'aviron classique servant « à godiller ».

La *motogodille*, dans son ensemble, se compose d'un moteur à pétrole solidaire, d'un bâti oscillant entre les branches, d'une fourche dont la queue, formant pivot, s'engage dans la douille. L'arbre d'hélice se trouve dans le prolongement de l'arbre du moteur et relié directement avec lui par l'intermédiaire d'un joint à la Cardan qui lui permet de prendre tous les virages. Le carburateur et l'avance à l'allumage sont à la portée de la main du barreur qui se trouve être en même temps le mécanicien de l'embarcation.

Il y a là une disposition d'automobilisme nautique qui mérite d"être signalée. On ne peut guère plus lui demander comme services que ce que l'on demande à la godille ordinaire, pourtant cela n'est déjà pas négligeable, tant au point de vue de la distraction sportive en rivière ou en des rades bien abritées que pour le service entre des yachts de plaisance et la côte par les calmes plats.

Le ballon dirigeable. — Le *ballon dirigeable*, c'est l'automobilisme aérien, avec tous ses beaux résultats déjà et toutes ses espérances. Dès le début de l'aérostation, ses précurseurs, les illustres Montgolfier, songèrent à assurer la direction et pensèrent à des moyens mécaniques. Leurs essais restèrent nécessairement infructueux puisque, dans la logique des choses, la création du moteur s'imposait avant que l'on pût songer à son utilisation surtout dans des conditions aussi particulières et aussi difficiles, comme la suite l'a démontré.

Guyton de Morveau posa aussi le problème sans obtenir de bons résultats.

Meunier, dès 1784, fut plus heureux dans ses conceptions. Il mit en évidence trois principes essentiels de « la dirigeabilité » : la forme oblongue du ballon diminuant la résistance de l'air; l'invariabilité de la forme obtenue par l'adaptation d'un ballonnet intérieur gonflé d'air; enfin, l'emploi d'un propulseur hélicoïdal. Dans la pensée de Meunier, le propulseur avait exclusivement pour but la recherche des courants aériens favorables dans lesquels le ballon n'aurait plus qu'à se laisser dériver.

Henri Giffard alla plus loin dans le progrès et construisit, en 1852 et 1855, deux ballons allongés à hélice l'un de 2 500 mètres cubes, l'autre de 3 200 mètres cubes, mus par une machine à vapeur. Il obtint, au prix de grands dangers de chavirement et d'incendie, une « vitesse propre » de 2 à 3 mètres par seconde.

En 1870, le grand ingénieur Dupuy de Lôme, constructeur naval de premier ordre, ce qui était une condition de succès évidente, reprit la question. Son appareil moteur était un treuil à bras actionnant une hélice. Accompagné de MM. Zédé, G. Yon, et de onze hommes de manœuvre, il fit, en 1872, une expérience avec un ballon de 3 454 mètres cubes, il monta à 1 020 mètres, réalisa une « vitesse propre » de $2^m,85$ par seconde et put dériver contre un vent soufflant à 15 mètres par seconde.

Les frères Gaston et Albert Tissandier, dont le nom est attaché avec autant de science que de vaillance à tous les efforts et à tous les progrès de l'aérostation, construisirent de 1881 à 1884 un ballon dirigeable à moteur électrique de 1 060 mètres cubes, muni d'une dynamo Siemens de un cheval et demi de puissance sous un poids de 45 kilogrammes. Ces infatigables chercheurs luttaient contre des difficultés évidemment insurmontables et dont le progrès réalisé montre la redoutable importance. Mais leurs tentatives étaient précieuses. Elles montraient que la condition principale de succès dans la direction du ballon, c'était le *moteur léger* et puissant sous un petit volume. Cela devait, en quelque sorte, orienter et uniformiser les efforts des constructeurs attachés à la production de la force motrice.

Nous voyons alors s'élancer dans les airs le dirigeable *la France* des capitaines Renard et Krebs qui marque une grande étape. Ce dirigeable de 1 864 mètres cubes avait une longueur de 50^m,40 et un diamètre de 8^m,40 ; son moteur, qui était électrique, pesant 100 kilogrammes, fournissait une puissance de 9 chevaux et actionnait une grande hélice de 7 mètres de diamètre, placée à l'avant de la nacelle. Sur sept voyages effectués du 9 août 1884 au 23 septembre 1885, *la France* revint cinq fois à son point de départ et atteignit des vitesses de 6^m,40.

Mais comment aller plus loin avec le moteur électrique ? Il y avait là une difficulté qui paraissait invincible lorsque se montra le *moteur à pétrole léger* dont le docteur allemand Woelfert fit une première application aux aérostats. En 1898, M. Santos-Dumont en fit usage avec une intrépidité rare, et, le 19 octobre 1901, dans une épreuve qui restera historique ,il gagnait un prix de 100 000 francs généreusement institué par M. Henry Deutsch, de la Meurthe.

Au mois de mai 1898, M. F. don Simoni étudiait et faisait breveter sous le n° 277.728 un aéroplane dirigeable, c'est-à-dire un « ballon dirigeable mixte » d'une grande perfection mécanique qui aura un rôle mérité dans l'aérostation ; les journaux et revues scientifiques le décrivirent et en firent l'éloge de juin à septembre 1899.

Vers 1902, MM. Lebaudy et Julliot construisirent et expérimentèrent deux dirigeables : *le Lebaudy* et *le Patrie* qui sont devenus depuis lors la propriété du Gouvernement français; l'un d'eux, *le Patrie*, brisant ses attaches, a été emporté par une tempête aux environs de Verdun en 1907. Mais leur construction a été si bien définie que la perte est loin d'être irréparable. D'ores et déjà, on peut dire que l'on construit et que l'on lance un « dirigeable » comme on ferait d'un navire.

Les ballons du type *Patrie* ont 3 500 mètres cubes de capacité, 62 mètres de longueur, et 10^m,90, dans leur plus grande section. La permanence de forme de leur enveloppe, indispensable à leur navigation aérienne, est assurée par un ventilateur et un ballonnet au moyen duquel on entretient à l'intérieur du ballon une pression intérieure d'environ 25 millimètres d'eau.

Le moteur est à essence de pétrole, d'un modèle courant en automobilisme et de la puissance de 70 chevaux ; il actionne deux hélices de 2^m,50 de diamètre, métalliques, rigides, latérales, et tournant en sens contraire l'une de l'autre à la vitesse de 1 000 tours par minute.

Les ballons dirigeables de ce genre atteignent une vitesse de 11^m,50 à 12^m,50 par seconde, ce qui correspond à 40 à 45 kilomètres à l'heure ; ils emportent 6 à 8 personnes, 600 à 700 kilogrammes de lest, 300 à 400 litres d'essence de pétrole. Ils peuvent fonctionner sans arrêt pendant dix à douze heures et parcourir ainsi de 400 à 500 kilomètres en se tenant, à volonté, à des altitudes qui peuvent atteindre 1 500 à 2 000 mètres.

MM. Henry Deutsch, de la Meurthe, et Tatin ont construit un ballon dirigeable analogue : *la Ville-de-Paris*, dont le pilote a été M. Kapferer, ingénieur. Ce dirigeable a pris la place du *Patrie*, comme ballon militaire français, après sa disparition.

Des efforts de construction du même genre sont faits à l'étranger. L'Allemagne possède comme ballons dirigeables militaires *les types Zeppelin, Gross* et *Parseval*. L'Angleterre avait construit *le Nulli-Secondus* qui n'était pas sans mérite, mais qui, ne tenant pas toutes les promesses de son nom, a fait un irréparable naufrage pendant ses essais.

Les dirigeables sont assurément de redoutables engins

de guerre. Souhaitons-leur avant tout et surtout de servir à la paix future. Passant au-dessus des frontières qu'ils rendront vaines et inutiles, ils peuvent aspirer à être les véritables instruments, les traits d'union scientifiques et techniques de l'union définitive des peuples et de la civilisation propagée par les seuls moyens du droit, par la seule persuasion de la justice, pour le seul bénéfice de l'humanité.

L'aéroplane; l'aviation. — C'est encore une forme des plus importantes de « l'automobilisme aérien » que l'aviation, le « plus lourd que l'air », réalisé au moyen des *aviateurs*. Elle a donné lieu, pendant le cours du XIX⁰ siècle, à d'innombrables tentatives couronnées de peu de succès, surtout imaginatives ; elle se présente et s'affirme, dès le début du XX⁰ siècle, comme une réalité et comme un progrès. Nous ne saurions faire ici un historique des appareils de vol mécanique, des hélicoptères, des aéroplanes ; il faudrait déjà un gros livre et ce livre a été fait sous le titre : *la Navigation aérienne* [1], par M. J. Lecornu, ancien élève de l'Ecole centrale.

Le précurseur ou l'un des premiers, fut Ponton d'Amécourt. Il combina un hélicoptère à deux hélices horizontales superposées, de même axe et tournant en sens contraire ; une autre hélice à l'arrière servait de propulseur ; il y avait un gouvernail de direction. Un petit moteur à vapeur actionnait le tout. Nadar, de la Landelle, Babinet, en 1860 et 1863, lui prêtèrent l'appui de leur science et de leur foi dans l'avenir de l'aviation. Mais le petit moteur à vapeur était trop lourd pour trop peu de puissance ; l'oiseau de Ponton d'Amécourt avait les ailes mouillées mécaniquement. Qui sait ce qui fût advenu de lui avec les excellents moteurs à pétrole Antoinette

---

1. Nony et Cie, éditeurs, Paris, 1903.

par exemple ? Il eût peut-être obtenu le succès des Santos-Dumont, des Wright, des Farman, des Delagrange.

Le docteur Hureau de Villeneuve, en collaboration avec Crocé-Spinelli (qui devait trouver la mort avec Sivel dans l'ascension célèbre et cruelle en ballon libre de Gaston Tissandier), fit aussi d'intéressantes recherches. Il établit un oiseau mécanique qui s'élevait à 1 mètre et, après un certain trajet, redescendait en parachute.

En 1873, M. A. Penaud construisit un oiseau volant avec moteur à ressort qui se transportait horizontalement ou suivant une certaine pente à 10 ou 15 mètres de son point de départ.

Forlanini, ingénieur italien, en 1877, établit le premier hélicoptère à vapeur qui ait quitté le sol. Avec une seule hélice en mouvement et une chaudière sans foyer, il monta à 13 mètres et se maintint vingt secondes dans l'air.

Ensuite, vinrent les beaux travaux de l'aviateur allemand Otto Lilienthal. Partant de points élevés et allant contre le vent, il parcourait des distances de 200 à 300 mètres. Il périt au cours d'une expérience en 1896 par suite d'un chavirement d'appareil. C'est à Lilienthal que l'on doit cette formule philosophique qui est comme la règle impitoyable pour les passionnés du problème du « plus lourd que l'air » : *Concevoir un appareil n'est rien; le construire est peu de chose; l'essayer est tout.*

C'est une formule que feront bien de méditer tous les chercheurs d'aviation « en chambre » qui ne comptent que sur des formules algébriques pour réussir : la formule est un instrument de vérification et parfois d'indication précieux; mais elle ne peut et ne doit jamais précéder, au début d'une science, les recherches expérimentales dans lesquelles peuvent seulement se mesurer les moyens d'action et les dangers.

A l'Exposition de 1900 figurait un curieux aéroplane

construit par M. Ader, de Toulouse, et qu'il nommait *Avion*. Il était à deux hélices et actionné par une machine à vapeur munie d'une chaudière tubulaire à chauffage par l'alcool. Les quelques expériences faites n'ont pas donné ce que l'auteur en attendait.

Parmi les nombreux aéroplanes qui suivirent, citons celui du savant professeur américain Samuel-Pierpont Langley, aujourd'hui décédé ; il l'expérimenta au-dessus du Potomac. Son dernier modèle avait deux paires d'ailes inclinées à 135 degrés l'une par rapport à l'autre, deux hélices tournant à 1 000 tours par minute, un gouvernail à action verticale et horizontale, un moteur à vapeur ; il pesait 13 kil. 600 et fit, au-dessus du fleuve, un parcours de 1 600 mètres en une minute et quarante-cinq secondes.

Vers la même époque, MM. Tatin et Ch. Richet, le savant professeur et physiologiste, firent en France des expériences analogues qu'ils ont renouvelées depuis lors et récemment encore de diverses façons.

Dans la dernière période, voici les noms des *aviateurs* qui se sont consacrés au progrès de ce nouveau mode de conquête de l'espace :

Aux Etats-Unis, MM. Chanute et les frères Wright.
En Angleterre, MM. Hiram Maxim et Pilcher.
En France, MM. Achdeacon, le capitaine Ferber, le comte de La Vaulx, M. Esnault-Pelterie, M. Blériot, M. Santos-Dumont, M. Farman, M. Delagrange.

Les divers appareils employés se rapprochent du type des cerfs-volants cellulaires imaginés aux Etats-Unis. Est-ce la bonne formule ? Les avis des praticiens sont partagés sur ce point. Le capitaine Ferber, dans une conférence faite à Londres, le 7 février 1908, à la

« Junior Institution of Engineers », indiqua que, selon
lui, la solution la meilleure serait celle dont Pénaud
donnait l'indication en 1871 avec un ressort comme
moteur ; le moteur actuel sera certainement l'un de ces
légers et énergiques moteurs à essence qui se sont créés,
sous la poussée du progrès nécessaire à l'aéronautique.

On peut s'attendre à de très rapides perfectionnements. Car ce qui arrêta, les efforts des premiers chercheurs de l'*aviateur*, de même que ceux dont l'objectif
était le *ballon dirigeable*, c'était l'imperfection mécanique
du moteur. On ne peut qu'admirer davantage ceux qui,
comme Giffard, osaient affronter l'espace avec la
machine à vapeur. On peut penser aussi que l'électricité, si bien mise à profit par les frères Tissandier, fournira des moyens d'action excellents ; ces précurseurs
empruntaient l'énergie électrique à la pile électrique ; ils
étaient donc strictement limités. L'accumulateur électrique est survenu, mais son poids est excessif. Il sera
néanmoins l'organe indiqué pour l'aviateur comme pour
le dirigeable dès que l'on aura pu construire l'accumulateur électrique véritablement léger que l'on cherche
avec ardeur. Jusqu'à présent, les plus intéressantes
recherches faites dans ce sens ont été assurément fort
instructives, elles n'ont cependant pas abouti.

La bicyclette. — Nous ne pouvons, en vérité, terminer
ce chapitre de l'automobilisme sans rendre hommage à
la bicyclette, à la petite machine si bien liée à l'évolution récente de ce que l'on pourrait nommer « l'art du
mouvement ». Sous les diverses appellations de céléri-
fère, draisienne, hobby-horse, vélocipède, cycle, elle a
joué un rôle considérable. Au point de vue utilitaire,
on peut admettre que, pour un temps déterminé, la
fatigue du cycliste ne dépasse pas celle du marcheur
avec un chemin parcouru triple. La bicyclette est donc

un engin mécanique précieux de transformation et d'utilisation de la « force vive » acquise.

Elle était à l'état de *draisienne* en bois actionnée par les pieds de celui qui la montait et qui courait, en quelque sorte, sur le sol, lorsqu'un jeune ouvrier serrurier, Ernest Michaux, en 1855, songea à munir le moyeu de l'une des roues de *manivelles pédales* sur lesquelles les pieds du « cavalier » devaient agir : la formule mécanique était trouvée.

Quelques années après, le bois laissa définitivement la place au métal ; au lieu des *rais* ordinaires travaillant *à la compression*, on voyait apparaître les rayons en fil de fer ou d'acier travaillant *à l'extension*. M. Truffault indiqua un perfectionnement important consistant dans l'emploi des tubes-fourreaux et des jantes creuses en acier.

En 1885, apparut le *bicycle de sûreté*, plus léger que le tricycle, moins haut que le bicycle ordinaire et cependant aussi rapide grâce à l'invention de Sargent, lequel obtenait la multiplication de la vitesse par une chaîne reliant deux couronnes dentées, l'une montée sur l'axe des pédales, l'autre sur l'essieu de la roue motrice.

Tout aussitôt, le bicycle de sûreté disparut devant la *bicyclette*, dont l'idée première, due à M. Montagne, datait cependant de 1869.

La bicyclette, aussi légère mais plus rapide que l'ancien bicycle, avait deux roues égales de diamètre réduit ; la selle portait sur la roue d'arrière devenue roue motrice, ce qui rendait les chutes en avant du bicycliste impossibles ; il n'avait plus à compter qu'avec les inévitables chutes latérales. Depuis lors, la bicyclette n'a cessé de se perfectionner dans ses détails, et cela a été fort profitable au progrès général de la construction mécanique.

C'est à elle que l'on doit les *roulements à billes*, en

acier trempé, créés par un Français, M. Suriray, puis repris par un Anglais, M. Rudge.

On arma ses jantes de bandages pleins en caoutchouc, auxquels devaient succéder les bandages creux préparant leur utile emploi aux voitures attelées et leur indispensable emploi aux automobiles. Les pneumatiques ont été imaginés par Thompson en 1845; Dunlop en reprit l'idée et la mit au point en 1890, et, à la suite d'améliorations auxquelles le nom de M. Michelin, ancien élève de l'Ecole centrale, restera attaché, les nouveaux bandages sont entrés dans la pratique courante.

La bicyclette a aussi beaucoup contribué à faire perfectionner la *chaîne* de transmission, à maillons plats, à simples et doubles rouleaux. Ses *freins* ont été fort bien étudiés, ses engrenages ont excité et encouragé toute la sagacité des constructeurs et des mécaniciens.

Il fallait approprier l'alerte petite machine au parcours des itinéraires les plus accidentés. Les constructeurs se sont donc ingéniés à la munir de dispositifs pour les « changements de vitesse », changements simples se faisant au repos, changements automatiques qui s'effectuent pendant la marche. On est parvenu à réaliser la « démultiplication » sans cependant subir une diminution par trop sensible du rendement mécanique de la transmission.

Une nouveauté fort intéressante a été la *roue libre*. Truffault, qui fut un des créateurs du cyclisme, en avait eu l'idée dès le début de l'emploi des jantes creuses en acier, mais il n'avait pu lui donner la forme pratique. Elle est maintenant réalisée et permet au cycliste de mettre les pieds au repos, notamment dans les descentes; un frein énergique est alors indispensable.

Pour les cyclistes militaires, le capitaine Gérard, en 1893, a combiné la *bicyclette pliante* qui a popularisé son nom et qui rend de réels services.

Actuellement, la bicyclette, parvenue au degré de véritable « synthèse mécanique », constitue un instrument de précision. Pour la construire, il faut un outillage perfectionné et des machines automatiques ; elle a suscité cet outillage et l'a introduit dans des ateliers qui sont de véritables modèles d'organisation ; elle a été une des causes principales de l'étude, de la construction et de la propagation des machines-outils. Par une sorte de prédestination, la construction de la bicyclette préparait celle de l'automobile. En mécanique, on n'arrive jamais au maximum du progrès ; il y a toujours à chercher, toujours à acquérir. Cependant, on peut dire que la fabrication des cycles a atteint presque ce que l'on peut appeler la perfection.

L'escalier mobile, système Hocquart.

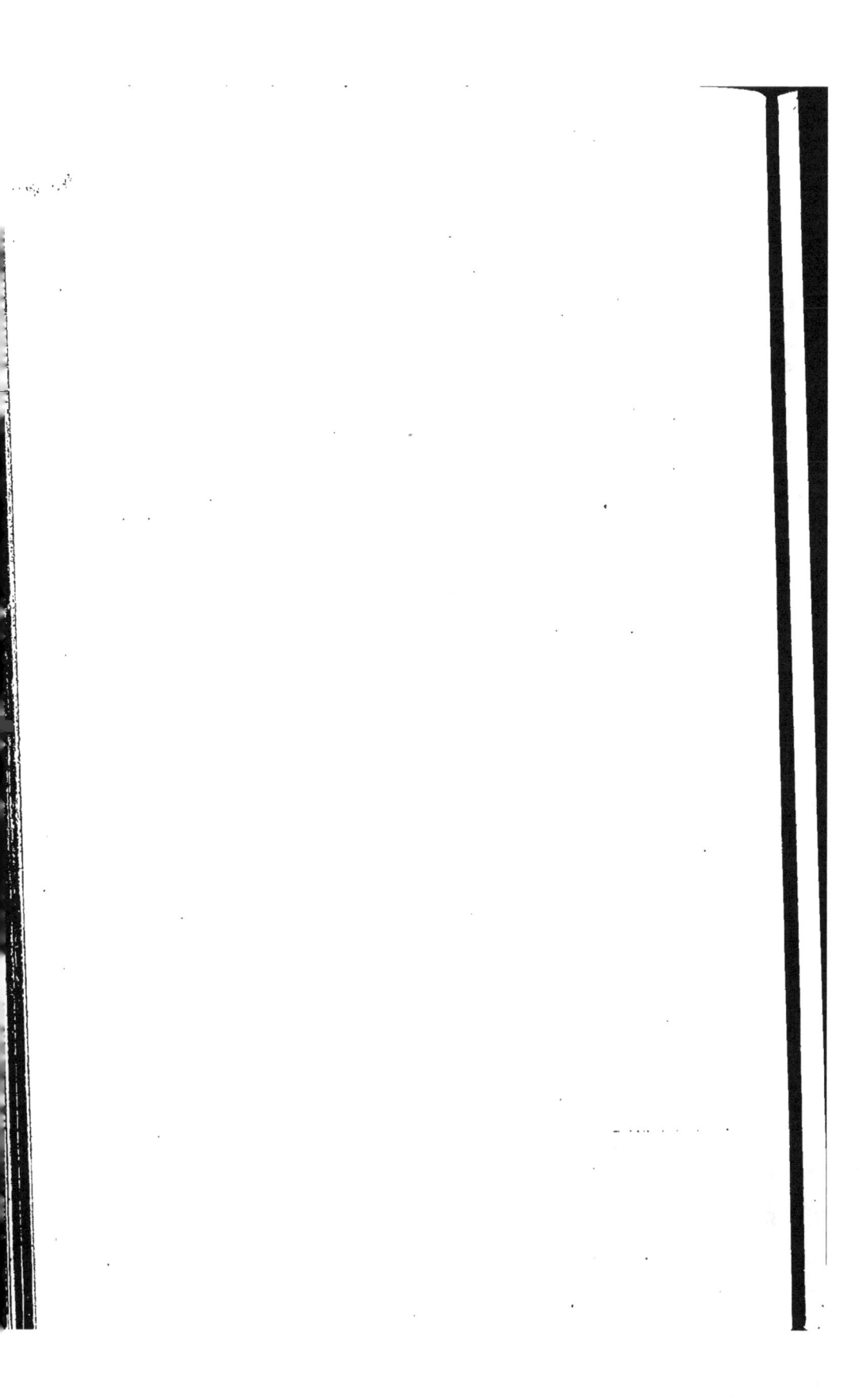

ONZIÈME CONFÉRENCE

Le machinisme dans la vie
quotidienne

La machine dans un immeuble de rapport urbain : l'ascenseur; ses diverses formes; l'eau sous pression; l'intervention de l'air comprimé; l'électricité; quelques chiffres; les monte-charges et les monte-plats. — Chemins élévateurs, rampes mobiles, escaliers à marches articulées. — La ventilation mécanique des habitations : ventilateurs centrifuges et hélicoïdes. — Les groupes électrogènes : leur emploi et leur vulgarisation. — Les petites machines auxiliaires de la vie quotidienne : la machine à coudre, la machine à écrire, la machine à calculer. — La guerre au microbe et à la poussière : le nettoyage mécanique des tapis et des tentures. — Les petites applications mécaniques : le hache-viande, le masticateur, le masseur mécanique, le laveur mécanique de clichés photographiques, les tondeuses de gazon. — Le rôle du petit moteur dans l'industrie d'amateur et les services qu'il rend.

L'ascenseur. — L'ascenseur est une des formes typiques de l'intervention de la « machine » dans l'existence moderne et quotidienne.

Les Américains furent les premiers à construire des « monte-charges » destinés au service des personnes dont le principe se trouvait dans certains appareils utilisés pour l'exploitation des mines.

Mais c'est M. Léon Edoux, ancien élève de l'École centrale, qui, en apportant le plus de science, de persévérance et de talent à ces difficiles études du début, fut l'un des promoteurs et des vulgarisateurs les plus remarquables de l'ascenseur et de ses applications. C'est lui qui, en créant un « appareil permettant aux personnes de se transporter elles-mêmes à tous les étages d'un édifice », a créé en même temps le mot *ascenseur* pour désigner cet appareil.

Les ascenseurs firent leur apparition en France lors de l'Exposition universelle de 1867. Ce fut, tout d'abord, de la curiosité, puis vint le succès pratique. Bientôt les grands hôtels parisiens et les principaux magasins de nouveautés en installèrent pour leur clientèle désireuse d'éviter autant que possible la fatigue.

On s'y accoutuma ainsi et, par la suite, l'ascenseur s'introduisit dans les maisons particulières. Le problème de l'ascenseur devait répondre dans ce cas — qui est maintenant le cas général — à des condition spéciales qui sont : la manœuvre abandonnée à ceux mêmes qui se servent de l'ascenseur, la simplicité du mécanisme, l'absence de danger même entre des mains inexpérimentées.

Actuellement, les appareils ont conquis la confiance du public. Ils sont robustes et sûrs dans leur fonctionnement ; le voyageur y est commodément installé et bien protégé dans la cabine grâce à laquelle il franchit les étages d'une maison ; des serrures bien étudiées lui permettent de déterminer, au moment du départ, l'étage auquel il s'arrêtera, de « démarrer » sans effort et de s'arrêter automatiquement et « en douceur » au niveau déterminé. Des enclenchements résistants empêchent la cabine de se mettre en mouvement tant que l'une quelconque des portes de paliers n'est pas fermée et interdisent l'ouverture de ces portes tant que la cabine ne s'est pas arrêtée à leur hauteur. A l'étage supérieur,. ainsi qu'au bas de sa course, la cabine s'arrête d'elle-même et ne peut jamais essayer de dépasser ces limites. Enfin, en prévision d'accidents au mécanisme ou de ruptures d'organes, des « parachutes » analogues à ceux dont on fait usage dans les puits de mines sont adaptés. aux ascenseurs.

La construction des ascenseurs a passé par des phases diverses. On a employé, tout d'abord, pour obtenir l'énergie nécessaire, l'*eau sous pression* et l'on a fait des ascenseurs avec ou sans puits, c'est-à-dire munis d'une. tige qui s'enfonce dans le sol ou retenus par une transmission à leur partie supérieure.

Après cela, on imagina une modification qui fait intervenir la puissance de l'*air comprimé* distribué dans certains quartiers de Paris à un tarif moins élevé que l'eau de source, et l'on créa l'ascenseur *aéro-hydraulique.*

Dans certaines installations, la puissance motrice est emmagasinée dans un *accumulateur hydraulique* par l'intermédiaire d'un moteur à gaz d'éclairage, lequel se met en marche automatiquement lorsque l'ascenseur est sur le point d'arriver au bas de sa course.

Dans d'autres appareils, c'est le *moteur électrique* qui intervient pour agir sur des pompes, lesquelles refoulent l'eau dans un accumulateur mis en relation directe avec le distributeur de l'ascenseur. Dans ce système, la même eau ressert indéfiniment et il y a, de ce fait, des avantages économiques appréciables.

Enfin, grâce à la vulgarisation si précieuse de « la dynamo », on peut utiliser la puissance fournie par les moteurs électriques pour faire tourner directement un treuil sur lequel s'enroule le câble de suspension de la cabine : c'est alors l'*ascenseur électrique* proprement dit.

D'une façon générale, les ascenseurs se catégorisent en ascenseurs hydrauliques avec ou sans puits ; ascen-

seurs hydrauliques avec emploi de moteurs à air comprimé, à gaz ou électriques ; et ascenseurs électriques proprement dits.

C'est l'eau sous pression qui fournit le plus généralement la force motrice en raison de ses aptitudes énergiques spéciales; elle se prête à l'emploi de mécanismes
simples, à la douceur et à la précision des arrêts; elle
constitue un modérateur de vitesse d'une parfaite sécurité. Dans les cas ordinaires, on l'emprunte aux canalisations publiques de distribution d'eau; mais rien ne
s'oppose à l'utilisation d'autres agents moteurs tels que
électricité, gaz, air comprimé, vapeur. Les *groupes électrogènes*, si justement et si utilement en faveur, composés d'une dynamo et d'un moteur à essence ou à gaz,
fournissent à l'eau sous pression de l'immeuble son
autonomie lorsqu'on le désire.

Les dispositifs des ascenseurs hydrauliques ont été
fort étudiés et ils sont très variés.

Ordinairement, la cabine est équilibrée par des contrepoids et dirigée par un guidage; elle reçoit son mouvement, soit d'un piston de presse hydraulique, soit de
câbles passant sur des poulies à moufles. Pour les ascenseurs à action directe, la cabine est reliée à la tête d'un
piston plongeur dont la longueur surpasse un peu la
course totale et qui pénètre dans un cylindre en fonte
placé au-dessous du sol; la machinerie est facile à équilibrer et offre un aspect rassurant, mais on lui reproche
d'être quelque peu coûteuse. C'est d'après ce système que
sont établis les deux ascenseurs Edoux de 60 mètres
des tours du Palais du Trocadéro à Paris. Ils datent
de l'Exposition universelle de 1878 et ils ont certainement contribué beaucoup à la vulgarisation de
l'ascenseur.

Dans les ascenseurs électriques, la cabine est unifor-
mément suspendue à des câbles métalliques passant sur

des poulies au sommet du pylône de guidage et s'en roulant à la partie inférieure autour du tambour d'un treuil qu'actionnne une dynamo.

Les ascenseurs aéro-hydrauliques sont à piston plongeur ordinaire et à contrepoids; ils sont alimentés par des réservoirs d'eau et d'air comprimé à 5 atmosphères.

Enfin, pour l'ascenseur hydro-électrique, l'eau sous pression provient d'un accumulateur contenant moitié d'eau et moitié d'air à 12 atmosphères; un interrupteur automatique met en mouvement et arrête, à l'instant voulu, une dynamo, laquelle commande des pompes reprenant l'eau dans la bâche de retour pour la refouler vers l'accumulateur, et pourvoyant aux rentrées d'air.

La propagation des ascenseurs électriques est intimement liée au prix de revient de l'*hectowatt* fourni par les stations centrales d'électricité; lorsque ce prix s'abaissera comme il convient, ils feront une grande concurrence aux ascenseurs hydrauliques. On peut admettre comme *rendement* d'un ascenseur électrique avec treuil à vis sans fin, 25 à 30 p. 100, chiffre qui représente le rapport du travail sur les câbles de suspension de la cabine à l'énergie fournie au moteur. Le rendement d'un appareil hydraulique à pleine charge est certainement plus élevé, mais, à charge réduite, il n'en est plus de même puisque la consommation de l'ascenseur hydraulique reste constante alors que l'appareil électrique n'absorbe que la puissance nécessaire pour effectuer le travail demandé.

Ce que l'on peut reprocher à l'ascenseur électrique, c'est d'être très sensible à la brusquerie de manœuvre dans laquelle la personne qui s'en sert fait passer instantanément l'*inverseur* de sa « position montée » à sa « position descente ».

On ne peut pourtant pas, dans les installations ordinaires et usuelles, affecter un homme spécial, un

« wattman » à la conduite de l'ascenseur. Mais on peut tourner la difficulté en laissant la corde ou des boutons-poussoirs à la disposition du public et en disposant les connexions électriques de telle façon que la personne qui se sert de l'ascenseur commence seulement la manœuvre, laquelle s'achève toute seule et d'elle-même.

Voici quelques indications au sujet de la consommation de courant électrique.

Un ascenseur construit pour trois personnes et pour une hauteur d'ascension de 20 mètres absorbe 4.400 watts par seconde. La vitesse d'ascension étant de 0^m45 par seconde, l'élévation de la charge se fait en quarante-cinq secondes; la puissance absorbée est donc de 198.000 watts-seconde ou 55 watts-heure.

La descente n'exige qu'une dépense d'intensité de 8 ampères; la puissance absorbée est donc de 800 watts par seconde et pour les quarante-cinq secondes du trajet de 48 400 watts-seconde, soit 14 watts-heure.

Au total, pour une course complète, aller et retour, on aura consommé 69 watts-heure; au prix de 0 fr. 06 l'hectowatt-heure, une course complète revient à 4,14 centimes. Au tarif de 0 fr. 60 le mètre cube d'eau, un ascenseur hydraulique du type ordinaire consommerait environ 225 litres d'eau pour une course complète qui reviendrait ainsi à 13,8 centimes. Il y aurait donc un énorme avantage en faveur de l'électricité. Mais il est évident que le prix de l'eau comme le prix de l'hectowatt peuvent être fort différents de celui que nous venons de prendre simplement dans le but de chiffrer un exemple; pour chaque cas particulier, on devra refaire le calcul en tenant compte des diversités que peut présenter le problème.

Les *monte-charges* très employés dans l'industrie rentrent dans la catégorie des ascenseurs; nous ne les décrirons pas ici puisque nous considérons l'application à la montée et à la descente dans la maison. Les principes de fonctionnement sont, d'ailleurs, les mêmes.

Nous ne ferons que signaler aussi, à l'autre extrémité de cette catégorie d'appareils, les *monte-plats* qui jouent un rôle utile dans le fonctionnement des maisons d'une certaine importance. Ils sont volontiers actionnés à la main et ne deviennent mécaniques que lorsque leur service est particulièrement chargé.

Chemins élévateurs, rampes mobiles, escaliers à marches articulées. — Une conséquence mécanique ou plutôt une extension du principe de l'ascenseur a été la construction des *chemins élévateurs*, connus aussi sous la dénomination de *rampes mobiles* et de *tapis roulants*. Ils ont été inaugurés en France dans les Magasins du Louvre, à Paris, en 1889. Ce sont, en effet, des organes de transport particulièrement appelés à desservir, plutôt que la maison d'habitation proprement dite, les magasins, les hôtels, les gares de chemins de fer, dans lesquels se produit une active circulation du public.

Ils consistent essentiellement en un « tablier sans fin », souple et résistant, à déroulement continu et uniforme; il reçoit les « passagers » au bas de sa course et il les dépose au sommet. Des « mains courantes » animées de la même vitesse fournissent un appui facultatif aux personnes qui veulent s'en servir.

La largeur d'un chemin élévateur est, en général, de 0^m,60 au niveau des pieds, de 0^m90 au niveau des mains-courantes, et l'inclinaison est de 0^m,33 par mètre. La vitesse varie entre 0^m,50 et 0^m,60 par seconde.

Les dispositions constructives sont très variées. Tantôt, c'est une courroie formée par l'assemblage de lamelles en cuir s'enroulant autour de deux tambours dont l'un est moteur. Tantôt, c'est une suite de planchettes transversales avec chaîne de Galle dans l'axe et galets latéraux.

Les mains courantes sont faites soit en toile caoutchoutée avec garniture de velours, soit en gutta-percha avec maillons métalliques, soit enfin avec des éléments en bois articulés sur une chaîne de Galle.

L'allongement du tablier, qui se produit nécessairement à l'usage, est compensé par des *tendeurs*, et en cas de mauvais fonctionnement, des cames ou des rochets arrêtent automatiquement l'organe moteur.

M. Hocquart, ingénieur, ancien élève de l'Ecole centrale, a perfectionné encore le chemin élévateur en en faisant un véritable escalier *à marches mobiles*. C'est alors l'escalier qui marche véritablement sous la personne qui lui accorde sa confiance sans qu'elle ait à faire aucun mouvement.

Voici comment est résolu ce problème mécanique.

Les planchers en haut et en bas de l'étage à franchir sont prolongés sur l'escalier par une sorte de peigne dont le dos est fixé au plancher et dont les dents le recouvrent sur 40 à 50 centimètres de longueur.

Les marches, fixées de chaque côté à une chaîne sans fin qui les entraîne, sont constituées par des lamelles verticales, lesquelles laissent entre elles « un jeu » correspondant aux dents du peigne de palier. Chaque marche traverse successivement le peigne inférieur en enlevant ce qui se trouve à sa surface; ce qui se trouve à sa surface ce sont les personnes ayant mis les pieds sur l'escalier. Elle transporte ce précieux fardeau à l'étage supérieur où elle trouve l'autre peigne fixe et sans aucune secousse le dépose sur le palier.

Les marches sont larges et le besoin des mains courantes ne se fait pas sentir tant le mouvement est doux, de telle sorte que l'on peut donner aux escaliers de ce genre la largeur que l'on veut.

Une application en a été faite, entre autres, à la gare d'Orsay de la Compagnie du chemin de fer d'Orléans, à Paris. L'escalier a 1^m,50 de large; il débite 300 personnes *en deux minutes* et débarrasse le quai de tous les voyageurs d'un train de banlieue en *deux minutes et demie* au lieu de *huit à dix minutes* que nécessitait auparavant l'exode avec l'escalier fixe que le nouveau système a remplacé. La force motrice utilisée est d'environ 6 chevaux.

Dans le magasin du Bon-Marché, à Paris, où une autre application du système a été faite, voici les résultats qui ont été constatés.

A plusieurs reprises, l'escalier à marches mobiles a servi au passage de 15 000 personnes en une seule journée; en une heure, il peut enlever jusqu'à 4 000 personnes, rendement auquel ne peuvent aspirer les tapis roulants. Normalement, l'escalier Hocquart peut transporter 2 000 à 2 500 personnes par heure à la vitesse de 0^m,30 par seconde.

Ces variétés inclinées de l'ascenseur sont évidemment caractéristiques du besoin actuel que l'on a de se déplacer le plus rapidement possible avec le moins de dépense de force possible. On en trouvera certainement d'utiles applications pour l'accès des gares par exemple et principalement des grandes gares urbaines où des foules considérables se présentent régulièrement à des heures déterminées.

La ventilation mécanique. — Dans l'habitation moderne, en raison même des bonnes conditions dans lesquelles elle est construite et clôturée, comme conséquence aussi de son chauffage, la ventilation joue un rôle capital. L'air intervient avec une extrême importance dans les fonctions vitales des organismes; il convient donc d'apporter le plus grand soin à le préparer en quelque sorte pour la respiration; cela exige qu'il soit mis en mouvement et renouvelé dans les locaux habités et dans les lieux de réunion. Constamment, avec méthode, l'air vicié par la respiration et par les émanations humaines doit être éliminé et remplacé par de l'air pur.

Il y a, tout d'abord, à la base de ce chapitre de l'hygiène la ventilation naturelle par les joints des portes et des fenêtres, par les murs mêmes des habitations; car, grâce à la porosité des matériaux, l'air les traverse; on peut dire que la maison respire et il faut éviter les matériaux trop compacts ou les enduits trop solides qui s'opposent formellement à cette « respiration de la construction ».

On a ,de plus, pour assurer le renouvellement de l'air, les vasistas pratiqués à la partie supérieure des baies, les persiennes mobiles, les soupapes de ventilation automatique, les vitres perforées dont les savants hygiénistes Emile Trélat et Léon Appert ont montré l'utilité.

Lorsque l'aération directe ne suffit pas, on a recours à la ventilation artificielle, soit en établissant une différence de pression au moyen d'un foyer d'appel, soit en se servant de *ventilateurs*, centrifuges ou hélicoïdaux.

La ventilation mécanique ne date que du XIXᵉ siècle. Au début, les ventilateurs étaient manœuvrés à bras; maintenant, ils sont commandés par des machines.

Pour les habitations proprement dites, on se sert de plus en plus des petits ventilateurs déplaçables et souvent même portatifs qui sont actionnés par des petits moteurs électriques. Partout où l'on a le courant électrique pour « la lumière », il est aussi facile de mettre en mouvement un ventilateur électrique que de placer une lampe à incandescence : c'est le bien-être et, comme conséquence, la santé. Il va sans dire cependant que ces appareils mécaniques doivent être disposés avec discerne-

ment et avec sagacité. Aérer une pièce et la tenir en
état d'aération, cela ne veut pas dire y créer des « courants d'air ». Le ventilateur mécanique a toujours son emplacement déterminé par des considérations techniques
d'hygiène ; il convient, en particulier, qu'il ne puisse pas
avoir pour effet de mettre en mouvement les poussières
et de leur faciliter l'état subtil dans lequel elles sont surtout dangereuses pour les voies respiratoires.

L'évacuation de l'air vicié s'opère par les cheminées
qui doivent toujours rester libres même dans les
chambres à coucher, par les orifices multiples que présentent les pièces des maisons et des appartements, ou,
lorsqu'il s'agit de locaux collectifs, par des ouvertures
spécialement aménagées en vue de l'évacuation.

Des contacts étroits existent, comme nous l'avons dit
tout d'abord, entre la ventilation et le chauffage; les
deux opérations ont leur domaine particulier et leurs
règles propres : elles obéissent à des principes distincts
et indépendants. Mais on n'aura fait œuvre d'hygiène
rationnelle et complète que si, par les moyens naturels
et mécaniques dont on dispose, on a su les concilier.

Le groupe électrogène. — Pour la maison de ville
d'une certaine importance, pour l'hôtel, pour la maison
de campagne avec ses dépendances, le *groupe électrogène* est une des acquisitions du progrès. Il caractérise
le moyen pratique de se procurer le courant électrique,
c'est-à-dire l'éclairage électrique et aussi la force motrice dont on peut avoir besoin pour actionner des ascenseurs, des pompes, des outils.

L'ensemble du « groupe électrogène » comporte un
moteur, une *machine dynamo* et une *batterie d'accumulateurs électriques.*

Le moteur peut être une petite *turbine hydraulique*
si l'on dispose d'une masse d'eau : c'est le cas que nous

envisagerons par la suite en parlant de l'utilisation de la *houille verte*, c'est-à-dire de la force motrice que l'on peut capter dans les *cours d'eau non flottables ni navigables*.

On fait aussi d'utiles emplois des *moteurs à gaz pauvre* qui sont des moteurs à gaz actionnés par du gaz produit au moyen de la distillation de combustibles de qualité inférieure et à bon marché.

Enfin et surtout, on peut se servir des moteurs à *essence de pétrole*. La petite « station électrique » que l'on organise ainsi peut se placer dans une pièce grande comme une cuisine de dimensions ordinaires et le premier domestique ou jardinier venu est capable de la faire fonctionner.

Le *tableau de distribution*, qui répandra à volonté l'éclairage dans les diverses pièces de l'habitation et dont le maniement est sans aucun danger, permet de mettre électriquement le moteur en marche sans effort et sans avoir aucune manivelle à tourner.

Le coût d'une lampe électrique d'éclairage de 10 bougies atteint à peine *un demi-centime* par heure.

En ajoutant une poulie au moteur, on peut le faire travailler pour fournir de la force motrice et pour actionner par exemple une pompe élévatoire, ce qui résout à la campagne le problème toujours difficile de l'alimentation d'eau pour les besoins de la maison, pour l'arrosage du jardin et pour le cas d'incendie.

En raison du développement de l'automobilisme, on trouve maintenant de l'essence de pétrole en dépôt jusque dans les moindres bourgs. Dès lors, il n'y a aucune raison pour ne pas donner à la maison de campagne, à la ferme, et à leurs dépendances, le luxe, économique d'ailleurs à partir du moment où l'on a fait les frais d'installation du groupe électrogène, d'un éclairage électrique brillant.

Les petites machines auxiliaires; la machine à coudre; la machine à écrire; la machine à calculer. — Ces trois petites machines représentent avec élégance et utilité « la mécanique » dans « les intérieurs » modernes.

En tête, plaçons la *machine à coudre.*

La machine à coudre est due à un Français, Barthélemy Thimonnier, né à l'Arbresle, dans le département du Rhône. Avant lui, aucune réalisation mécanique précise n'en avait été faite; on ne peut citer que les brevets de Karl Weisenthal pris en Angleterre en 1755 et celui de Thomas Stone et James Henderson pris en France en 1804; les brevets se nommaient alors des « patentes ».

Barthélemy Thimonnier était un simple ouvrier tailleur, d'une intelligence remarquable. Après quatre ans de recherches, en 1830, il prit un brevet pour une machine « cousant au point de chaînette » qui fonctionnait effectivement.

Ayant trouvé des commanditaires pour s'intéresser à son invention et à sa mise en pratique, il monta, rue de Sèvres, à Paris, un atelier de 80 machines pour la confection des équipements militaires. Quelques mois plus tard, une bande d'ouvriers tailleurs, à l'état d'énergumènes et d'inconscients, excités par des meneurs ignares ou de mauvaise foi, envahissait l'atelier et brisait les machines.

Thimonnier ne perdit pas courage : ce précurseur était un vaillant. Il allait relever son atelier de ses ruines lorsque la Révolution de 1848 vint abattre ses espérances ! Vainement, en 1849, il exposa sa machine à coudre à l'Exposition de cette date; vainement aussi, il voulut l'exposer à l'Exposition de Londres en 1851. Les circonstances se conjuraient contre lui et il arriva trop tard pour pouvoir subir l'examen du Jury de' l'Exposition. Finalement, il fut terrassé; il mourut pauvre et inconnu à Amplepuis en 1857. L'avenir devait seulement lui donner la gloire due à sa bienfaisante invention.

Les brevets de Thimonnier furent repris aux Etats-Unis, étudiés dans tous leurs détails, complétés, et, en 1855, à l'Exposition universelle de Paris, les machines à coudre américaines et anglaises obtinrent un succès colossal. Leur emploi allait dès lors se généraliser avec une rapidité extrême.

Actuellement, la vitesse de 3 500 tours par minute peut être atteinte pratiquement au lieu des 200 tours par minute que réalisait la machine de Thimonnier et des 23 points que donnait, que donne encore le cruel travail à la main.

Grâce à l'abaissement du prix de vente et aux facilités de paiement à terme, la machine à coudre est devenue accessible aux travailleurs les moins fortunés en même temps que ses élégants modèles ornent les intérieurs luxueux en s'y faisant apprécier. Les avantages de son emploi, au point de vue de la rapidité et de l'économie du travail, en font un instrument nécessaire ; son entretien est facile et elle exige peu de réparations lorsqu'elle est placée entre des mains soigneuses. Elle se prête, d'ailleurs, aux ouvrages les plus variés, les plus coquets, les plus luxueux même : la couture mécanique est aussi solide que la couture à la main. C'est, en somme, une machine qui fait partie « de la maison » ; elle est la précieuse et active collaboratrice de l'ouvrière à qui elle permet de faire chez elle, sans être obligée de délaisser son foyer, plus de besogne au prix d'un moindre effort que jadis.

La *machine à écrire* joue un grand rôle aussi et de plus en plus considérable dans l'existence moderne.

Son origine est curieuse à rappeler.

C'est un aveugle de naissance nommé Foucault qui, en 1843, appliquant des principes posés par Barbier en

1819 et par Braille en 1839, imagina une première machine à clavier dont les touches poussaient des poinçons, lesquels, en piquant une feuille de papier, y dessinaient la forme des lettres. Cette machine tout à fait élémentaire resta surtout à l'état de touchante curiosité; elle devait pourtant servir de base à l'idée mécanique générale de la machine à écrire et permettre à ses promoteurs d'en faire des projets sans se heurter à des affirmations d'impossibilité préalables.

Le mérite du premier « appareil à écrire » susceptible d'un usage effectif et courant revient à un Français, M. Soulé, et à deux Américains, MM. Sholes et Glidden; il fut construit aux Etats-Unis par Remington qui lui donna son nom et fut mis dans le commerce en 1874. Maintenant encore, la machine à écrire Remington, qui a reçu, comme on peut le penser, de nombreux perfectionnements, jouit d'une grande faveur.

Dans cette machine, l'opérateur — on ne peut plus dire l'écrivain — agit sur les touches d'un clavier d'après le principe de Foucault; les touches poussent des caractères d'imprimerie qui vont presser une bande de papier par l'intermédiaire d'un ruban imprégné d'encre et qui s'impriment dessus. Le papier est enroulé sur un cylindre auquel un cliquet donne un léger mouvement de translation après l'impression de chaque lettre; une touche spéciale au bas du clavier permet d'espacer les mots, et quand une ligne est terminée un coup de timbre sonore prévient l'opérateur de ramener le tambour à sa position première. L'augmentation de vitesse entre l'écriture mécanique et l'écriture manuelle atteignait, avec cette machine, 2,50.

Tout d'abord, on se montra un peu rebelle à ce progrès. La machine à écrire paraissait difficile à manier; elle était coûteuse; on pensait que l'on ne s'accoutumerait pas à recevoir des correspondances imprimées de

cette façon et que l'écriture à la plume resterait la caractéristique de la politesse et de la certitude des relations.

Ces idées préconçues ont peu à peu cédé devant la
nécessité de « gagner du temps » qui domine le
struggle for life de notre époque.

Les modèles de machines à écrire se multiplièrent, se
simplifièrent : le prix de vente s'abaissa dans une large
mesure, comme par exemple dans la machine à écrire *la
Dactyle* que M. Octave Rochefort, le savant ingénieur,
ancien élève de l'Ecole centrale, a propagée en France.

Les types à clavier, à cadran sont nombreux et d'un
maniement simple : l'emploi de la machine à écrire est
très répandu. L'industrie et le commerce y ont eu d'abord
recours, puis les administrations ont suivi le mouvement
pour réduire le nombre des expéditionnaires tout en
ayant des documents parfaitement lisibles.

Une nouvelle profession, la profession de « dactylographe », s'est créée : elle a obtenu une faveur d'autant
plus grande qu'elle s'est trouvée être une profession
dans laquelle excellent les dames et les demoiselles. Sur
la profession de dactylographe s'est greffée, comme
annexe, celle de sténographe, et l'on recherche les sté-
nographes-dactylographes des deux sexes. Dans tous
les établissements industriels, commerciaux, financiers,
à l'heure présente, retentit, aux heures laborieuses, le
rapide et intelligent « tic-tac ». des machines à écrire.
C'est merveille de voir le chef d'un de ces établissements
ou son fondé de pouvoir dépouiller son courrier et, sitôt
chaque lettre lue, dicter la réponse au sténographe-
dactylographe. Celui-ci ou celle-ci emporte les réponses
sténographiées, puis tout aussitôt les recopie et peu
après le chef n'aura plus qu'à signer son courrier. On
peut penser ce que l'on gagne ainsi de temps précieux.

Il y a dans la pratique de ce système deux avantages que l'on ne peut méconnaître. D'une part, il n'y

Groupe électrogène transportable.

a pas de raison valable pour qu'il ne soit pas répondu au « courrier » ; la fatigue que cela occasionne au « patron » est réduite à son minimum. D'autre part, la lettre dactylographiée ne comporte pas les interminables formules de politesse ou de respect que nous avaient léguées les siècles et qui, tout en ne présentant aucun intérêt, prenaient beaucoup de place et risquaient toujours de faire naître des susceptibilités et des contrariétés.

En ce qui concerne la copie à plusieurs exemplaires, par décalque, des longs documents, la machine à écrire rend aussi de réels services : elle est l'intermédiaire dans bien des cas entre le document recopié à la main et le document imprimé, lequel ne devient économique que si on le demande à d'assez nombreux exemplaires.

La *machine* à calculer est naturellement moins répandue que ses deux sœurs mécaniques dont nous venons de parler. Cependant, elle est déjà aussi dans la pratique et son usage s'étendra. Le premier modèle qui en fut fait est dû au célèbre mathématicien Blaise Pascal, qui la construisit lui-même, à Bordeaux, en 1644, et en dédia un modèle au chancelier Séguier. Un modèle de l'appareil de Pascal se trouve au Conservatoire national des arts et métiers à Paris ; l'autre modèle est à Bordeaux et appartient à M. Bourgouin, dont un ancêtre l'acheta sur le marché à la ferraille de la ville pendant la Révolution.

En 1673, Leibnitz, autre mathématicien illustre, imagina et montra aux savants de Londres une machine arithmétique de son invention.

Depuis lors, la solution de ce problème mécanique a attiré de nombreux chercheurs. On peut citer, en 1775, la machine du vicomte Mahon, qui fut ensuite le comte Stanhope ; en 1820, Thomas, de Colmar, fit breveter un arithmomètre que perfectionna ensuite M. Payen. MM. Maurel et Jayet obtinrent une médaille d'or à l'Exposition de 1849, puis le prix Montyon de mécanique de l'Institut pour un appareil qu'ils nommaient *arithmaurel*. A l'Exposition de 1855, une médaille d'honneur fut décernée à la machine à calculer de M. Schentz, de Stockholm. En 1889, parut enfin la remarquable machine de M. Léon Bollée, du Mans, qui est une merveille mécanique.

M. Octave Rochefort, dont nous avons déjà signalé la machine à écrire, a introduit aussi en France une machine à calculer « Dactyle » qui fonctionne fort bien. D'autres modèles sont dus à M. Odhner, de Saint-Pétersbourg, et Desjardins, des Etats-Unis.

Dans beaucoup de magasins actuellement, la machine à calculer, placée à côté de la caisse, totalise les dépenses de l'acheteur et lui remet gracieusement un ticket portant la somme payée, la date, et les autres indications jugées nécessaires. Il y a là, pour le magasin comme pour le client, un petit contrôle qui n'est pas à dédaigner et auquel on s'accoutumera de plus en plus.

Nettoyage mécanique des tapis et des tentures. — Le nettoyage des intérieurs est une des conditions principales de l'hygiène et de la salubrité. A notre époque où, comme conséquence immédiate des recherches scientifiques, les microbes, les bacilles, les germes, sont entrés dans la préoccupation sanitaire de tout le monde, on n'a pas manqué d'analyser un peu les poussières nichées dans les rainures des planchers, dans les tapis, dans les tentures; les analyses y ont révélé la présence de micro-organismes dangereux, dont l'enlèvement complet et fréquent est une condition de la bonne santé des habitants.

L'unique moyen de nettoyage intérieur fut pendant longtemps le balai pour les planchers, la tapette et la brosse pour les tapis et les tentures. Encore fallait-il déclouer les tapis, décrocher les rideaux et aller procéder au dépoussièrement dans des enclos spéciaux.

La mécanique est intervenue sous la forme du « nettoyage par le vide » qui consiste à aspirer sur place les poussières au moyen d'un appareil pneumatique et, dès qu'elles sont aspirées, à les enfermer dans un récipient qui permettra de les emporter à distance sans espoir de retour.

En principe, une installation de ce genre, déplaçable et qui se rend sur le lieu où elle doit agir, comprend : une machine pneumatique à grande vitesse mue par un moteur, un filtre à poussières, une canalisation aspiratrice des poussières, enfin des tuyaux en caoutchouc dont une extrémité se visse sur une prise d'air et dont l'autre extrémité est munie d'une *lance aspiratrice* ayant la forme d'une spatule creuse.

La machine pneumatique fait ordinairement dans le filtre à poussières et dans la conduite générale un vide de 40 à 50 centimètres de mercure. On visse les tuyaux de caoutchouc sur les raccords de la conduite générale et on promène les aspirateurs sur les tapis, coussins, rideaux ou tentures à nettoyer. Les poussières sont aspirées dans le filtre où elles se ramassent et d'où on les enlève de temps à autre.

Le maniement de la lance exige un apprentissage assez long pour arriver à donner son maximum d'efficacité. Mais, lorsque cet apprentissage est fait, l'opération est économique à tous points de vue et d'une efficacité certaine. Elle se complète par ceci : c'est que le passage de la lance aspiratrice a l'avantage de ventiler les tapis et les tissus en général, de les aérer, de mettre « le microbe » en présence de ce dont il a le plus horreur : l'oxygène.

Les petites applications mécaniques. — Nous ne saurions passer sous silence sans laisser une lacune les petites applications mécaniques qui jouent un rôle plus ou moins grand dans l'existence moderne et dans son « confortable » sans en être encore devenues d'indispensables accessoires.

Le *hache-viande* mécanique permet de préparer rapidement en quelques tours de manivelle la viande hachée pour les malades et les convalescents : il opère d'une façon plus exacte et plus rapide, plus propre aussi, dans bien des cas, que l'ancien travail au couteau sur une planche.

Le *masticateur* ou, pour employer le terme précis, la petite « machine à mâcher » rend parfois des services, à la condition essentielle que les personnes qui l'utilisent s'en servent avec une complète bonne volonté et avec adresse.

Le *massage* est à la mode et l'on a combiné des *masseurs mécaniques* qui ne sont pas sans mérite entre les mains des spécialistes.

Les *tondeuses de gazon* prennent, pour les grandes propriétés, des dimensions de petites machines agricoles. Mais elles se sont surtout et gracieusement multipliées sous la forme de petites tondeuses avec lesquelles les dames peuvent se donner le plaisir de tenir en bon état elles-mêmes, sans le concours du jardinier, la verte pelouse qui s'étend devant la villa.

Lorsque le propriétaire de la villa est un fervent adepte de la photographie, il pourra, avec l'emploi d'un des excellents petits moteurs électriques actuels, procéder au *lavage mécanique* de ses clichés photographiques.

Industries d'amateurs. — Nous n'entreprendrons pas ici l'étude détaillée de l'intervention de la mécanique dans les *industries d'amateurs* : elle est considérable grâce à la facilité d'emploi des *petits moteurs* dont nous avons parlé dans nos précédents chapitres. L'amateur, qui est si souvent un artiste, un inventeur, un précurseur utile, trouve dans l'usage de la force motrice mise à la portée de son petit atelier des ressources qu'il n'avait pas autrefois. Le travail du bois, l'exercice de l'art du tourneur et du ciseleur, la construction des petits modèles de machines sont ainsi placés dans des conditions particulièrement favorables et nous croyons volontiers qu'il en résultera de réels progrès; car, en toute conception destinée à devenir pratique, il ne suffit pas d'imaginer, il est nécessaire aussi de réaliser un premier essai. « L'amateur », pour en trouver la possibilité précédemment, devait s'adresser à des collaborateurs possédant les moyens d'action voulus dans des ateliers divers; il peut, désormais, sinon se passer d'eux, du moins en réduire le nombre et conserver ainsi à son projet une direction complètement personnelle dans la réalisation : ce sera une condition parfaite de succès pour les inventions futures; elles y gagneront de l'originalité tout en évitant à leurs auteurs des pertes de temps et des dépenses.

DOUZIÈME CONFÉRENCE

La houille verte

Ce que c'est que la houille verte. — Comment on l'utilise pour actionner une dynamo génératrice ou réceptrice. — Force et lumière dans le château, la ferme, la villa : irrigation ; le fonctionnement mécanique des outils agricoles. — La renaissance des petites industries locales et familiales.

L'utilisation des forces naturelles, parmi lesquelles la puissance d'écoulement et de déversement de l'eau joue un rôle primordial, attire vivement l'attention des ingénieurs, des économistes et des agriculteurs.

A côté de la *houille blanche*, de l'eau qui se déverse des glaciers de montagne, suivant la belle expression du précurseur Aristide Bergès, on parle beaucoup de la *houille verte* étudiée, vulgarisée, propagée par un autre précurseur, aussi savant que désintéressé, M. Henri Bresson. Son nom restera attaché par la reconnaissance publique à cette ressource de travail éminemment populaire.

Si les applications de la *houille verte* ne sont pas aussi formidables en principe que celles envisagées pour la houille blanche, elle n'en est pas moins appelée, elle aussi, à régénérer bien des régions de la France. Il y a, en effet, quantité de cours d'eau secondaires susceptibles d'être aménagés en vue de produire de l'énergie électrique et bien que chacun d'eux ne présente ordinairement qu'un intérêt local et une assez faible puissance, leur ensemble n'en constitue pas moins un élément de richesse considérable. Un vieux proverbe dit que « les petits ruisseaux font les grandes rivières » ; grâce aux progrès de la science, les petits ruisseaux, lorsque l'on sait utiliser leur labeur, font de grandes rivières d'*énergie industrielle*.

Par un curieux retour des choses, la petite *chute d'eau* va reprendre son rôle laborieux, elle qui, autrefois, fut avec le moulin à vent, en France et ailleurs, la productrice de force motrice la plus employée. L'avènement de la *machine à vapeur*, avec laquelle on n'avait plus besoin de tenir compte ni des crues, ni des sécheresses, l'avait fait tomber en discrédit.

Elle est redevenue précieusement utilisable grâce à l'électricité, grâce à la *machine dynamo* qui permet de produire, à volonté, la force motrice et la lumière et, chose plus indispensable encore, de les transporter à distance par de simples fils conducteurs.

L'utilisation de la *houille verte*, telle que M. Henri Bresson l'a étudiée et mise pratiquement en évidence, ne pouvait être réalisée que par l'intervention de l'électricité.

En même temps, le moteur hydraulique prenait une forme nouvelle et appropriée; la *turbine hydraulique*, dont le rendement mécanique est de 70 à 80 p. 100, remplaçait, à point nommé, la *roue hydraulique* à palettes planes qui ne rendait que 25 à 30 p. 100 du travail absolu disponible.

Ainsi, par un concours de circonstances favorables, « la mise en exploitation » de la *houille verte* trouvait les organes nécessaires à sa rénovation. Les petits cours d'eau « non flottables ni navigables », selon le terme consacré, vont reprendre une importance utilitaire d'autant plus considérable que leur énergie est plus éparpillée et plus aisée à adapter à des besoins spéciaux.

Tandis que, dans les contrées riches en *houille blanche*, on peut se borner la plupart du temps, vu la pente rapide de ces vallées resserrées, à créer, à flanc de coteau, un canal de dérivation succédant à un très modeste barrage et amenant l'eau au-dessus de l'usine l'utilisant, dans les régions moins accidentées, on doit provoquer la chute d'eau par un barrage plus ou moins élevé, généralement à proximité de l'usine.

La pratique de la *houille verte* peut même se présenter de deux façons : la création du barrage en vue d'obtenir une chute, — et l'on crée presque toujours ainsi une retenue, une réserve d'eau ; — ou bien l'utilisation d'une retenue existante, mais dont la chute d'eau n'était plus utilisée. Un troisième cas tient le milieu entre les deux précédents : l'abandon prolongé d'un travail hydraulique ancien a laissé tomber en ruine les principaux ouvrages d'art qui provoquaient la retenue. Même encore ici on a plus de facilité que pour créer un barrage, puisque le terrain est déjà préparé et qu'après la réparation des rives, il suffira de relever le barrage.

Pour élever un barrage, il faut, aussi bien pour la houille blanche que pour la houille verte, être propriétaire des deux rives ou obtenir du « riverain vis-à-vis » le droit d'appui. Quelques-uns le font payer cher; d'autres en faisaient une spéculation, achetant dans cette prévision d'étroites bandes de terrain sur les rives supposées nécessaires à l'établissement. On les nommait les « barreurs de chutes » et des lois récentes ont combattu ces cas d'obstruction par trop intréressés. On devra encore, dans les régions peu accidentées, envisager la possibilité de submerger des propriétés en amont; mais souvent, en approfondissant la retenue pour augmenter sa capacité, on en retire le moyen d'élever des digues préservant ces terres riveraines qui sont fréquemment des prés d'une certaine valeur.

Dans ce qui précède, nous entendons par *barrage* le *déversoir* ainsi que les vannes de décharge, deux parties qui ne se passent pas du contrôle administratif. Le premier est destiné à écouler les crues imprévues sans dépasser dans le bief une limite de hauteur d'eau par trop préjudiciable aux « riverains-amont » ; les vannes de décharge sont appelées à remédier à cet état aussitôt que l'usager de la retenue a connaissance de la crue, et en les ouvrant progressivement il avertit son « voisin-aval » d'avoir à opérer lui aussi la même manœuvre. Ces vannes doivent donc être calculées pour laisser un libre passage aux plus grandes eaux prévues et leur simple aspect renseigne déjà sur l'importance du cours d'eau et sur celle de la force hydraulique qui en profitera, sans oublier toutefois de faire entrer en ligne de compte la hauteur de la chute. Ces deux données sont inséparables pour procéder à une estimation précise d'une puissance hydraulique.

Il y a même lieu de rappeler ici la formule simple servant à cette évaluation et dont tout usager présent et futur de la houille verte doit bien se pénétrer : *La hauteur de la chute en mètres étant connue, il faut la multiplier par le volume d'eau en litres dont on peut disposer par seconde et diviser ensuite ce produit par 75.* On aura ainsi le *nombre de chevaux* sur lesquels on peut compter *pendant cette seconde* et les suivantes, si l'arrivée de l'eau est constante. Cette incertitude est le plus grand reproche que l'on puisse adresser à la *houille verte*, on pourrait même dire le seul. Le cours d'une rivière ne saurait être constant, puisqu'il est continuellement influencé par les pluies ; toutefois, celles-ci ont un régulateur important dans les sources et ces sources sont plus ou moins pérennes, c'est-à-dire de débits irréguliers selon la nature de perméabilité du terrain et la garniture végétale du sol. Les meilleures sont celles qui émergent des *terrains perméables plantés de forêts*, agissant comme une éponge, restituant les eaux pluviales, avec une lenteur favorable, au régime régulier des cours d'eau.

Nous trouvons aussi dans ce fait la justification du nouveau terme métaphorique de *houille verte ;* la croisade menée en faveur du reboisement est des plus favorables à l'avenir des forces hydrauliques. Les vastes étangs sont aussi de bons régulateurs.

Nous venons de dire que la connaissance du volume d'eau ou « débit » est nécessaire pour évaluer une force hydraulique; il y a deux moyens de se procurer cette estimation et le second est le plus aisé : on peut, en levant une vanne, chercher à maintenir le niveau de la retenue à la hauteur du déversoir et évaluer ce qui passe par cette vanne, connaissant la surface de cet orifice et la pression qui s'exerce dessus ; le second moyen consiste à laisser toute l'eau passer sur le déversoir : ayant relevé la longueur de celui-ci, on mesure la hauteur de la lame déversante. Une formule facile à trouver dans tous les manuels hydrauliques et jusque dans les catalogues des fournisseurs de *turbines hydrauliques* donne ensuite le nombre de litres cherché par seconde.

Inévitablement des variations se produisent. Il n'est cependant pas possible de disposer d'autant de moteurs hydrauliques que l'on aurait de débits variables, puisque, comme toute machine, le moteur hydraulique ne donne son meilleur rendement que dans son usage le plus complet; il faut donc tabler sur une moyenne des débits avant d'arrêter son choix. Cette moyenne s'obtient par de nombreuses observations — jamais trop nombreuses — du passage de l'eau aux diverses époques de l'année; c'est ce qu'on est convenu d'appeler la *force utilisable*. Les conducteurs des ponts et chaussées, qui sont également chargés du service hydraulique, peuvent, à cet égard, fournir les meilleurs renseignements quand une utilisation a déjà existé dans l'endroit choisi. Dans les régions des Alpes, d'importantes missions ont été instituées et commencent à publier les résultats des observations de jaugeage sur les parties des cours d'eau qui n'ont même jamais encore été utilisées.

La force utilisable est plutôt théorique et devra subir une nouvelle réduction inévitable, quelque perfectionné que soit le moteur hydraulique du moulin. Disons tout de suite que le mot de *moulin* seul est employé à tort pour désigner une usine hydraulique et souvent par extension une roue, car il est tout aussi bien d'usage de l'employer dans *moulin à vent* par exemple. Le moulin est, à proprement parler, un appareil qui meut, qui broie, et, comme presque toutes les forces hydrauliques étaient jadis adonnées à la mouture des grains, on a créé là une équivoque compréhensible, mais qui est à rejeter dans le langage actuel. En effet, la *minoterie* avec ses appareils, est venue apporter un grand trouble dans ces petites industries ; par-ci par-là, quelques-uns de ses petits moulins à blé subsistent pour des pratiques locales (d'où le nom aussi usité de *moulin de pratiques*) ; ceux qui ont à leur disposition une puissance hydraulique convenable ou qui sont avantageusement situés près des centres s'aident la plupart du temps d'une machine à vapeur pour parer à l'irrégularité des débits et ils comportent un personnel qui leur mérite bien le nom d'usine.

A plus forte raison, le nom d'usine est tout à fait approprié pour les forces hydrauliques consacrées aux industries textiles, au traitement des métaux, aux papeteries, scieries, etc., et jusqu'à la toute moderne *élec-*

tricité. Par conséquent, ce sont les forces hydrauliques moyennes qu'il est intéressant de connaître et auxquelles il faut montrer tout le parti nouveau que l'on sait tirer de la houille verte, grâce aux progrès de la science de l'ingénieur qui se sont manifestés par la *turbine* et la *dynamo.* Celles-ci ont contribué au succès de la houille blanche; elles peuvent, elles doivent aussi contribuer à la résurrection de la *houille verte.*

La turbine moderne est une résurrection, puisque les Arabes la connaissaient dès le moyen âge et l'introduisirent en Espagne sous la forme primitive de *roue à cuillères,* nom qui lui est resté dans certaines régions de l'Afrique où elle est encore en usage pour élever de l'eau. Cette roue ne diffère pas beaucoup du *rouet* subsistant actuellement dans quelques rares contrées du sud de la France. Mais quelle différence entre celle-ci et l'instrument de fonte et de fer que l'industrie mettra maintenant entre les mains du pratiquant de la houille verte! Jadis, l'eau simplement dirigée dans une rigole en bois venait frapper ces sortes de cuillères garnissant un arbre vertical qu'elles entraînaient dans leur mouvement de rotation. La petite « roue Pelton » évoque bien cette image, mais elle a un axe horizontal et ne craint pas les hautes pressions des chutes élevées; laissons-la, par conséquent, à la *houille blanche.* Si la turbine moderne a gardé de son ancêtre la forme arrondie des cuillères, celles-ci sont savamment étudiées de façon à recueillir toute l'énergie de l'eau et à ne la laisser sortir de la turbine qu'avec le moins de vitesse possible. L'axe vertical en profitera et saura la transmettre pour l'utilisation recherchée. Autre différence : notre turbine est entièrement plongée dans l'eau qui y pénètre de tous côtés, dirigée par les lames du distributeur pour frapper avec son maximum d'énergie les aubes ou cuillères. Cette admission de l'eau se fait par élévation d'un

cylindre intérieur de la turbine, cylindre si bien équilibré par un contrepoids qu'un enfant peut facilement
l'élever ou l'abaisser. Or, il est évident que plus on
l'élève, plus on laisse passer d'eau et plus on obtient
d'énergie, car la plupart des turbines ont encore l'avantage d'être *auto-régulatrices*, c'est-à-dire de maintenir
le plus exactement possible le nombre de tours qu'elles
font par minute. Ce nombre est toujours assez élevé et,
du reste, favorable aux dynamos qui tournent vite elles-
mêmes.

Les anciennes roues à palettes en dessus ou du genre
Sagebien, surtout ces dernières, ne sont pas toujours à
dédaigner, particulièrement quand il s'agit de chutes
peu élevées avec de très gros débits. Ainsi, avec 1 mètre
de chute seulement, on trouve, à Pont-Audemer, sur la
Rille, dans le département de l'Eure, deux roues de
4ᵐ,50 de diamètre employées à la production de l'électricité en vue de l'éclairage et de petits transports de
force.

Il est vrai que toutes ces roues sont lentes et que
pour arriver à la vitesse des dynamos, se comptant par
mille tours à la minute, il faut de nombreuses multi-
plications par engrenages et courroies, ce qui ne s'obtient
pas sans perte de force appréciable.

Pour les turbines, dont le nombre de tours à la minute
se chiffre par centaines, il faut craindre l'échauffement
possible des paliers, mais il en existe maintenant de
très perfectionnés qui assurent le renouvellement de
l'huile dans les coussinets pendant la marche. Dans les
uns, on emploie des bagues folles trempant dans l'huile
et la rejetant sans cesse dans les parties susceptibles
d'échauffement; dans d'autres cas, les coussinets sont
pourvus de rotins aspirant en quelque sorte l'huile par
leurs conduits capillaires. Ces perfectionnements ont
encore plus de valeur pour les deux paliers de toutes

les dynamos. Une bonne précaution consiste à renouveler fréquemment ces huiles qui, filtrées, peuvent resservir.

Tout le monde connaît maintenant de vue une *machine dynamo électrique* et se souvient de l'impétuosité avec laquelle elle tourne, mais bien peu de personnes sans doute savent distinguer une *dynamo génératrice* d'une *dynamo réceptrice*, et l'on en est fort excusable puisque ces deux dynamos sont si semblables qu'elles peuvent toujours permutter, que l'une peut prendre la place de l'autre. C'est un des plus étonnants phénomènes de *réversibilité* connus. En effet, il n'y a que de très petites modifications de connexion à faire pour obtenir cette transformation, ainsi que pour faire varier le sens de marche d'une dynamo; un tournevis et quelques bouts de fils de cuivre y suffisent.

Une turbine hydraulique ou à vapeur (puisque dans ce dernier cas on a cherché aussi à s'approcher des grandes vitesses et à supprimer le coup de piston sensible dans l'éclairage) qui, par une transmission, attaque une dynamo, est génératrice ; elle produit un courant électrique que nous saurons plus loin recueillir et distribuer. Si, au contraire, deux fils de cuivre amènent du courant électrique *aux mêmes points* d'où il s'échappait tout à l'heure, la dynamo se mettra à tourner, à restituer par son axe et sa poulie extrême de l'énergie apte à être utilisée : c'est alors une *dynamo réceptrice* ou, plus simplement, un *moteur électrique*.

Nous venons de dire les *mêmes points* de sortie ou d'introduction de l'électricité; ces points sont des *bornes* dans lesquelles on serre par un moyen quelconque les extrémités des fils qui vont nous servir dans le premier cas à distribuer l'électricité et qui, dans le second cas, l'amenait d'une génératrice. Il en faut toujours au moins deux que l'on appelle les *pôles* de la dynamo dans le cas du courant dit « continu ». On dépassera ce chiffre pour les courants alternatifs, mais ceux-ci concernent plutôt les grandes entreprises et la modeste *houille verte* doit se garder d'empiéter sur ce domaine.

Qu'il s'agisse d'éclairage seulement ou de force motrice, ou encore, des deux combinés, puisque ce double usage de l'électricité s'allie fort bien, le plus grand soin doit toujours être apporté dans une *distribution d'électricité*. C'est d'un bon premier établissement que résulte un bon fonctionnement; or, puisque la houille verte est synonyme de *l'utilisation des moyennes et basses chutes d'eau* pour l'électricité dans les bourgades de France et jusque chez de simples particuliers, ne nécessitant pas ensuite la direction d'ingénieurs, de gens du métier, il est important que ceux qui se convertiront à cette bonne cause aient tout au moins présidé à leur propre installation. Ils seront à même ainsi, en en connaissant les moindres détails, de savoir, sans aucun autre secours remédier aux plus petits accidents qui se produiront fortuitement.

Une bonne distribution d'électricité repose sur les deux principes suivants : *très bien isoler les conducteurs et ne les réunir que dans les lampes ou les moteurs.*

Quand ce sont des fils de cuivre nus, — et ce sont les plus économiques pour les espaces à franchir à l'extérieur des bâtiments, — on les supporte comme les fils des télégraphes par des porcelaines fixées à des poteaux aux murs des bâtiments, et en tout point de leur parcours il sera loisible par deux simples contacts d'y prendre le courant nécessaire à des lampes ou à des moteurs même provisoirement établis. Il n'en est plus ainsi en pénétrant dans les habitations; ici chaque conducteur, protégé par une enveloppe de caoutchouc, sera encore séparé de son voisin par de petites porcelaines

convenablement rapprochées, s'il est placé au plafond,
et enfermé dans les moulures d'une baguette en bois
dès qu'il descend à portée de la main. Dans les appartements plus luxueux, les deux conducteurs seront réunis
en une torsade de soie, laquelle constitue un excellent
isolant.

Cependant, nous voulons pouvoir éteindre une lampe
ou arrêter un moteur sans être obligés de détacher nos
fils et il sera pratique d'intercaler sur un de ces conducteurs (l'un comme l'autre, peu importe) un *interrupteur* qu'il suffit de tourner. Quelle supériorité sur l'allumage des anciennes lampes! Que de temps gagné sur
la mise en marche de tout autre moteur! Jusqu'à présent, notre lampe ou notre moteur tenait encore par un
point, par un fil, à notre réseau; désire-t-on les transporter ailleurs, c'est encore facile : les deux courants seront
établis par une *fiche* qui entre dans une *prise de courant.* Celle-ci se fait aussi bien pour une seule lampe
que pour un moteur important. C'est ainsi que dans ce
bel ouvrage hydraulique du barrage de Poses, sur la
Seine, dans l'Eure, toutes les manœuvres des treuils
électriques, destinés à relever les immenses pièces de fer
du barrage, se font par des prises de courant; les treuils
glissent sur une petite voie ferrée Decauville de
250 mètres de longueur. Notons au passage que le courant électrique provient d'accumulateurs qui sont eux-
mêmes chargés grâce à une dynamo actionnée par une
turbine sous la chute même du barrage.

Toutefois, malgré le grand soin apporté à l'isolement
des conducteurs, ceux-ci pourraient par hasard entrer
en contact : tel serait le cas d'une branche tombant sur
les fils nus à l'extérieur ou encore d'un appareil d'éclairage défectueusement monté, le cas aussi d'un conducteur recouvert détérioré par l'humidité qui est toujours à
craindre. Que se passerait-il? Les deux courants étant

Intérieur d'un atelier de peignes de la distribution électrique de Launay, dans l'Eure.

Le petit moteur, contre le mur, actionne plusieurs tours sur lesquels sont montés les peignes qu'entaille une minuscule scie circulaire. — Éclairage électrique de l'atelier.

toujours disposés à se rejoindre, le font même à de petits intervalles sous forme d'*étincelles* ; elles sont capables de causer l'incendie. En se prolongeant, ce défaut peut amener l'échauffement de nos fils, les fondre ; cela est aussi inutile que dangereux, et nous allons rapidement mettre bon ordre aux caprices de cette vagabonde par un petit appareil qui est peut-être le plus ingénieux et le plus nécessaire à bien connaître de l'électricité ; nous voulons parler du *coupe-circuit*. Il consiste à relier par des plombs fondant facilement une interruption volontaire de chacun de nos fils : mais on aura eu soin de renfermer ces plombs sous un petit couvercle en porcelaine, de telle sorte que l'accident à prévoir peut se produire sans causer aucune ruine. Bien mieux, les plombs étant fondus, le courant cesse automatiquement de passer dans toute la partie devenue suspecte de la canalisation et nous sommes avertis par l'extinction des lampes ou l'arrêt des moteurs : nous connaissons aussi le champ dans lequel devront s'étendre nos recherches. La cause découverte, les plombs remis en place, tout reprend son cours normal. Cette invention est signée du grand nom de Marcel Desprez.

Il faut signaler un autre avantage des *plombs fusibles;* ce sont eux qui permettent de varier les sections des conducteurs, car il est clair que les conducteurs exerçant une certaine résistance au passage de l'électricité, il faut savoir les proportionner à la quantité d'électricité nécessaire, à l'*intensité* pour employer le mot propre. En conséquence, à chaque section de conducteur électrique répondra un plomb d'un diamètre fixé et il ne faudra pas s'en éloigner, *cela est essentiel.*

Nous venons de dire combien il est nécessaire, pour ces tout petits secteurs électriques, d'en bien connaître tous les détails et nous allons encore pénétrer dans les détails de la distribution électrique. Elle se fait le plus

19

communément en *dérivation* et il n'est pas inutile d'affirmer qu'une pareille distribution est **bien** plus aisée à établir qu'un service de sonnettes électriques, par exemple, et nous allons le prouver.

Nous avons dit que le courant électrique quittait la *dynamo génératrice* par deux *bornes* (les **deux** *pôles*) auxquelles on serrait deux premiers fils de section connable pouvant supporter toute l'intensité du courant produit et ils ne sont jamais trop gros. C'est là même une erreur qui se produit dans l'esprit du néophyte puisqu'avec de gros conducteurs, le courant éprouve moins de résistance. Ensuite, en un point quelconque de ceux-ci et sans nous préoccuper des pôles ni du sens du courant, on enroulera soigneusement, après l'avoir dégarni s'il s'agit d'un câble recouvert, le bout bien nettoyé d'un autre conducteur proportionné à l'usage demandé, on revêtira cette partie d'une ligature en toile isolante caoutchoutée, et on aura procédé à une « dérivation » : cela est fort simple. Ayant agi de même sur le second conducteur, on dispose à l'extrémité des deux tronçons des fils d'une source d'électricité prête à être employée dans un groupe de lampes ou de moteurs. Naturellement, on pourra recommencer l'opération sur ceux-ci et ainsi de suite jusqu'à la dernière lampe et jusqu'au dernier moteur. Cependant, *il ne faudra jamais oublier* ce qui vient d'être expliqué au sujet des *plombs fusibles.*

On trouve un exemple des plus saisissants de ce que nous venons d'exposer dans ces *bandes souples* qui servent maintenant à toutes les décorations et illuminations; elles sont composées de nombreux fils minces séparés par un isolant; les lampes électriques se terminent par deux pointes qui, enfoncées dans la bande, sont certaines chacune d'y rencontrer un des courants et de s'allumer. On a pu remarquer, lors de la dernière

Exposition de l'Automobile, l'Exposition décennale de 1907, à Paris, la profusion de ces bandes remplaçant toutes les girandoles avec globes de gaz de la place Concorde et des Champs-Elysées. On prit même le parti de remplacer les candélabres au gaz dont on garnissait à cette occasion les réverbères par des bras supportant de multiples lampes électriques. Il fallait donc pour celles-ci établir une dérivation sur la bande souple sans la détériorer et sans oublier les plombs fusibles. Que fit-on ? Un nouveau petit appareil résultait de cette nécessité, le *coupe-circuit à pointes*. Il se pique comme une lampe et, du même coup, établit la dérivation pour toutes les lampes du candélabre sans oublier la précaution essentielle des plombs. Nous ne croyons pas pouvoir définir plus clairement le principe de la dérivation et la nécessité des plombs fusibles.

Nous avons insisté sur le *bon isolement* que l'on doit assurer à une installation électrique, et l'installation en marche nous procurera le plus sûr moyen de vérification ; c'est une des plus jolies expériences faciles à pratiquer soi-même. Il suffit de prendre sur un des conducteurs par un contact quelconque du courant *que l'on dérive* dans une lampe, et, après avoir traversé celle-ci, on le dirige à la terre par un second fil dont l'extrémité plongera dans l'eau de la rivière par exemple ou qui sera attachée à une conduite métallique longuement poursuivie en terre. Si le second conducteur, celui auquel nous n'avons pas touché, est bien isolé, sans contact avec la terre, la lampe ne s'allumera pas ; mais si une faute a été commise, s'il a une communication quelconque avec la terre, le circuit sera fermé et la lampe s'allumera..

En poursuivant l'expérience sur *chacune des dérivations établies*, on arrivera au point défectueux lui-même. Naturellement, si le premier essai a été néga-

tif, il faut le répéter sur le second conducteur; finalement, on sera assuré du bon isolement de l'installation.
Il est récréatif et facile de faire la contre-épreuve de
cette expérience en commettant la faute volontaire-
ment et de voir une lampe s'allumer utilisant la terre
pour un des conducteurs.

Parfois, lorsque les lignes sont très longues et plus
difficiles à surveiller ou bien si l'on fait usage d'*accumulateurs* toujours disposés à laisser échapper un peu
d'électricité, on a recours au moyen suivant pour s'assurer qu'il n'y a pas de perte anormale. Pour bien le faire
comprendre, il nous faut dire tout d'abord quelques
mots d'un second mode de distribution : la *tension*. On
appelle *mettre deux lampes en tension*, les placer de
façon qu'après avoir traversé l'une des lampes, le
courant traverse encore la seconde au lieu de retourner
directement à la dynamo; naturellement, le total de
leur voltage doit être égal à celui de la dynamo, au
potentiel pour employer le mot propre. Ainsi, sur une
distribution à 220 volts, on peut sans inconvénient
mettre, en quelque sorte, à la suite l'une de l'autre deux
lampes à 60 volts et de même nombre de bougies. La
plupart des *lampes à arc* sont montées ainsi, deux par
deux, sur le courant de 110 volts.

Si nous mettons ainsi en tension deux lampes à
120 volts sur du courant à 120, elles s'allumeront bien;
mais, partageant le voltage, elles ne donneront aucun
éclat, tout au plus la lumière d'une ancienne lampe
lorsque sa mèche filait (avec... l'odeur en moins cependant). Poursuivons notre utile et pratique expérience :
prenons une dérivation sur le fil qui relie les deux
lampes et conduisons le courant à la terre, que va-
t-il se passer ? Rien, s'il n'y a aucune perte sur notre
ligne; mais s'il s'en produit une, la lampe placée du
côté du conducteur en relation avec la terre, de par le

fait de l'expérience précédente, se trouvera sur un circuit fermé à 120 volts et brillera d'un éclat révélateur. Nous saurons *aussitôt* à quoi nous en tenir. Cela est à la portée de tout le monde. N'est-ce pas aussi simple qu'ingénieux et n'a-t-on pas raison de dire que la souplesse de l'électricité est admirable ?

Un exemple de lampes en tension se voit journellement dans les wagons du chemin de fer du Métropolitain de Paris ; le courant pour actionner les moteurs du train étant à 500 volts et les lampes à ce voltage étant beaucoup plus coûteuses que celles à 100, on met cinq de ces dernières en tension dans chaque wagon ou plutôt par groupe de cinq, ce qui permet d'en mettre cinq, dix ou quinze suivant la grandeur du wagon ; on a soin de les alterner car si l'une d'elles vient à brûler son filament (à la longue les lampes électriques font ainsi preuve de vieillesse) les quatre autres du même groupe s'éteignent ; mais grâce à la précaution signalée, toutes les parties du wagon restent à peu près éclairées jusqu'à ce que la lampe soit remplacée.

Nous voici amenés à parler d'un troisième mode de distribution plutôt en usage dans les petites stations centrales de province. On peut mettre *deux dynamos en tension* aussi facilement que deux lampes et *leur voltage* s'ajoutera comme deux et deux font quatre. Produisons ainsi par deux dynamos à 110 volts du courant à 220 ; il sera tout aussi aisé de l'employer dans deux lampes à 110 volts *en tension*, mais il faut qu'elles soient toujours allumées ensemble, ce qui ne serait pas pratique ni économique pour un abonné. Si entre ces deux lampes nous pouvions ramener le courant entre nos dynamos, le remède serait trouvé et il serait très analogue à l'expérience que nous venons de faire sur la communication des deux lampes en tension avec la terre. La chose n'est pas admissible pour deux lampes : elle l'est

débits. C'est aussi l'époque des jours les plus courts de l'année. La relation est directe et heureuse. Aussi, de jour en jour, les usines hydrauliques d'industries les plus variées profitent de ce *supplément d'eau*, en quelque sorte, pour assurer l'éclairage de leurs ateliers et souvent, une fois le travail terminé, celui des habitations du patron et de quelques employés.

Cet éclairage est si précieux par sa profusion, sa commodité, sa propreté, qu'il gagne également à sa cause les châteaux éloignés des centres, de bien plus modestes habitations, et jusqu'à des fermes. Dans ces cas particuliers, le courant électrique est souvent utilisé le jour pour actionner les principaux appareils agricoles : batteuses de grains, concasseurs, écrémeuses, barattes, scies à bois, meules à aiguiser, etc., en un mot *tout ce qui tournait péniblement* à bras ou par manège à chevaux. On ne devra cependant pas oublier de tenir compte d'une diminution de vitesse toujours nécessaire entre la rapide dynamo et les appareils en vue. Moins une dynamo est importante, plus elle tourne vite.

Nous venons d'insister une fois de plus sur le rôle important des débits et nous allons étendre à quelques exemples spéciaux l'effet de leur influence ; ainsi les débits avantageux d'hiver seront *profitables* pour l'éclairage électrique dans une cidrerie ou une fabrique de confitures puisque ces travaux auront leur pleine activité après la récolte de l'été ; ils seront *désavantageux* pour les services d'eau des villes ainsi que pour faire de la glace, puisque c'est en été que la demande sera la plus importante, on peut dire unique, pour la glace. Par contre, la fabrication des verres de lunettes ou du papier pour billets de banque (deux industries hydrauliques se poursuivant dans Seine-et-Oise) ne sera influencée ni dans un sens ni dans l'autre.

Toutefois, les conséquences les plus intéressantes à

suivre dans l'utilisation de la houille verte sont celles qui se produisent dans les chefs-lieux de canton, de France dont la population était trop faible pour avoir tenté l'installation d'une usine à gaz et reculant devant certains risques de l'acétylène, mais disposant, au contraire, d'une chute d'eau suffisante et convenablement située. Cette tendance est si naturelle qu'elle se manifeste souvent par l'établissement d'une distribution d'électricité conjointement avec l'industrie exercée dans l'usine hydraulique. Celle-ci trouve une augmentation de bénéfice, s'adjoignant au besoin des *accumulateurs* ou des *moteurs de secours* au charbon ou au pétrole et elle se fixe d'une façon d'autant plus certaine dans la localité. Finalement, tout le monde y gagne.

Non moins intéressants à étudier par leurs suites sociales sont ce qu'il conviendrait d'appeler : les *secteurs ruraux*, favorisant les petites industries locales trop souvent prêtes à s'éteindre en faveur de la concentration dans les grandes usines. De ce nombre, sont les métiers à ruban, les fabricants d'instruments de musique, de peignes, etc., toutes petites industries ne demandant que de faibles forces motrices pour lesquelles on employait jusqu'à des tours actionnés par des chiens. C'est alors le maintien, sinon la résurrection de l'atelier familial tant prôné et à si juste titre par les moralistes et par les hygiénistes.

Table des Matières

IMPRIMERIE DE J. DUMOULIN, A PARIS   241.11.08

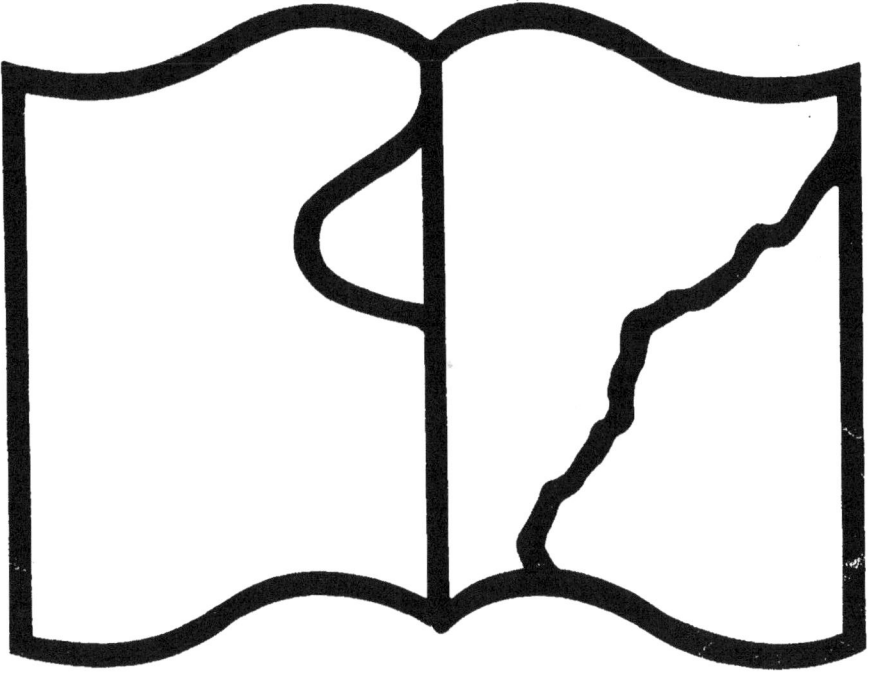

Texte détérioré — reliure défectueuse

NF Z 43-120-11

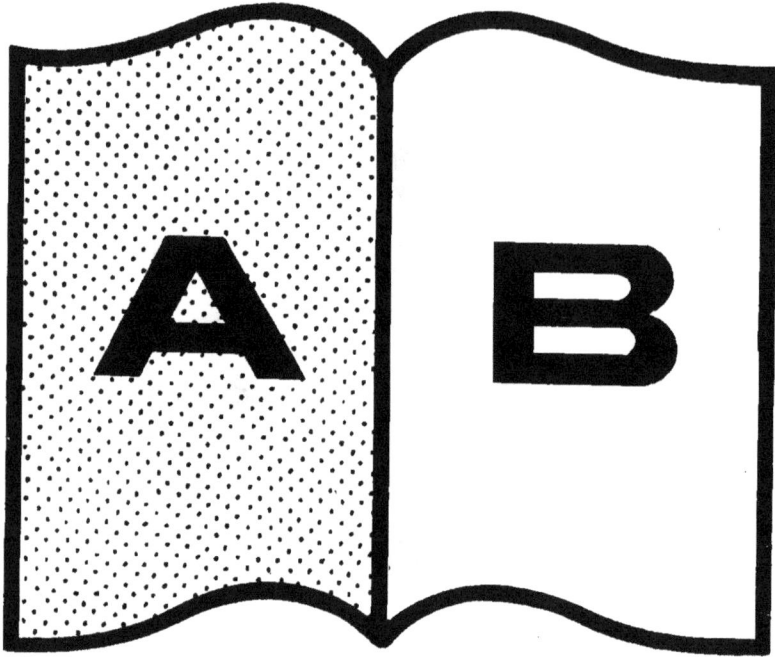

Contraste insuffisant

NF Z 43-120-14

www.ingramcontent.com/pod-product-compliance
Lightning Source LLC
Chambersburg PA
CBHW060121200326
41518CB00008B/896